Tricolore

5ᵉ édition

2

Sylvia Honnor
Heather Mascie-Taylor
Michael Spencer

OXFORD
UNIVERSITY PRESS

OXFORD
UNIVERSITY PRESS

Great Clarendon Street, Oxford, OX2 6DP, United Kingdom

Oxford University Press is a department of the University of Oxford.

It furthers the University's objective of excellence in research, scholarship, and education by publishing worldwide. Oxford is a registered trade mark of Oxford University Press in the UK and in certain other countries

Text © Sylvia Honnor, Heather Mascie-Taylor and Michael Spencer
Illustrations © Oxford University Press

The moral rights of the authors have been asserted

Tricolore first published in 1980 by E.J. Arnold and Sons Limited

Encore Tricolore first published in 1992 by Thomas Nelson and Sons Limited

Encore Tricolore nouvelle édition first published in 2000 by Thomas Nelson and Sons Limited

Tricolore Total first published in 2008 by Nelson Thornes Ltd

Tricolore 5e édition first published in 2014 by Oxford University Press

All rights reserved. No part of this publication may be reproduced, stored in a retrieval system, or transmitted, in any form or by any means, without the prior permission in writing of Oxford University Press, or as expressly permitted by law, by licence or under terms agreed with the appropriate reprographics rights organization. Enquiries concerning reproduction outside the scope of the above should be sent to the Rights Department, Oxford University Press, at the address above.

You must not circulate this work in any other form and you must impose this same condition on any acquirer

British Library Cataloguing in Publication Data
Data available

978-1-40-852421-3

10 9 8 7 6 5 4

Paper used in the production of this book is a natural, recyclable product made from wood grown in sustainable forests.

The manufacturing process conforms to the environmental regulations of the country of origin.

Printed in China by Golden Cup

Région	Capitale
Alsace	Strasbourg
Aquitaine	Bordeaux
Auvergne	Clermont-Ferrand
Basse-Normandie	Caen
Bourgogne	Dijon
Bretagne	Rennes
Centre	Orléans
Champagne-Ardenne	Châlons-sur-Marne
Corse	Ajaccio
Franche-Comté	Besançon
Haute-Normandie	Rouen
Île-de-France	Paris
Languedoc-Roussillon	Montpellier
Limousin	Limoges
Lorraine	Metz
Midi-Pyrénées	Toulouse

Région	Capitale
Nord-Pas-de-Calais	Lille
Pays de la Loire	Nantes
Picardie	Amiens
Poitou-Charentes	Poitiers
Provence-Alpes-Côte-d'Azur	Marseille
Rhône-Alpes	Lyon

Population: 66 millions

Domaine Internet: .fr

Capitale: Paris

Chaînes de montagnes: Les Alpes, les Pyrénées, les Vosges, le Massif Central, le Jura, les Ardennes

Fête nationale: 14 juillet (la fête de la Bastille)

Hymne nationale: La Marseillaise

Heure: GMT+1 (hiver), GMT+2 (été)

Code téléphonique: + 33

trois 3

Table des matières

Unité 1 En ville		Page
1A *On fait des courses*	Talk about shops and shopping	8
Grammaire	■ 'some' (the partitive article) ■ use some *-er* verbs	
Stratégies	■ cognates and 'false friends'	
Phonétique	■ the sounds *'j'*, *'ge'*, *'gi'* ■ the sounds *'o'*, *'au(x)'*, *'eau(x)'*	
1B *On vend ça*	Say what is (or is not) sold in shops	10
Grammaire	■ use regular *-re* verbs	
1C *Combien?*	Say how much of something you want to buy, talk about money and prices	12
Grammaire	■ expressions of quantity	
Phonétique	■ the sound *'r'*	
1D *Il n'y en a plus?*	Learn more about food shopping	14
Stratégies	■ listening for detail	
Grammaire	■ *ne (n') ... pas de (d')* ■ *ne (n') ... plus de (d')*	
1E *À toi de choisir*	Discuss choices when shopping	16
Grammaire	■ use regular *-ir* verbs	
Phonétique	■ the sounds *'l'*, *'y'*, *'oi'*	
Stratégies	■ sounding more French	
1F *Tu aimes faire les courses?*	Find out more about shopping in France, practise expressing your opinions	18
Grammaire	■ use regular *-er*, *-ir* and *-re* verbs	
1G *C'est extra!*	Understand a French poem, practise writing creatively	20
Stratégies	■ memorising vocabulary	
Rappel 1 Unité 1		22

Unité 2 On fait des projets		Page
2A *L'Europe et les Européens*	Talk about countries in Europe	24
Grammaire	■ say 'to', 'at' or 'in' a town, country or continent	
Phonétique	■ the letter 'è' with grave accent ■ the sounds 'a', 'à', 'â', '-as', '-at'	
2B *On part en vacances*	Learn the names of different countries and continents	26
Grammaire	■ use the verb *partir* (to leave)	
Stratégies	■ reading aloud to improve pronunciation	
2C *En route*	Talk about modes of transport	28
Grammaire	■ use the verb *venir* (to come)	
Stratégies	■ working out meaning (prefixes and suffixes)	
Phonétique	■ the sound *'u'*	

2D *Qu'est-ce qu'on va faire?*	Talk about what you are (not) going to do	30
Grammaire	■ the future with *aller* (including negatives)	
2E *On peut faire ça?*	Talk about what you can (or can't) do	32
Grammaire	■ use the verb *pouvoir* plus an infinitive	
2F *On s'amuse ... ou pas*	Describe places	34
Grammaire	■ the infinitive	
Stratégies	■ developing your written work (adding extra details)	
2G *C'est extra!*	Find out about the Tour de France	
Stratégies	■ working out meaning (words with similar roots)	
Presse-Jeunesse 1		38

Unité 3 De jour en jour		Page
3A *Au collège*	Find out about school life in France, talk about your school (facilities, uniform, clubs)	40
Stratégies	■ working out meaning (word families)	
3B *En classe*	Revise school subjects, express opinions	42
Grammaire	■ use the verbs *apprendre* and *comprendre* ■ make comparisons	
Stratégies	■ working out the gender of a noun	
3C *La routine*	Describe morning and evening routines	44
Grammaire	■ use some reflexive verbs	
Phonétique	■ the sounds 'qu', 'ca', 'co', 'cu' ■ the sounds 'ce', 'ci', 'cy', 'ç'	
3D *Comment ça se passe?*	Talk more about daily activities, find out about Louis XIV	46
Grammaire	■ use reflexive verbs in negative sentences	
3E *C'est mercredi*	Talk about what you do and don't want to do	48
Grammaire	■ use the verb *vouloir* (including negative sentences)	
Phonétique	■ the sound 'eu' ■ the sound 'ui'	
3F *À mon avis*	Talk more about school (technology, homework)	50
Grammaire	■ use the verbs *dire*, *lire*, *écrire*	
3G *C'est extra!*	Describe a school trip or a day in a French school	52
Phonétique	■ the sounds 'am', 'an', 'em', 'en'	
Stratégies	■ improving your written work	
Rappel 2 Unités 2–3		54

4 quatre

Unité 4 En famille		Page
4A *Bienvenue en France*	Describe yourself and others, greet and introduce people	56
Stratégies	■ addressing people correctly using **tu** or **vous**	
Phonétique	■ the sounds '*in/im*', '*on/om*', '*un/um*'	
4B *Chez toi*	Talk about staying with a French family, discuss helping at home	58
Stratégies	■ developing your use of French (extra detail and synonyms)	
4C *On s'amuse*	Talk about the past, use expressions of time	60
Grammaire	■ start to use the perfect tense	
Stratégies	■ translating from French to English (past tense) ■ developing your use of French (sequencers)	
Phonétique	■ the sounds '*-é*', '*-er*', '*-ez*', '*-et*', '*-ey*'	
4D *Une fête*	Talk about presents and what you have done recently	62
Grammaire	■ use the perfect tense of **-er** verbs	
4E *J'ai choisi …*	Talk about choices	64
Grammaire	■ use the perfect tense of regular **-ir** and **-re** verbs	
Phonétique	■ the sound '*u*' ■ the sound '*ou*'	
4F *J'ai acheté …*	Describe a visit, say 'goodbye' and 'thank you'	66
Grammaire	■ use **ce**, **cette**, **ces** + noun (this/these …) ■ use the perfect tense (summary)	
4G *C'est extra!*	Talk about television and books, describe a favourite programme or book	68
Stratégies	■ reading longer passages	
Presse-Jeunesse 2		70

Unité 5 Bon appétit!		Page
5A *Au café*	Find out about cafés in France, say what drinks you like	72
Grammaire	■ use the verb **boire**	
Stratégies	■ recognising word families	
5B *Vous désirez?*	Learn how to buy drinks, snacks and ice creams	74
Stratégies	■ working out meaning	
Grammaire	■ the perfect tense (consolidation)	
Phonétique	■ words ending in '*-d*', '*-p*', '*-s*', '*-t*'	
5C *Ça m'intéresse*	Describe food and recent meals	76
Grammaire	■ the perfect tense (irregular verbs)	
Stratégies	■ memorising irregular verbs	

5D *Empoisonné?*	Understand a short story	78
Grammaire	■ the perfect tense (asking questions)	
5E *On n'a pas fait grand-chose*	Say what things did and didn't happen	80
Grammaire	■ the perfect tense (negative statements)	
Stratégies	■ listening for detail	
Phonétique	■ nasal sounds	
5F *Des menus*	Discuss menus, express likes and dislikes, order a restaurant meal	82
Stratégies	■ translating into English (1)	
5G *C'est extra!*	Find out more about cafés and menus, sing a song in French	84
Stratégies	■ using a dictionary	
Rappel 3 Unités 4–5		86

Unité 6 En voyage		Page
6A *Prêts à partir?*	Discuss travel plans, revise the 24-hour clock	88
Grammaire	■ the present tense of **être** (revision)	
6B *On prend le train*	Understand and ask for rail information	90
Grammaire	■ **il faut** + infinitive	
Phonétique	■ the letter '*h*' at the beginning of a word ■ the sounds '*ch*' and '*th*'	
6C *Il est parti*	Learn which verbs form the perfect tense with **être**	92
Grammaire	■ the perfect tense with **être** (introduction)	
Stratégies	■ memorisation techniques (verbs taking **être** in the perfect tense)	
6D *Ils sont arrivés*	Talk about air travel	94
Grammaire	■ the perfect tense with **être** (past participle agreement)	
6E *Vacances en Angleterre*	Describe a journey and a day out	96
Grammaire	■ the perfect tense (**avoir** and **être** as auxiliaries)	
6F *C'était bien?*	Discuss what you did recently, give your opinion, find out about William the Conqueror	98
Grammaire	■ **c'était** + adjective	
Phonétique	■ the letter '*g*'	
6G *C'est extra!*	Describe a journey in the past, practise creative writing	100
Stratégies	■ writing an article	
Presse-Jeunesse 3		102

Table des matières

Unité 7 Ça va?		Page
7A *Qu'est-ce qu'on met?*	Discuss clothes and what to wear	104
Grammaire	■ possessive adjectives (*mon*, *ma*, *mes*) ■ the present tense of *mettre*	
7B *Comment sont-ils?*	Describe people's appearance, use a wider selection of adjectives	106
Stratégies	■ translating into English (2)	
Grammaire	■ adjectival agreement	
Phonétique	■ sounding the ending of words	
7C *Tu le sais?*	Talk about your possessions	108
Grammaire	■ the pronouns *le*, *la*, *l'*, *les* ■ prepositions (revision)	
Stratégies	■ memorising gender	
7D *Le corps*	Talk about parts of the body, understand a longer reading text	110
Phonétique	■ rhyming words	
7E *Ça fait mal!*	Say how you feel	112
Grammaire	■ *j'ai mal à la / au / a l' / aux ...* ■ other expressions using *avoir*	
7F *Qu'est-ce qu'il y a?*	Talk about going to the doctor's	114
Grammaire	■ the imperative	
Stratégies	■ identifying irregular verb patterns	
7G *C'est extra!*	Learn a traditional French song	116
Rappel 4 Unités 6–7		118

Unité 8 On va s'amuser		Page
8A *À ne pas manquer*	Learn about Nîmes, discuss plans	120
Grammaire	■ the present tense of *voir*	
8B *Tu aimes sortir?*	Talk about going out	122
Grammaire	■ the present and perfect tense of *sortir*	
8C *Rendez-vous*	Exchange contact details, arrange to go out with someone (or not)	124
Phonétique	■ the endings '*-sion*' and '*-tion*'	
8D *On parle du sport*	Talk about a match, discuss sport at school	126
Phonétique	■ practise transcription	
Grammaire	■ make comparisons (extension)	
8E *Hier, aujourd'hui, demain*	Describe holiday and leisure activities	128
Grammaire	■ use the correct tense (past, present, future)	
Phonétique	■ liaison	
8F *C'est extra!*	Talk about reading	130
Stratégies	■ developing a conversation	

Au choix		132
Extra practice and extension activities		
Tu comprends?		150
Extra listening practice		
Vocabulaire par themes		152
The main vocabulary taught in *Tricolore 2*, listed by topic		
Grammaire		155
A reference section where you can look up grammar points you may have forgotten or irregular verbs		
Preparing for tests		163
Glossaire	Français–anglais	164
You can check the meaning or gender of a word by looking it up in these sections	Anglais–français	171

Course information

Welcome to Stage 2 of **Tricolore**! Here you'll learn more about using French to talk about the things that interest you.

 Tricolore 2 is available in print or online. The digital version of the book has links to many more activities to help you learn French.

Dossier-langue | **Grammaire 5.3**

These grammar boxes will help you understand the patterns and rules of French. The reference number, e.g. 5.3, links to the **Grammaire** section on pages 155–162, where you can find more detailed information.

Stratégies

In **Tricolore 2** you will find strategies for understanding the language you listen to and read, and for producing accurate French. The **Stratégies** boxes will also give you help with learning vocabulary and grammar.

Phonétique

These boxes help you to learn French sounds and to recognise how these sounds are written in French. So when you see a word written down, you will know how to pronounce it correctly, and when you hear a French word, you will know how to write it down.

These boxes will help you with an activity and provide you with interesting information.

🔊 This means that the activity has an audio track for you to listen to, either on an audio CD or from the digital book.

➕ Look for this symbol if you are ready for an extra challenge.

💬 For some language activities, it is best to work with a partner or in a group.

As you work through the course, you can build up your own reference material in your personal project file. This will be useful when you look back at what you have learnt at the end of a term. It will also help with revision before a test or exam.

Sommaire

At the end of each unit, there is a summary of the key vocabulary and language taught in that unit.

unité 1   Au choix

This section contains some extra practice activities linked to each unit and can also be used for independent work.

Rappel   Unités 4–5

This section contains revision activities and is suitable for independent work.

Presse-Jeunesse

This is a magazine-style section for independent reading.

Grammaire

This reference section (pages 155–162) gives more information about grammatical points, such as nouns, gender (masculine or feminine), adjectives, verbs, etc. You can refer to this at any time.

Glossaire

Like a mini bilingual dictionary, the glossary has two sections. 'Bilingual' means it translates words between two languages – from French to English and English to French. In each section, the words are listed in alphabetical order.

Français – anglais – look up the meaning of a French word or check the spelling or gender (masculine or feminine).

Anglais – français – look up the French for an English word (if it's in the units).

sept 7

unité 1 En ville

1A On fait des courses
- talk about shops and shopping
- use some -er verbs

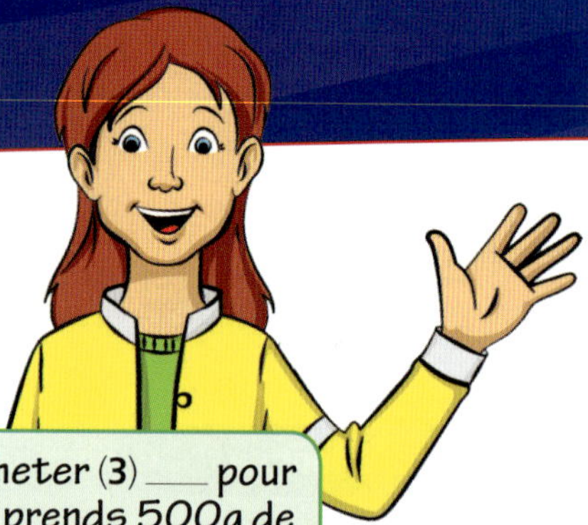

1 On va aux magasins

Gaëlle et son père font des courses dans une petite ville où il n'y a pas de supermarché.

🔊 Écoute et complète les phrases avec les mots de la case.

Exemple: 1h des glaces

A — Est-ce que vous avez des croissants?
— Bien sûr. J'ai des croissants et (2) ___ .

B — Je vais acheter (3) ___ pour ce soir. Je prends 500g de steak, s'il vous plaît.
— Voilà, monsieur – comme ça?

Voici la boulangerie-pâtisserie. Mme Genêt travaille à **la boulangerie-pâtisserie**. Elle vend toutes sortes de pains, des gâteaux, des tartes, des chocolats et aussi (1) ___ .

Voici **la boucherie**. Ici, il y a un grand choix de viandes, par exemple du steak ou du poulet, mais on ne vend pas de porc. Pour ça, on va à la charcuterie.

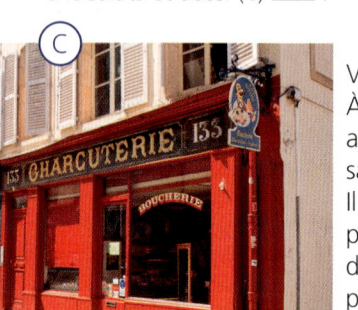

C Voici **la charcuterie**. À la charcuterie, on peut acheter du jambon, du saucisson et (4) ___ . Il y a aussi des plats préparés, par exemple des quiches et des portions de salades.

D Voici **l'épicerie**. Ici, on peut acheter beaucoup de choses. Il y a du sucre, de l'eau minérale, (5) ___ , du beurre et (6) ___ .

E Voici **la librairie-papeterie**. Ici, on vend des livres, (7) ___ et des magazines.

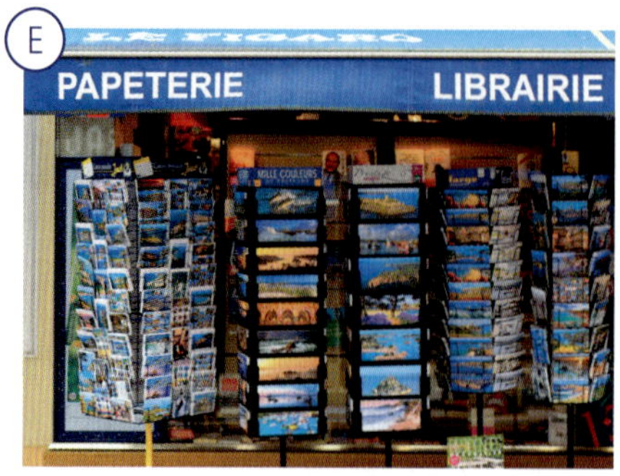

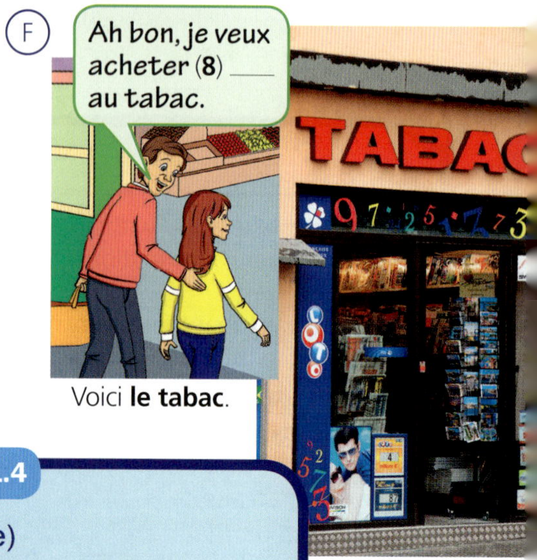

F — Ah bon, je veux acheter (8) ___ au tabac.

Voici **le tabac**.

a des chips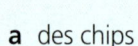
b des journaux
c de la viande
d de la confiture
e des pains au chocolat
f du pâté
g des timbres
h des glaces

Dossier-langue Grammaire 1.4

'some' (the partitive article)

Here's a reminder of how to say 'some' in French:

masc. (le)	fem. (la)	before vowel	plural
du	de la	de l'	des

1 En ville

2 Gaëlle va en ville

 Écoute les conversations. On va dans quels magasins? Mets les magasins dans le bon ordre.

Exemple: A (la boulangerie pâtisserie)

3 Ici, j'achète …

a Complète les phrases avec **du**, **de la**, etc.

Exemple: 1 À l'épicerie, j'achète <u>du</u> beurre et <u>de l'</u>eau minérale.

1 À l'épicerie, j'achète ___ beurre (*m*) et ___ eau minérale.
2 À la boulangerie, on achète ___ baguettes.
3 À la charcuterie, on vend ___ jambon (*m*) et ___ salade (*f*) de tomates.
4 À la boucherie, j'achète ___ viande (*f*) et ___ poulet (*m*).

b Complète les phrases avec des produits.

Exemple: 1 Au tabac, on peut acheter <u>des timbres</u>.

1 Au tabac, on peut acheter ___.
2 À la librairie-papeterie, on achète ___.
3 À la pâtisserie, j'aime acheter ___.

4 À discuter

a À deux, posez des questions et répondez.

Exemple: 1 A Qu'est-ce que tu préfères comme fruits?
             B Je préfère les pommes. Et toi, … ?

1 Qu'est-ce que tu préfères comme fruits?
2 Qu'est-ce que tu préfères comme légumes?
3 Est-ce que tu achètes souvent des bonbons ou du chocolat?
4 Toi et tes copains, vous achetez beaucoup de magazines?
5 Tu préfères les magazines sur le sport ou sur la musique?

b Écris un paragraphe avec tes réponses.

Stratégies

Cognates and 'false friends'

Cognates are helpful when working out the meaning of a text. However, be aware of 'false friends' (*faux amis*) which look like English words but have a different meaning. What do these 'false friends' mean in English?

des chips   *une prune*

Find examples of cognates and other false friends.

Dossier-langue   Grammaire 12.1

Regular -er verbs

A lot of the verbs used on these two pages are regular **-er** verbs. Remember the endings:

1 je trouv**e**   nous achet**ons**
2 tu aim**es**   vous préfér**ez**
3 il/elle/on travaill**e**   ils/elles cherch**ent**

Two of the **-er** verbs used here are slightly different: **acheter** (to buy) and **préférer** (to prefer). In all parts except the **nous** and **vous** forms there is a slight spelling change – this changes the pronunciation. Look out for the grave accent (**è**) on the second syllable, e.g. **j'achète, tu achètes, elle préfère, ils préfèrent**.

Phonétique

 The letters 'j', 'ge', 'gi'   The letters 'o', 'au(x)', 'eau(x)'

bonj**our**

                                  chau**d**      **ch**o**ses**   **au**   **j**our**naux**
                                                                          beau**c**ou**p**   **c**ad**eaux**

journal   **j**e   **m**an**ge**   **s**traté**gi**es

neuf 9

1B On vend ça

- say what is (or is not) sold in shops
- use regular -re verbs

1 Qu'est-ce qu'on vend?

Choisis les bons mots pour compléter les phrases.

Exemple: 1a

1 Au tabac, on vend ___ .
   a des timbres   **b** du pain   **c** de la viande
2 Le samedi, je travaille à la librairie et je vends ___ .
   a des bananes   **b** des livres   **c** du poisson
3 À la boucherie, nous vendons ___ .
   a des surligneurs   **b** de la viande   **c** du café
4 À la pâtisserie, vous vendez ___ .
   a du poisson   **b** des éclairs   **c** du pâté
5 À la boulangerie, Mme Genêt vend ___ .
   a des chaussettes   **b** des petits pois   **c** des croissants
6 Quand tu travailles à l'épicerie, tu vends ___ .
   a des œufs   **b** des cahiers   **c** des ordinateurs

Dossier-langue   Grammaire 12.2

Regular -re verbs

Vendre (to sell) is a regular verb. It follows the same pattern as some other verbs whose infinitive ends in **-re**. Find the parts of **vendre** in task 1.

1 je   vend___   nous   vend___
2 tu   vend___   vous   vend___
3 il/elle/on   vend   ils/elles vend**ent**

Look at the **plural** endings. How do they compare with the plural endings for **-er** verbs? (Check on page 9 if necessary.)

Now look at the **singular** endings. Compare them again with the singular endings for **-er** verbs.

Here are three common verbs that follow the same pattern as **vendre**:

descendre   to go down (or to get off a bus, etc.)
attendre   to wait (for)
répondre   to reply

💬 With a partner, test each other on the endings, e.g.

   A attendre – nous
   B nous attendons

2 Interview: le marchand de glaces

a Complète la conversation avec la bonne forme du verbe **vendre**.

🔊 **b** Écoute et vérifie.

Exemple: 1 vendez

M. Delarue est marchand de glaces. Il vend des glaces, des boissons, des bonbons, etc. dans le parc. Pendant les vacances, son fils, Julien, travaille avec lui et ils vendent beaucoup de choses.

– Est-ce que vous (**1**) ___ des glaces ici, toute l'année?

– Je (**2**) ___ des glaces surtout en été, mais le reste de l'année, nous (**3**) ___ beaucoup d'autres choses, comme par exemple des hot-dogs et des frites.

– Et toi, Julien, tu (**4**) ___ des hot-dogs et des frites aussi?

– Moi, non. Je ne (**5**) ___ pas de plats chauds. Je (**6**) ___ surtout des boissons froides. Quelquefois, on (**7**) ___ aussi de la barbe à papa, mais je déteste ça, car à la fin je suis couvert de sucre!

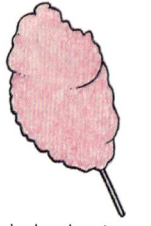

la barbe à papa

c Trouve l'équivalent en français.

1 during the holidays
2 mainly in summer
3 a lot of other things
4 cold drinks
5 sometimes
6 covered in sugar

1 En ville

3 Est-ce qu'on vend ça?

À deux: la personne A jette deux dés, choisit un produit de la case et pose une question; la personne B répond. Puis changez de rôle.

Exemple:

A Est-ce qu'on vend du saucisson à la librairie?

B Non, on ne vend pas ça. On vend du saucisson à la charcuterie.

Les produits
1 du pain/des croissants/des pains au chocolat
2 des gâteaux/des chocolats/des glaces
3 du jambon/du saucisson/du pâté
4 de la viande/du poulet/du steak
5 du sucre/de la confiture/du beurre
6 des livres/des bandes dessinées

Les magasins
1 à la boulangerie
2 à la pâtisserie
3 à la charcuterie
4 à la boucherie
5 à l'épicerie
6 à la librairie

4 Une surprise pour Mangetout

a Complète l'histoire avec la bonne forme du verbe.

Exemple: 1 *descend*

A Mangetout habite dans la rue du Général de Gaulle. Aujourd'hui, il a rendez-vous avec son amie, Calinette. Il (**1** *descendre*) dans la rue et il (**2** *attendre*) devant la maison de Calinette.

B Il appelle Calinette, mais elle ne (**3** *répondre*) pas. C'est curieux, ça!

C Où allez-vous? Il (**4** *attendre*) encore un peu. Soudain, deux ou trois chats (**5** *descendre*) la rue, très vite. Mangetout demande où ils vont, mais ils ne (**6** *répondre*) pas.

D Mangetout (**7** *descendre*) la rue et arrive à la place du Marché. Devant le magasin, près de la boulangerie, il y a beaucoup de chats. Évidemment, ils (**8** *attendre*) quelque chose.

E Qu'est-ce que vous (**9** *attendre*)? C'est la nouvelle poissonnerie ici. Nous (**10** *attendre*) l'arrivée du poisson. Ah, voilà!

b Écris une histoire: «Mangetout et la nouvelle charcuterie».

Des idées:
Où est Mangetout?
Est-ce qu'il attend quelqu'un ou quelque chose?
Qui descend la rue?
Qui parle? Qui répond?
Qu'est-ce qu'on vend?
Qui perd du saucisson ou de la viande?

perdre *to lose*

onze 11

1C Combien?

- say how much of something you want to buy
- talk about money and prices

1 Aujourd'hui, j'achète …

Trouve les paires et écris la liste.

Exemple: 1D *une portion de salade de tomates*

1 une portion de
2 un kilo d'
3 un (grand) morceau de
4 une boîte de
5 une bouteille d'
6 un pot de
7 quatre tranches de
8 un paquet de
9 un litre de
10 cent grammes de

2 À l'épicerie

 Écoute ces personnes à l'épicerie. On achète quelle quantité?

Exemple: 1 *6 tranches de* jambon

1 … jambon
2 … pêches
3 … salade de tomates
4 … carottes
5 … biscuits
6 … fromage
7 … tomates
8 … eau minérale

Dossier-langue — Grammaire 5.2

Expressions of quantity

The expressions of quantity you have used help you tell the shopkeeper how much you want to buy:

une boîte de thon
une portion de salade de tomates

Which short word do they all end with?
Why has it changed to **d'** in these phrases?

une bouteille d'eau minérale
un kilo d'oranges

3 Au supermarché

a À deux, faites le jeu «Je vais au supermarché et j'achète …». Qui continue le plus longtemps sans fautes?

Exemple:

A Je vais au supermarché et j'achète une bouteille de limonade.
B Je vais au supermarché et j'achète une bouteille de limonade et un kilo d'oranges.
A Je vais au supermarché et j'achète une bouteille de limonade, un kilo d'oranges et …

b À deux, faites le même jeu avec huit produits différents.

Exemple: A *Je vais au supermarché et j'achète une barquette de framboises.*

bouteilles de limonade (1 litre) — 1,30€
litre de lait — 0,90€
pot de confiture — 2,00€
brique de jus d'orange (1 litre) — 2,50€
le lot de 4 boîtes de thon — 6,80€
paquet de beurre (250g) — 1,75€
2 tranches de jambon (80g) — 1,90€
barquette de fraises — 3,90€

une brique *carton*
une barquette *punnet*

12 douze

1 En ville

4 C'est combien?

🔊 Écoute et écris le bon prix.

1 Le poisson coûte ___ .
   a 1,80€   **b** 1,20€

2 Une bouteille de vin rouge et un litre de lait coûtent ___ en tout.
   a 0,50€   **b** 10,50€

3 Une boîte de chocolats et un paquet de biscuits coûtent ___ en tout.
   a 14,00€   **b** 0,40€   **c** 4,45€

4 Un grand paquet de chips et une bouteille de limonade coûtent ___ en tout.

5 Un pot de confiture et une petite boîte de thon coûtent ___ en tout.

Numbers and prices
- For prices, practise saying the numbers up to 100 in French.
- Find out the current rate of exchange and practise converting the price of some British items to euros.
- With prices in euros and cents the word **euro** goes in the middle:

  1,50€ = un euro cinquante

  … and you only say **centimes** or **cents** if it is less than one euro:

  0,60€ = soixante centimes

5 Vous désirez?

🔊 **a** Écoute et lis la conversation. Comment ça se dit en français?

1 What would you like?
2 Give me …
3 I'd like …
4 Anything else?
5 Is that all?
6 How much is it?

Phonétique

▶ **The sound 'r'**

rat

The letter 'r' in French is formed near the back of the throat. Practise it so you sound more French.

o**r**ange   ha**r**icot   miné**r**ale   ca**r**ottes

b Lisez la conversation à deux, puis changez les détails et inventez d'autres conversations.

A Bonjour, madame.
B Bonjour, monsieur. Vous désirez?
A Avez-vous des kiwis?
B Oui, j'ai des kiwis.
A Alors, donnez-moi un demi-kilo de kiwis, s'il vous plaît, et un pot d'olives.
B Oui, et avec ça?
A Je voudrais deux cents grammes de saucisson sec et une bouteille de coca.
B Voilà. C'est tout?
A Oui, c'est tout. C'est combien?
B Alors, ça fait **sept euros cinquante**, s'il vous plaît.
A Voilà, madame.
B Merci, monsieur. Au revoir.
A Au revoir, madame.

✚ **c** À deux, fermez le livre et inventez encore des conversations.

des …
un (demi-)kilo de …
  haricots verts   tomates
  carottes   pêches
  pommes de terre   poires
  radis   pommes
  petits pois   kiwis

un paquet de …
  chips
  biscuits
  sucre
  bonbons

une bouteille de/d' …
un litre de/d' …
une brique de/d' …
  limonade
  coca
  lait
  eau minérale
  jus d'orange

du …
(quatre) tranches de …
deux cents grammes de …
  jambon
  saucisson sec

un morceau de …
cent grammes de …
  fromage
  pâté

une boîte de …
  thon
  sardines
  saumon

un pot de/d' …
  confiture
  olives
  moutarde

un chou
un chou-fleur
une laitue

treize 13

1D Il n'y en a plus?

- *learn more about food shopping*
- *use some negative expressions* (ne … pas, ne … plus)

1 Quel magasin!

🔊 Écoute la conversation, puis lis ces phrases. Vrai ou faux?

Exemple: 1 vrai

1 M. Léon n'a pas de carottes.
2 Il n'a pas de bananes.
3 Il n'a pas de lait.
4 Il n'a pas d'Orangina.
5 Il n'a pas de biscuits.
6 Il n'a pas de chocolat.
7 Marie n'a pas d'argent.
8 M. Léon a un magasin extraordinaire.

> ### Stratégies
> **Listening for detail**
> - In a listening task, be clear about what you need to find out.
> - Use the title, questions and illustrations to get an idea of what it is going to be about.
> - Check your knowledge of the language that is likely to come up and sound out the words.
> - Sometimes small words like **ne** and **pas** can completely change the meaning of the passage, so you need to listen carefully for those.

2 Le jeu des sept différences

Voici deux chariots au supermarché. Ils ne sont pas identiques. Qu'est-ce qu'il n'y a pas dans le chariot de Mme Lenoir?

Exemple: *Dans le chariot de Mme Lenoir, il n'y a pas de thé.*

A Le chariot de M. Dupont

B Le chariot de Mme Lenoir

> ### Dossier-langue   Grammaire 6.1
>
> **ne (n') … pas de (d')**
> Remember how to say you 'haven't a/any' … or 'there isn't/aren't any' …
>
> **Elle n'a pas de chariot.**
> *She hasn't a trolley.*
>
> **Je n'ai pas d'argent.**
> *I haven't any money.*
>
> **Il n'y a pas de pain.**
> *There isn't any bread.*
>
> **Il n'y a pas de biscuits.**
> *There aren't any biscuits.*
>
> After **pas**, always use **de** (or **d'** before a vowel).
>
> This is just like after quantities (**un kilo de pommes**), but this time it's a negative quantity.

3 Au marché

💬 À deux: la personne A regarde cette page, la personne B regarde la page 133.

1 Chez le marchand de légumes

Tu es le/la marchand(e) de légumes. Il est 16h00. Il ne reste pas beaucoup de légumes, mais il y a encore des clients. Réponds au client/à la cliente.

Exemple:
B Avez-vous …?
A Désolé(e), je n'ai pas de … Voilà un/une/des …

2 Chez la marchande de fruits

Changez de rôle. Tu vas chez le/la marchand(e) de fruits, mais il est 16h00. Tu trouves seulement deux des choses qui sont sur ta liste. Demande ces choses, puis écris ce que tu as acheté.

Exemple:
A Je voudrais …
B Désolé(e), il n'y a pas de … Voilà un/une/des …

Tu écris: **J'ai acheté … Je n'ai pas acheté de …**

1 kg pommes
4 bananes
1 kg poires
des fraises
5 oranges
1 kg pêches

1 En ville

4 Dani fait des courses au supermarché

Regarde les images et lis les textes. Puis choisis le bon texte (A–F) pour chaque image (2–7).

Exemple: 2C Il n'y a plus de fraises.

La mère de Dani veut faire une tarte aux fraises, mais elle n'a pas tous les ingrédients nécessaires.

Dani rentre à la maison. Est-ce que sa mère est contente? Elle n'a pas d'ingrédients pour la tarte et maintenant, elle n'a plus d'argent!

A Il n'y a plus de beurre.
B Il n'y a plus d'œufs.
C Il n'y a plus de fraises.

D Alors Dani achète des bananes.
E Alors Dani achète des chips.
F Alors Dani achète du chocolat.

5 À l'épicerie

a Complète la conversation avec **de/d'/du/de la/de l'/des**, puis écoute et vérifie.

Exemple: 1 des

L'épicier est assis sur une chaise et il dort. Une cliente entre dans l'épicerie.

C Bonjour, monsieur. Je voudrais (**1** ___) chaussettes, s'il vous plaît.

E Comment? (**2** ___) chaussettes? Je regrette, monsieur, mais je ne vends pas (**3** ___) madame. C'est une épicerie ici.

C Alors, donnez-moi un kilo (**4** ___) pommes … et (**5** ___) chaussettes!

E (*pas très content*) Je regrette, madame, mais je n'ai plus (**6** ___) pommes. Et je n'ai pas (**7** ___) chaussettes non plus!

C Bon, ça ne fait rien. Donnez-moi (**8** ___) pain … et (**9** ___) chaussettes!

E (*furieux*) Je n'ai pas (**10** ___) pain! Je n'ai pas (**11** ___) chaussettes!

C Bon, bon, ça va! Vous n'avez pas (**12** ___) pain. Vous n'avez pas (**13** ___) eau minérale non plus, sans doute?

E Si, j'ai (**14** ___) eau minérale. Une bouteille (**15** ___) eau minérale. Voilà. C'est tout?

Dossier-langue — Grammaire 6.2

ne (n') … plus de (d')

To say there is 'no more' or 'none left' use **ne … plus de** (**d'** before a vowel).

This negative expression follows the same pattern as **ne … pas de**.

Je n'ai plus de chips.

C Oui, c'est tout.
E Vous êtes sûr?
C Oui, je suis sûr.
E Vous ne voulez pas (**16** ___) chaussettes?
C (**17** ___) chaussettes? Non. Pourquoi? Vous vendez aussi (**18** ___) chaussettes?
E (*il crie*) Non, je ne vends pas (**19** ___) chaussettes!
C (*à voix basse*) Il est fou, cet épicier! (*à voix haute*) Bon, au revoir, monsieur.
E Oui, c'est ça, c'est ça. Au revoir!

La cliente sort. L'épicier va s'asseoir sur sa chaise. Soudain, une autre cliente entre dans l'épicerie.

A Pardon, monsieur. Vous avez (**20** ___) chaussettes?

b Écris deux listes: **L'épicier a … / L'épicier n'a pas …**

 c Écris huit phrases. Ton/Ta partenaire décide si c'est vrai ou faux.

Exemple: Le marchand ne vend pas de chaussettes. (vrai)

quinze 15

1E À toi de choisir

- discuss choices when shopping
- use regular -ir verbs

1. Je choisis …

2. Oui, Maman, nous choisissons deux …

3. Il choisit un …

4. Vous choisissez avant moi, …

5. Alors Luc, tu choisis un cadeau …

6. Ils choisissent le chien …

1 On choisit bien

Complète les phrases (1–6).

Exemple: 1C

A … ou trois choses pour notre piquenique.
B … c'est plus poli.
C … une pomme.
D … pour le premier prix.
E … dictionnaire pour l'école.
F … pour ta petite sœur, non?

Dossier-langue — Grammaire 12.3

Regular -ir verbs

In task 1, all six parts of the verb **choisir** (to choose) are used. Can you find them all?

Copy and complete the verb table.

1 je chois**is**   nous chois____
2 tu chois____   vous choisissez
3 il/elle/on chois**it** ils/elles chois____

Compare this verb with regular -er and -re verbs. Like them, the stem remains the same and the ending changes. The endings for **choisir** are different, but you should recognise some similarities in the plural.

Here are some other verbs with an infinitive ending in **-ir**. They have the same endings as **choisir**:

finir (to finish)   réussir (to succeed)
remplir (to fill)   obéir (to obey)

Phonétique

The sounds 'i', 'y'

livre   stylo
finir   piquenique   poli   il y a

The sound 'oi'

oiseau
choisir   boîte   quelquefois

2 Grand choix au marché

Lis le texte et écris la liste des verbes en **-ir**.

attirer   to draw, attract
une gaufre   waffle

Exemple: ils réussissent (they succeed) …

Dans les villes et villages de France, il y a beaucoup de marchés. Ils ont une longue tradition culturelle et sociale et ils réussissent toujours à attirer beaucoup de personnes.

Au marché, on vend de tout. Nous allons chaque mercredi matin sur la place du marché. Normalement, Maman choisit des fruits et légumes bios et elle remplit le panier de bonnes choses – mais c'est moi qui porte le panier!

Nous achetons aussi du fromage, des olives ou du saucisson. Quelquefois, je choisis un nouveau tee-shirt ou des chaussettes, mais nous finissons toujours par manger une gaufre fraîche chez le marchand de gaufres – mmm, j'adore ça!

16 seize

1 En ville

3 Une fête

a Complète l'histoire avec la bonne forme du verbe **choisir** ou **finir**.

Christophe, Karine, Simon et Nathalie habitent dans un petit village au bord de la mer, mais assez loin de la ville. Il n'y a pas grand-chose à faire dans le village. Les quatre amis décident d'organiser une fête.

S Bof, c'est bientôt les grandes vacances, les cours (**1** ___) vendredi, mais il n'y a rien à faire dans notre village. Si on organisait une fête?

C Bonne idée, mais qu'est-ce qu'on peut faire?

K Si on habite en ville, c'est très facile! On (**2** ___) un restaurant et tout le monde dîne ensemble.

C Oui, mais les bus (**3** ___) vers huit heures et après, c'est impossible de rentrer au village.

N Alors, qu'est-ce qu'on peut faire? Simon, tu as de bonnes idées, tu (**4** ___) quelque chose, toi!

S Ça y est! J'ai une idée. On va organiser un grand piquenique sur la plage, mais à minuit!

C Fantastique! Nathalie et Karine, vous (**5** ___) la nourriture. Simon, tu (**6** ___) les boissons et …

N Et toi, Christophe, qu'est-ce que tu vas faire?

C Euh … ben, moi, je (**7** ___) les invités.

*Les amis (**8** ___) par organiser un piquenique superbe et tout le monde est content!*

b Écoute et vérifie.

Exemple: 1 *finissent*

c Lis la conversation et réponds aux questions.

Exemple: 1 *Les cours finissent <u>vendredi</u>.*

1 Les cours finissent quand?
2 Les transports en commun finissent quand?
3 Qui finit par avoir une bonne idée?
4 Qui choisit les choses à manger pour le piquenique?
5 Qui choisit les boissons?
6 Et Christophe, qu'est-ce qu'il choisit?

d Traduis l'introduction de la conversation en anglais.

Stratégies

Sounding more French

It's useful to know little words and phrases that can help you speak confidently and sound more French. Try using these sometimes to express yourself spontaneously or just to give you time to think. See how many you can fit in a conversation.

Ben, …	Well, …	**Aïe!**	Ouch!/Aaagh!
Bof, …	Hmm, … (I don't mind)	**Attention!**	Watch out!
Alors!	So, …	**Chut!**	Shhh!/Shush!
Tu sais, …	You know, …	**Quoi!**	What! (shock; disbelief)
Oh, là là!	Wow!		

a Écoute et répète.

b Écris 1–9, écoute encore une fois et trouve la bonne expression.

Exemple: 1 *Bof,* …

dix-sept 17

1F Tu aimes faire les courses?

- find out more about shopping in France
- practise expressing your opinions
- use regular -er, -re and -ir verbs

Tu aimes faire les courses? Alors, fais attention aux horaires d'ouverture! La plupart des magasins ferment à midi, souvent pendant deux heures ou même deux heures et demie. Si tu arrives à une heure, tu attends longtemps! Et beaucoup de magasins ferment le lundi, toute la journée.

Par contre, dans quelques magasins, comme la boulangerie et l'épicerie, le travail commence très tôt et on finit assez tard, souvent à huit heures du soir. Les supermarchés ne sont pas toujours ouverts le dimanche, mais même dans les petites villes, on trouve du pain frais ou un gâteau le dimanche matin à la boulangerie-pâtisserie.

Dans beaucoup de villes, on descend au marché le samedi matin et on choisit des fruits et légumes, des produits régionaux, des vêtements, des souvenirs … enfin, de tout.

Boulangerie-pâtisserie Lebrun
Horaires d'ouverture

lun		
mar	07h–13h	15h30–20h
mer	07h–13h	15h30–20h
jeu	07h–13h	15h30–20h
ven	07h–13h	15h30–20h
sam	07h–13h	15h30–20h
dim	07h–13h	

1 C'est ouvert?

Lis le texte, l'horaire et les phrases. **Vrai** ou **faux**?

Exemple: 1 vrai

1 Quelquefois, la pause-déjeuner dure deux heures et demie.
2 Tous les magasins choisissent le lundi pour fermer.
3 À la boulangerie, on finit le travail assez tard le soir.
4 On ne vend pas de pain frais le dimanche matin.
5 On n'achète pas de légumes au marché.
6 À la boulangerie Lebrun, on ne travaille pas le lundi.

Dossier-langue Grammaire 12

The three groups of regular verbs

You have now learnt the three kinds of regular verbs (and a few verbs which are regular, but with slight variations, e.g. **acheter, préférer**).

How many examples of them can you spot in the text above?

			-er trouver to find	-re descendre to go down	-ir finir to finish
sing.	1	je	trouve	descends	finis
	2	tu	trouves	descends	finis
	3	il/elle/on	trouve	descend	finit
pl.	1	nous	trouvons	descendons	finissons
	2	vous	trouvez	descendez	finissez
	3	ils/elles	trouvent	descendent	finissent

dix-huit

1 En ville

2 Sondage: le shopping

a Ces élèves posent des questions sur le shopping. Lis les questions et devine la bonne réponse. Pour t'aider, regarde les mots de la case.

b Écoute et vérifie.

Exemple: a *deux*

1 Pardon, madame. Combien de pain achetez-vous par jour?
   Elle achète (a ___) baguettes par jour. Le dimanche, ses enfants vont à la boulangerie et ils choisissent des (b ___) ou des (c ___).

2 Excusez-moi, monsieur. Est-ce que vous préférez acheter les fruits et les légumes à l'épicerie ou est-ce que vous descendez au marché?
   Il préfère acheter les fruits et les légumes (d ___).

3 Qu'est-ce que tu choisis normalement pour manger pendant la récré?
   Il adore les (e ___) ou, quelquefois, il mange des (f ___).

4 Madame, est-ce que vos enfants mangent beaucoup de bonbons?
   En général, ils préfèrent des (g ___) ou du (h ___).

5 Excusez-moi, monsieur. Est-ce que vous achetez des provisions sur Internet?
   Il préfère acheter les (i ___) au marché. Quelquefois, il achète des boîtes et des (j ___) sur Internet.

la récré break (at school)

au marché boissons chips chocolat croissants chips deux fruits légumes pains au chocolat

3 Le shopping: pour et contre

Complète le texte avec la bonne forme du verbe.

Exemple: 1 *je déteste*

Moi, je (**1** *détester*) faire les courses. Quand je (**2** *descendre*) au marché du village avec ma mère, je (**3** *trouver*) ça très ennuyeux. Nous (**4** *choisir*) deux ou trois kilos de fruits et légumes. Souvent, nous (**5** *rencontrer*) des gens du village. Ma mère et ses amies (**6** *parler*) trop et moi, j'(**7** *attendre*). Ce n'est pas amusant!

Moi, j' (**8** *adorer*) le shopping en ville. Mes amis et moi, nous (**9** *préférer*) les magasins où on (**10** *vendre*) des magazines, des vêtements ou des glaces.

4 Positif et négatif

Lis les opinions. C'est positif (P) ou négatif (N)?

Exemple: 1 N

1 Le shopping, c'est nul!
2 Faire les courses, c'est super ennuyeux!
3 Je trouve le shopping super!
4 Je suis passionnée de shopping.
5 Ce n'est pas amusant de faire les courses.
6 Le shopping, non merci! Je préfère faire du sport.

5 Tu aimes ça?

a Fais un sondage en classe. Choisis trois questions de la liste (1–8 ci-dessous). Pose les questions et note les réponses.

Exemple: (1, 6, 8)

A Est-ce que tu aimes faire les courses?
B Non, je n'aime pas beaucoup ça!
A Bon, tu n'aimes pas ça. Quand tu vas en ville, qu'est-ce que tu aimes acheter?
B J'achète ... (etc.)

b Réponds aux questions des autres dans la classe.

c Écris tes réponses à toutes les questions.

1 Est-ce que tu aimes faire les courses?
2 Qui fait les courses chez toi, normalement?
3 En général, qu'est-ce que tu choisis pour manger et boire pendant la récré?
4 Est-ce que tu préfères les petits magasins ou le supermarché?
5 Chez toi, est-ce qu'on préfère acheter les fruits et les légumes au marché ou aux magasins?
6 Quand tu vas en ville, qu'est-ce que tu aimes acheter?
7 Est-ce qu'il y a un marché près de chez toi? Si oui, qu'est-ce qu'on vend au marché?
8 Est-ce que ta famille achète des provisions sur Internet?

dix-neuf 19

1G C'est extra!

- understand a French poem
- practise writing creatively

1 À vendre

a Regarde l'image. Tu as trois minutes – fais une liste des produits à vendre.

Exemple: du pain, un pot de confiture, …

 b À deux, comparez les listes. Qui a le plus de produits?

Exemple:

A J'ai du pain.
B Oui, moi aussi, j'ai du pain. J'ai de la confiture.
A Ah non! Je n'ai pas de confiture.

Stratégies

Memorising vocabulary

- Use the technique, 'Look, cover, write/say, check' to memorise new words.
- Make links between new words and phrases and a sound/image/known word/action.
- List words in a different order – you often remember those at the beginning and end of a list but forget the ones in the middle.
- Practise vocabulary with a friend and test each other.
- Draw a spider diagram and link words on the same topic.

2 L'heure du déjeuner

a Complète le poème avec les mots de la case.

Exemple: 1 poulet

b Écoute et vérifie, puis lis le poème à haute voix.

Je vais, je vais au supermarché.
Sur ma liste: du pain et du (**1**) ____,
Un magazine, des œufs, du beurre.
Mais vite, vite … il est quelle (**2**) ____?

Je vais, je vais au supermarché.
Nous n'avons plus de bon (**3**) ____.
Je dois acheter une boîte de thon,
Des radis et du (**4**) ____.

Je vais, je vais au supermarché.
J'ai faim, c'est l'heure du (**5**) ____.
Quoi?! Il n'y a pas de (**6**) ____!
Non! C'est fermé! Aïe, c'est trop!

Je vais, je vais à la (**7**) ____.
Je n'ai pas acheté de saucisson.
Et toutes les choses de ma (**8**) ____
Restent au magasin. C'est triste!

| chariots | déjeuner | heure | liste |
| maison | pâté | poulet | saucisson |

c Écris une strophe supplémentaire pour continuer le poème. Trouve des mots qui riment.

Rhyming words

When you're looking for rhyming words, think of the phonics you have learnt and sound words aloud. Remember that some sounds have more than one spelling, e.g. -eau, -eaux, -au, -aux, -os, -ot, -op all sound similar. This gives many more opportunities for words that rhyme.

Sometimes you can find words that don't quite rhyme, but are near enough to make a good poem, e.g. pain, coin; heure, bleu …

20 vingt

Sommaire

1 En ville

Now I can ...

- **identify some French shops**

la boucherie	butcher's
la boulangerie	baker's
la charcuterie	pork butcher's/delicatessen
l'épicerie (f)	grocer's
la librairie	bookshop
le marchand de glaces	ice cream seller
le marchand de légumes/ de fruits	greengrocer
la papeterie	stationer's
la pâtisserie	cake shop
la pharmacie	chemist's
la poissonnerie	fish shop
le (bureau de) tabac	tobacconist's

- **shop for food**

Je voudrais …	I'd like …
Avez-vous …?	Have you …?
Donnez-moi …	Give me …
C'est combien?	How much is it?

- **understand what the shopkeeper says**

Vous désirez?	What would you like?
C'est tout?	Is that all?
Et avec ça?	Anything else?
Je regrette, mais je n'ai pas de …	I'm sorry, but I haven't any …
Je suis désolé(e), mais il n'y a plus de …	I'm very sorry, but there isn't any more …

- **discuss where to go shopping**

Où est-ce qu'on peut acheter des timbres?	Where can you buy stamps?
On peut acheter des timbres au tabac.	You can buy stamps at the tobacconist's.

- **say there isn't any or there is no more of something**

Il n'y a pas de fruits.	There's no fruit.
Il n'y a plus de légumes.	There aren't any vegetables left.

- **identify food and things to buy**

une baguette	long French loaf
un biscuit	plain biscuit
des bonbons (m pl)	sweets
des chips (f pl)	crisps
un concombre	cucumber
des champignons (m pl)	mushrooms
une quiche	quiche
un pain au chocolat	pastry with chocolate inside
du saucisson	continental sausage (eaten cold in slices)
une glace	ice cream
un timbre	stamp
un journal (des journaux)	newspaper(s)
un magazine	magazine

- **say how much of something you want to buy**

une barquette de	a punnet of
une boîte de	a box of, a tin of
une bouteille de	a bottle of
une brique de	a carton of
100 grammes de	100g of
250 grammes de	250g of
un kilo de	1kg of
un demi-kilo de	half a kilo of
un litre de	1 litre of
un morceau de	a piece of
un paquet de	a packet of
une portion de	a portion of
un pot de	a jar of
une tranche de	a slice of

- **talk about money and prices**

l'argent (m)	money
un billet	banknote
un centime	cent
un euro	euro
la monnaie	small change
une pièce	coin
un porte-monnaie	purse
une livre	pound (sterling)

- **use *acheter* (to buy) and *préférer* (to prefer) (see page 9)**

- **use *vendre* (to sell) and some other verbs ending in -re (see page 10)**

attendre	to wait (for)
descendre	to go down, to get off
répondre	to reply
perdre	to lose

- **use *choisir* (to choose) and some other verbs ending in -ir (see page 16)**

finir	to finish
remplir	to fill
réussir	to succeed
obéir	to obey

vingt-et-un 21

Rappel 1 Unité 1

1 Les magasins

Complète les mots avec les bonnes voyelles.
Fill in the correct vowels.

Exemple: 1 la pâtisserie

1 l_ p_t_ss_r__
2 l_ l_br__r__
3 l_ b__ch_r__
4 l_ t_b_c
5 l'_p_c_r__
6 l_ b__l_ng_r__
7 l_ ch_rc_t_r__
8 l_ m_rch_
9 l_ s_p_rm_rch_

2 Je voudrais …

Écris le produit et la bonne quantité.
Write the item and the quantity.

Exemple: 1 une boîte de thon

3 Conversation à l'épicerie

Mets la conversation dans le bon ordre.
Put the conversation into the correct order.

Exemple: d, …

a Du fromage et de la limonade … Voilà. C'est tout?
b Alors, donnez-moi un demi-kilo de poires, s'il vous plaît.
c Merci, monsieur. Voilà votre monnaie. Au revoir.
d Bonjour, madame.
e Avez-vous des pommes?
f Alors, ça fait trois euros soixante, s'il vous plaît.
g Au revoir, madame.
h Oui, et avec ça?
i Bonjour, monsieur. Vous désirez?
j Voilà quatre euros, madame.
k Je voudrais cent grammes de fromage et une bouteille de limonade.
l Ah non, je regrette, je n'ai plus de pommes, mais il y a des poires.
m Oui, c'est tout. C'est combien?

4 Questions et réponses

a Complète les questions et les réponses avec les mots de la case.
Complete the questions and answers using words from the box.

Exemple: 1 Qu'est-ce que <u>tu</u> préfères comme fruit?

b Trouve les paires.
Match the pairs.

Exemple: 1b

1 Qu'est-ce que ___ préfères comme fruit?
2 ___-ce qu'il y a un fruit que tu n'aimes pas?
3 Et tu ___ les légumes?
4 Tu vas aux magasins en ___ . Où vas-tu d'abord?
5 Alors moi, je vais à l'___ . Qu'est-ce que j'achète pour notre piquenique?
6 Et après, où est-ce ___ tu m'attends?

a Je vais à la ___ . Je vais acheter une baguette et des pains au chocolat.
b Je préfère ___ bananes et les fraises.
c Je ___ t'attendre devant le cinéma.
d J'aime beaucoup les petits pois, mais je n'aime ___ les choux-fleurs.
e Oui, je n'aime pas les abricots et ___ déteste les kiwis.
f Deux cent cinquante ___ de fromage, deux paquets de chips et du coca.

| aimes | boulangerie | épicerie | Est | grammes |
| je | les | pas | que | tu | vais | ville |

22 vingt-deux

5 En ville

Choisis la bonne forme du verbe pour compléter les phrases.
Choose the correct part of the verb to complete the sentences.

Exemple: 1a

1 Est-ce que tu ___ faire les courses?
   a aimes   b aimez   c aiment
2 Pour les légumes, je ___ aller au marché.
   a préférer   b préfères   c préfère
3 Ma cousine ___ à la pharmacie.
   a travailles   b travaille   c travaillent
4 En général, on ___ des livres à la librairie.
   a trouvez   b trouve   c trouvons
5 Qu'est-ce que vous ___ comme gâteau?
   a préférez   b préfères   c préférer
6 Nous ___ d'acheter un grand gâteau au chocolat.
   a décidez   b décident   c décidons
7 Luc et Léa ___ de la musique au supermarché.
   a écoute   b écoutent   c écoutons
8 On ___ des timbres au tabac.
   a acheter   b achète   c achetons

6 Mes copains

Complète les phrases avec un verbe de la case.
Complete the sentences with a verb from the box.

Exemple: 1 Je <u>descends</u> souvent en ville avec mes copains.

1 Je ___ souvent en ville avec mes copains.
2 Où est Raphaël? Il ne ___ pas à mes textos.
3 Léa et Chloé ___ devant la gare.
4 Nous ___ au marché.
5 On ___ des choses intéressantes au marché.
6 Madame, vous ___ des tee-shirts bleus?
7 Voilà Raphaël! Il ___ devant la librairie avec son portable.
8 Moi, je ne ___ pas à ses textos!

> attend   attendent   descendons   descends
> répond   réponds   vend   vendez

7 Les glaces

a Trouve les paires.
   Match the pairs.

B Traduis les phrases en anglais.
   Translate the sentences into English.

Exemple: 1d

1 Au restaurant, mon frère
2 Si possible, je
3 Mes cousins
4 Si c'est une fête, nous
5 Quand est-ce que vous
6 Qu'est-ce que tu

a réussissent à manger six glaces chacun!
b finissez votre glace?
c remplissons un grand bol de glace au chocolat!
d choisit toujours une glace.
e choisis comme glace?
f choisis une glace à la pistache.

8 Un message

Complète le message avec la bonne forme du verbe.
Complete the message with the correct part of each verb.

Salut!

Je (**1** *passer*) quelques jours chez mon oncle Martin à Paris. Il (**2** *habiter*) dans un appartement près du centre. Chaque matin, nous (**3** *descendre*) au marché et nous (**4** *acheter*) des fruits et des légumes. Mes parents (**5** *remplir*) leur panier de légumes frais mais moi, je (**6** *préférer*) les fruits. Après le marché, nous (**7** *choisir*) des gâteaux à la pâtisserie – je (**8** *choisir*) toujours une tarte aux fraises. On (**9** *manger*) bien ici!

Et toi? Tu (**10** *finir*) tes devoirs ce weekend? J'espère que tu (**11** *répondre*) vite – j'(**12** *attendre*) de tes nouvelles!

À bientôt!

Laurent

vingt-trois 23

unité 2 On fait des projets

2A L'Europe et les Européens

- talk about countries in Europe
- use prepositions with towns (à), countries and continents (au, en, aux)

1 C'est quel pays?

a Regarde les photos et la carte. Note le pays (1–6).

Exemple: 1 les Pays-Bas

b Choisis un pays d'Europe et trouve des détails (capitale, monnaie, code Internet, etc.). Pour t'aider, regarde Deux pays d'Europe, page 39.

2 Des vacances en Europe

Écris 1–10 et écoute.

a Note le nom du pays. b Donne un détail.

Exemple: 1 a DK (le Danemark)   b les jardins de Tivoli

2 On fait des projets

Bonjour, je m'appelle **Élodie**. J'ai treize ans. J'habite dans un village près de Genève en Suisse. Nous sommes près des Alpes, alors j'aime bien faire du ski en hiver. J'ai un frère de seize ans et une sœur jumelle. J'adore les animaux. Nous avons un chien et un chat, mais mon animal préféré est le cheval. Je fais de l'équitation tous les weekends.

Salut tout le monde, je m'appelle **Mathieu**. J'ai treize ans et j'habite à Honfleur en Normandie, dans le nord de la France. Honfleur est au bord de la mer et il y a de belles plages et un port. Quand il fait beau et qu'il y a du vent, j'aime bien faire de la planche à voile. Autrement, je joue au tennis et au football. Je suis un fan de l'équipe de football de Paris Saint-Germain. J'aime aussi jouer sur l'ordinateur.

Salut, je m'appelle **Roberto**, j'ai douze ans. J'habite en Italie, à Rome, et je parle italien. Je parle bien français, mais l'écrire est beaucoup plus difficile!!! Je joue du piano et de la trompette et j'aime toutes sortes de musique.

Bonjour, nous sommes deux filles de Bruxelles en Belgique: **Laura** et **Nicole**. Nous habitons à Bruxelles mais nous ne sommes pas belges, nous sommes françaises. Notre père vient de la Martinique et notre mère est de Paris. Notre père travaille au Parlement européen et notre mère est prof d'anglais, alors nous allons souvent en Angleterre pendant les vacances.

Salut, je m'appelle **Stefan** et j'ai quatorze ans. J'habite à Berlin en Allemagne et je parle allemand. J'apprends le français depuis trois ans. J'adore le sport: je joue au football, au hockey et au basket. Mon sport préféré est le basket, j'en fais depuis cinq ans. J'aime aussi écouter de la musique et j'apprends la guitare depuis deux ans.

3 De jeunes Européens

Lis les textes. Comment ça se dit en français?

1 a twin sister
2 every weekend
3 everyone
4 by the seaside
5 much more difficult
6 comes from
7 during the holidays
8 for three years

 ## 4 C'est qui?

Écris 1–6. Écoute les conversations et décide de qui on parle.

Exemple: 1 Laura

Phonétique

The letter 'è' with grave accent

Gr**è**ce, Ath**è**nes, sph**è**re

r**è**gle

The sounds 'a', 'à', 'â', '-as', '-at'

M**a**roc, l**à**, p**â**té, b**as**, déli**cat**

sac

Dossier-langue Grammaire 5.9

Saying 'to', 'at' or 'in' a town, country or continent

- With towns use **à**, or **au** if the town starts with **Le**.

J'habite à Bordeaux.

Léo habite au Havre.

- With countries, continents and the world use …

masc. sing.	fem. sing.	plural
au	en	aux
au Luxembourg	en Allemagne	aux Pays-Bas
au monde	en Europe	

Exemples: Lisbonne est au Portugal.

Athènes est en Grèce.

Utrecht est aux Pays-Bas.

vingt-cinq 25

2B On part en vacances

- learn the names of different countries and continents
- use *partir* (to leave)

1 Projets de vacances

🔊 **a** Écoute et trouve les paires.

Exemple: 1f

b Trouve la bonne image.

1 La famille Legrand va	a à Londres.
2 Le collège Jules Verne va	b au Canada.
3 M. et Mme Rousseau vont	c à Athènes.
4 Nicolas et Sophie vont	d au Sénégal.
5 La famille Leblanc va	e aux États-Unis.
6 Hélène va	f en Suisse.

Exemple: 1f = image E

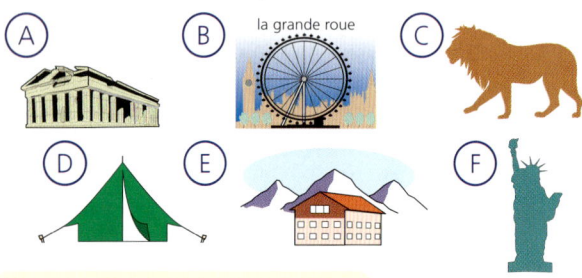

la grande roue

aller (to go)

je vais	nous allons
tu vas	vous allez
il/elle/on va	ils/elles vont

Quand … ?
en été/hiver/automne, etc.
pendant les vacances scolaires

3 Vous partez quand?

🔊 Écoute et note la date du départ.

Exemple: 1 le 3 juin

1 M. et Mme Citron partent …
2 Julie et Lucie partent …
3 Hugo part …
4 Sophie: «Je pars …»
5 Sébastien et Lucien: «Nous partons …»
6 La famille Renard part …

4 Tu pars?

Complète le texte avec la bonne forme du verbe **partir**.

Exemple: 1 tu pars

– Pierre, quand est-ce que tu (**1** ___) pour la gare?
– Je (**2** ___) dans cinq minutes.
– Il (**3** ___) dans cinq minutes!
– Vous (**4** ___) quand pour le match de tennis?
– Nous (**5** ___) à trois heures.
– Ils (**6** ___) à trois heures!

2 Quelle destination?

a Complète les phrases comme indiqué.

➕ **b** Ajoute un autre détail (quand, etc.).

Exemple: 1 Notre collège va à Rome, en Italie, (en juillet).

1 Notre collège – Rome – Italie

2 Notre famille – Athènes – Grèce

3 Mes amis – Paris – France

4 Nous – Berlin – Allemagne

5 Toi, tu – Cardiff – pays de Galles

6 Mon prof – Londres – Angleterre

7 Moi, je … (tu décides!)

Dossier-langue | Grammaire 12.5

partir (to leave, depart)

The verb **partir** ends in **-ir**, but it is irregular in the present tense.

Copy out the verb and fill in the missing parts. Use task 3 to help you.

1 je pars	nous ___
2 tu pars	vous partez
3 il/elle/on ___	ils/elles ___

The verbs **sortir** (to go out) and **dormir** (to sleep) follow a similar pattern.

… moins cinq … cinq
… moins dix … dix
… moins le quart **Quelle heure est-il?** … et quart
… moins vingt … vingt
… moins vingt-cinq … vingt-cinq
… et demie

26 vingt-six

2 On fait des projets

5 Un sondage: l'heure du départ

En groupe, posez des questions puis donnez les réponses.

Exemple:

Dans notre groupe, ___ élèves partent ___.
X part le premier, à ___.
Y part le dernier, à ___.

1 Tu pars à quelle heure pour aller au collège?
2 Combien d'élèves partent avant sept heures et demie?
3 Combien d'élèves partent vers huit heures?
4 Combien d'élèves partent après huit heures?
5 Dans ton groupe/ta classe, qui part le premier? (À quelle heure?)
6 Et qui part le dernier? (Quand?)

6 Pour aller au collège

🔊 Écris 1–6 et écoute les conversations. À chaque fois, note …

a l'heure de départ
b le moyen de transport utilisé.

Exemple: 1a 7h30, b en bus

7 Bruxelles

Des moules frites

Bruxelles, la capitale de la Belgique, est une ville internationale. C'est une ville bilingue où l'on parle français et flamand. Le flamand est un dialecte néerlandais. Beaucoup d'habitants de la ville sont des étrangers qui travaillent pour des institutions internationales, comme l'Union européenne (l'UE). La ville est jumelée avec d'autres capitales d'Europe, comme Madrid et Berlin.

Qu'est-ce qu'on mange en Belgique? Les moules-frites sont très populaires. On a cultivé les premiers choux de Bruxelles près de la ville. Les chocolats belges sont célèbres et délicieux.

L'Atomium est un monument impressionnant. Il représente les neuf atomes d'une molécule cristalline de fer. On peut entrer dans les sphères et, du haut du monument, on a un beau panorama sur la ville.

Tu connais peut-être des Belges célèbres? Il y a Hergé, le créateur de Tintin, Adolphe Saxe, qui a inventé le saxophone, le cycliste Eddy Merckx, le chanteur et compositeur Jacques Brel et le peintre surréaliste René Magritte.

Comment peut-on aller à Bruxelles? En train, c'est facile, par exemple de Londres, l'Eurostar arrive à la gare du Midi en un peu plus de deux heures.

a Trouve le français.

Exemple: 1 *des étrangers*

1 foreigners
2 the town is twinned
3 mussels and chips
4 Brussels sprouts
5 singer and composer
6 a little more than two hours

b Trouve six adjectifs (ou plus).

➕ c Note des phrases utiles pour faire la description d'une ville. Fais des recherches et écris un paragraphe sur une autre ville francophone.

Des idées: Marseille (France), Québec (Canada), Pointe-à-Pitre (Guadeloupe)

Stratégies

Reading aloud to improve pronunciation

Reading aloud can really help to improve your pronunciation.

- In French, each syllable of a word is normally stressed equally, whereas in English there is often a stronger emphasis on one syllable. Compare *chocolat* and 'chocolate'.
- Look at capital letters. Are they names of people or places, or do they begin sentences? The full stops help you to check this. At the end of a sentence, make the tone of your voice go down and then pause before reading the next sentence.
- Make a shorter pause after a comma.
- If a sentence has a question mark, the tone of your voice goes up rather than down.
- Look at the article about *Bruxelles* (Brussels) and the words starting with a capital letter. Find two examples of each of the following:
  – a word beginning a sentence
  – the name of a place
  – the name of a person.
- Then choose part of the article and practise reading it aloud with your best French accent.

2C En route

- talk about modes of transport
- use the verb *venir* (to come)

1 On voyage comment?

🔊 Écoute (1–10), regarde les photos et écris la bonne lettre.

Exemple: 1B

> Although *à vélo/moto/scooter* is correct, you may also hear *en vélo/moto/scooter*.

 A en bus
 B en avion
 C en bateau
 D en tramway

 E en métro
 F en taxi
 G en train
 H en voiture

 I en car
 J à vélo
 K à scooter
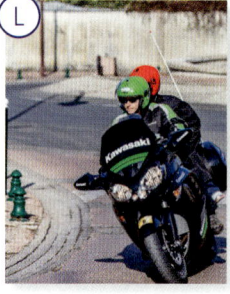 L à moto
 M à pied

2 Les voyages

Complète chaque phrase avec le nom d'un moyen de transport différent.

Exemple: 1 Je vais à Londres <u>en avion</u>.

1 Je vais à Londres ____ .
2 Nous allons à Strasbourg ____ .
3 Je vais au cinéma ____ .
4 Nous allons en ville ____ .
5 Je vais au collège ____ .
6 On va en Irlande ____ .
7 Les filles vont au match ____ .
8 Ma mère va au travail ____ .

Phonétique

The sound 'u'

bus, tu, molécule

lune

3 Bon voyage!

Sam et Chloë prennent des moyens de transport différents. Complète la description de leur voyage.

Exemple: 1 *en voiture*

Ils vont à la gare (1) 🚗. Puis ils voyagent (2) 🚆. À Londres, ils voyagent

(3) 🚌 puis (4) 🚕. Ils traversent la Manche (5) 🚢. Puis ils vont à la gare

(6) 🦶 et ils voyagent (7) 🚆 jusqu'à Paris. À Paris, ils vont à leur hôtel

(8) 🚇. Puis ils partent pour La Rochelle (9) 🚌 et ils visitent la ville (10) 🚲.

2 On fait des projets

4 Une soirée internationale

🔊 Écoute les conversations. **Vrai** ou **faux**?

Exemple: 1 vrai

1 Christine vient du Canada.
2 Sébastien vient de Montréal.
3 Karim vient du Maroc.
4 Cécile et son frère viennent en métro.
5 Alex et Daniel viennent assez souvent en France.
6 Ils viennent de Glasgow.
7 Jabu et Pirane viennent d'Afrique.
8 Elles ne viennent pas souvent en France.

Dossier-langue — Grammaire 12.5

venir (to come)

The verb **venir** is irregular.
Copy out the verb and fill in the missing parts.

1	je v**iens**	nous v**enons**
2	tu v**iens**	vous v**enez**
3	il/elle/on–	ils/elles–

The verbs **revenir** (to return) and **devenir** (to become) follow the same pattern as **venir**.

➕ Make up a sentence with each of the three verbs.

Stratégies

Working out meaning – prefixes and suffixes

Prefixes are syllables added to the beginning of a word.
- *re-* (adds idea of 'again' or 'back'), e.g. *venir* (to come), *revenir* (to come back); *commencer* (to begin), *recommencer* (to begin again)
- *in-* (adds idea of 'not'), e.g. *connu* (well known), *inconnu* (unknown); *utile* (useful), *inutile* (useless)

Suffixes are syllables at the end of a word. Often there are equivalent patterns in English.

French	English
-ment (lentement)	-ly (slowly)
-té (une spécialité)	-y (speciality)
-ie (la biologie)	-y (biology)
-eur/-euse (un chanteur)	-er (singer)
-ant (intéressant)	-ing (interesting)
-eux/-euse (délicieux)	-ous (delicious)
-ique (électronique)	-ic (electronic)

5 Une conversation

🔊 **a** Écoute la conversation et note les moyens de transport.

Exemple: 1 le bus

A Comment viens-tu au collège?
B Je prends (**1**) ___ parce que c'est pratique. Et toi?
A Moi, je viens au collège (**2**) ___ parce que ce n'est pas loin. Et tu rentres (**3**) ___ aussi?
B Oui, normalement, mais quelquefois je prends (**4**) ___. J'aime ça, c'est rapide et confortable. Tu aimes voyager (**5**) ___?
A Oui, je préfère voyager (**6**) ___ plutôt qu'en voiture. Je déteste ça et en plus, ce n'est pas bien pour l'environnement. Pour de petits trajets, j'aime prendre (**7**) ___. Et toi, tu as (**8**) ___?
B Non. Mon moyen de transport préféré est (**9**) ___. Partir en vacances (**10**) ___, c'est très cool.

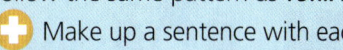
plutôt que — rather than

b Réponds aux questions.

Exemple: 1 *Je viens au collège en voiture.*

1 Comment viens-tu au collège?
2 Est-ce que beaucoup d'élèves viennent en bus?
3 Tu rentres à la maison comment?
4 Comment vas-tu en ville normalement? Pourquoi?

➕ **c** Écris tes réponses.

1 Tu aimes voyager en train?
2 Quel moyen de transport préfères-tu?
3 Est-ce que tu as un vélo?
4 Est-ce que tu vas au collège ou en ville à pied?

2D Qu'est-ce qu'on va faire?

- talk about what you are (not) going to do
- use expressions of future time

1 Pendant les vacances

a Écris 1–8. Écoute les conversations et écris les lettres dans l'ordre.

Exemple: 1G

b Trouve la phrase qui va avec chaque image.

Exemple: A7 Ils vont aller à la pêche.

1 Je vais prendre des photos.
2 Tu vas faire du vélo?
3 Il va jouer au golf.
4 Elle va rendre visite à sa correspondante.
5 Nous allons jouer au football.
6 Vous allez visiter des châteaux?
7 Ils vont aller à la pêche.
8 Elles vont monter à la tour Eiffel.

2 Présent ou futur?

 Écris 1–10. Écoute les phrases. Si on fait l'activité maintenant, écris **P**. Si on va faire l'activité plus tard, écris **F**.

Exemple: 1P

3 Des voyages imaginaires

a Travaillez à deux. Vous allez faire un voyage à l'étranger, mais quand, où, avec qui? Ça va être amusant ou non?

La personne A pose des questions (A–F), la personne B répond. Puis changez de rôle pour faire une conversation différente.

Exemple:

A Quand vas-tu partir en vacances?

B Je vais partir en juillet.

Dossier-langue — Grammaire 11.2

Talking about the future

To say what you are going to do in the future, use part of the verb **aller** + an infinitive:

je vais	travailler sur l'ordinateur
tu vas	prendre des photos
il/elle/on va	écouter de la musique
nous allons	regarder le film
vous allez	visiter la ville
ils/elles vont	faire du vélo

To say what you're not going to do, put **ne** and **pas** round the part of **aller**:

Je ne vais pas ranger ma chambre.
I'm not going to tidy my room.

b Écris six phrases complètes pour décrire un voyage.

	A Quand vas-tu partir en vacances?	B Où vas-tu aller?	C Avec qui?	D Comment allez-vous voyager?	E Qu'est-ce que vous allez faire?	F Ça va être comment?
1	vendredi soir	Amsterdam, Pays-Bas	ma famille		visiter des monuments	génial
2	cet été	Mars, espace (m)	un groupe d'astronautes	en navette	explorer la planète	fantastique
3	la semaine prochaine	Lisbonne, Portugal	le collège		prendre des photos	amusant
4	samedi prochain	chez Dracula, Transylvanie (f)	un groupe de vampires		visiter le château	effrayant
5	en juillet	Athènes, Grèce	mes amis		faire du camping	magnifique
6	en août	Berlin, Allemagne	un groupe de profs		visiter des collèges	ennuyeux

30 trente

2 On fait des projets

4 La fête de Daniel

a Écoute les conversations et lis le texte.

Demain, c'est samedi. Sophie aime sortir le samedi soir. Elle téléphone à ses amis.

1
- N Allô?
- S Bonjour, Nicole. Qu'est-ce que tu vas faire demain soir?
- N Demain soir? Je vais aller chez Daniel.

2
- C Allô?
- S Salut, Charlotte. Il y a un bon film au cinéma Rex demain. Tu viens?
- C Ah non, Sophie, je regrette, mais …
- S Mais qu'est-ce que tu vas faire alors?
- C Je vais aller chez Daniel. C'est son anniversaire, il va organiser une fête.

3
- JC Allô!
- S Bonjour, Jean-Claude. Qu'est-ce que tu vas faire demain? On va écouter de la musique chez moi. Tu viens?
- JC Mais demain soir à huit heures, je vais …
- S Ah non, toi aussi, tu vas aller chez Daniel demain? Ça alors …

4
- JC Mais écoute, Sophie, je …
- S Qu'est-ce que je vais faire? … Oui, c'est ça. Je vais téléphoner à Daniel. Mais je ne vais pas parler de sa fête.

5
- D Allô!
- S Bonjour, Daniel! Ici Sophie. Demain soir, on va aller au bowling avec des amis. Tu viens avec nous?
- D Mais Sophie, attends! Demain soir, je vais donner une fête chez moi. Tu ne viens pas?
- S Comment? Quelle fête?
- D Pour mon anniversaire. Tu n'as pas ton invitation?

6
- S Mon invitation? … Ah non!
- D Ça ne fait rien. Mais tu vas venir, n'est-ce pas? C'est à huit heures.
- S Bon, d'accord, je vais venir chez toi. Au revoir, Daniel … et à demain!

b Corrige l'erreur dans chaque phrase.

Exemple: 1 Sophie aime <u>sortir</u> le samedi soir.

1 Sophie aime rester à la maison le samedi soir.
2 Elle envoie un texto à Nicole.
3 Samedi soir, Charlotte va aller chez sa tante.
4 Daniel va organiser un piquenique.
5 Jean-Claude va aller au bowling.
6 Beaucoup d'amis vont à la fête du collège.
7 Finalement, Sophie téléphone à son père.
8 Sophie ne va pas aller à la fête samedi soir.

5 C'est quand?

Aujourd'hui, c'est lundi. Écris ces expressions dans l'ordre chronologique et traduis en anglais.

Exemple: *ce soir – this evening, …*

ce soir   jeudi prochain   la semaine prochaine
samedi soir   dimanche prochain
vendredi après-midi   demain   mercredi matin

6 Des projets

a Complète les phrases.

Exemple: Demain, je vais jouer au football.

✚ b Complète les phrases et donne une raison.

Exemple: Demain, je vais jouer au football parce que j'adore ça.

1 Demain, je …
2 Demain matin, je ne vais pas …
3 Demain soir, on va …
4 Lundi prochain, mes amis …
5 Mercredi après-midi, nous …
6 Vendredi soir, je …
7 Samedi prochain, je ne vais pas …
8 Dimanche après-midi, on va … mais on ne va pas …

Voici des idées:

2E On peut faire ça?

- talk about what you can (or can't) do (*pouvoir* + infinitive)
- ask permission to do something

1 Venez en France!

Trouve la bonne phrase pour chaque image.

a Vous pouvez visiter les célèbres châteaux de la Loire.
b Les touristes peuvent louer des vélos.
c On peut faire de la voile et de la planche à voile.
d Dans les Alpes, on peut faire du ski.
e Les familles peuvent faire du camping, c'est pratique et économique.
f Vous pouvez faire du canoë-kayak sur les rivières.

2 Qu'est-ce qu'on peut faire?

a Sancerre et Amboise sont deux villes dans le Val de Loire.

À deux: la personne A regarde cette page, la personne B regarde la page 135. La personne A pose quatre questions sur Sancerre. La personne B consulte le guide pour répondre. Puis changez de rôle pour parler d'Amboise.

Exemple:

A Est-ce qu'on peut faire de la voile à Sancerre?
B Oui, on peut faire de la voile.

Est-ce qu'on peut	faire	du ski/du camping? de la voile? de l'équitation?
	visiter	un château/un musée?
	aller	à la piscine/à la patinoire? au cinéma/au parc?
	jouer	au tennis/au golf/au football?

b Choisis la ville que tu préfères pour les vacances en famille et dis pourquoi (parce qu'on peut …)

Dossier-langue   Grammaire 12.5

pouvoir (to be able, can)

1	je peux	I can	nous pouvons	we can
2	tu peux	you can	vous pouvez	you can
3	il/elle/ on peut	he/she/ one can	ils/elles peuvent	they can

Pouvoir is normally used with another verb in the infinitive:

Est-ce que je peux	faire	du camping ici?
Vous pouvez	aller	au café ce soir.

To say you can't do something, add **ne … pas** around the part of *pouvoir*.

Je **ne** peux **pas** jouer au tennis mercredi.
Oscar **ne** peut **pas** aller au cinéma ce soir.

2 On fait des projets

3 Des dessins

Choisis le bon texte pour chaque dessin.

A Il ne peut pas partir: il ne trouve pas sa voiture.
B Tu peux me prêter de l'argent, Maman?
C Vous pouvez m'aider à traverser la rue, monsieur?
D Est-ce que nous pouvons faire du camping ici?

4 Des questions et des réponses

a Complète les questions avec la bonne forme du verbe **pouvoir**.

1 Qu'est-ce qu'on ___ faire ce weekend?
2 Est-ce que je ___ charger mon portable?
3 Quand est-ce que nous ___ aller en ville?
4 Est-ce que Léa et Yvan ___ aller au match?
5 Est-ce que tu ___ passer à la maison samedi?
6 Où est-ce que mon ami ___ jouer au tennis?

b Complète les réponses.

a Vous ___ aller en ville cet après-midi.
b Il ___ jouer au tennis au centre sportif.
c Désolé, je ne ___ pas venir samedi.
d Bien sûr, tu ___ faire ça, sans problème.
e Non, ils ne ___ pas aller au match.
f On ___ aller à la piscine ou faire une promenade.

c Trouve les paires.

Exemple: **1f**

5 Ce n'est pas possible

Écoute et choisis la bonne excuse.

Exemple: **1b**

a Il va jouer un match.
b Elle va rendre visite à sa tante.
c Ils travaillent tard à l'hôpital.
d Ils vont au théâtre.
e Ils vont rentrer à la maison.
f Elle va faire de l'équitation.

6 On demande la permission

a Écoute Claire et regarde la case à droite. Note les bons nombres.

Exemple: **4, …**

b Pour demander la permission, qu'est-ce qu'on dit?

Exemple: **1 Est-ce que je peux sortir ce soir, s'il vous plaît?**

  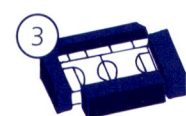
 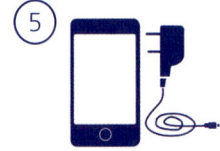

c Invente trois questions différentes.

Est-ce que je peux

Est-ce que nous pouvons

1  regarder un film à la télé?
2  manger quelque chose?
3  boire quelque chose?
4  sortir ce soir?
5  aller au match de football?
6  jouer sur l'ordinateur?
7  charger mon portable/ nos portables?

trente-trois 33

2F On s'amuse … ou pas

- describe places
- learn more about the infinitive of a verb

1 Salut!

1 Je passe quelques jours à Marrakech dans le sud du Maroc. Hier, nous avons visité la médina – c'est comme un marché. Il y a toutes sortes de choses: des ceintures, des vêtements, des tapis, etc. Il fait très chaud ici, alors cet après-midi nous allons à la piscine. Demain, nous allons faire une excursion à la montagne.
À bientôt,
Mustafa

2 Bonjour de Lausanne en Suisse, où nous faisons du camping. Il pleut sans cesse et la rue est comme une rivière. On ne peut pas faire grand-chose. Maman dit que, s'il continue à pleuvoir, nous allons rentrer demain. Quelles vacances!
Laura

3 Salut de Québec au Canada! C'est le carnaval d'hiver ici. Il fait très froid (moins 10). Hier, on a regardé un match de hockey sur glace. Aujourd'hui, il y a un défilé avec un grand bonhomme de neige. On fait des sculptures en glace dans la rue. J'aime bien ce cheval en glace – il est superbe. Ce soir, nous allons voir un grand feu d'artifice.
Amitiés,
Danyang

4 Nous sommes à Châteauroux. C'est une petite ville dans le Val de Loire. Hier, on a visité le château de Chambord. Aujourd'hui, nous restons en ville parce que le Tour de France va passer par ici, cet après-midi. Ça va être génial. On aime bien faire du vélo et le Tour de France est une course cycliste très célèbre. Tout le monde parle de ça. J'espère qu'il va faire beau.
Hugo et Thomas

A

B

C

D

a Lis les messages et trouve la bonne image.

Exemple: 1D

b Réponds aux questions.

Exemple: Qui va regarder le Tour de France?
Hugo et Thomas vont regarder le Tour de France.

1 Qui …
  a va regarder le Tour de France?
  b fait du camping?
  c a regardé un match de hockey?

2 Quel temps fait-il …
  a en Suisse?
  b au Canada?
  c au Maroc?

3 Qu'est-ce qu'on peut …
  a acheter à la médina de Marrakech?
  b voir au Québec?
  c visiter dans le Val de Loire?

c Comment ça se dit en français?

1 There are all sorts of things
2 tomorrow
3 it's raining non-stop
4 we can't do much
5 there's a procession
6 a big firework display
7 it's going to be brilliant
8 everyone is talking about it

Phonétique

The sounds '-é', '-er', '-et', '-ez' at the end of a word

marché, rentrer, juillet, pouvez

Exceptions:
hier, hiver
aimer

Dossier-langue Grammaire 11.1

The infinitive (l'infinitif)

When there are two verbs in a sentence, the second verb is often in the infinitive, e.g.

On aime faire du vélo.   We like to go cycling.
Nous allons rentrer demain.   We're going to go home tomorrow.

If you look up a verb in a dictionary or a glossary, it is usually shown in the infinitive.

If you don't know the infinitive of an irregular verb, look at the **vous** form as this is often closest to it, e.g. **vous allez (aller), vous avez (avoir)**.
Can you work out the infinitive of these verbs?
vous venez, vous faites, vous êtes

Check by looking at the irregular verbs listed in *Grammaire* 12.5.

34 trente-quatre

2 On fait des projets

Stratégies

Developing your written work

When talking about trips and activities, add extra details like where you're going, who with and when, and add your opinion. Practise this by starting with a simple sentence. Then answer the questions in brackets to add more interest.

On va faire une excursion.

(where?) *On va faire une excursion **au bord de la mer**.*

(who with?) *On va faire une excursion au bord de la mer **avec des amis**.*

(when?) ***Samedi prochain**, on va faire une excursion au bord de la mer avec des amis.*

(opinion?) *Ça va être **vraiment super**.*

2 Un message

Tu passes quelques jours dans une ville ou un village. Écris un message à un(e) ami(e).

Exemple:

Nous passons quelques jours ici, à Honfleur en France. C'est une petite ville dans le nord du pays. On peut visiter le port et le centre historique. Aujourd'hui, il fait beau et nous allons à la plage. Demain, nous allons louer des vélos et faire une promenade à la campagne. Ça va être amusant.

| Je passe | le weekend
quelques jours
une semaine
dix jours | à (ville) | au (pays).
en (pays).
aux (pays). |

| C'est | une grande ville
une ville moyenne
une petite ville
un village | dans | le nord
le sud
l'est
l'ouest | du pays. |
| | | | au centre | |

| On peut | visiter les monuments.
faire beaucoup de choses.
faire des excursions. |

| Cet après-midi,
Ce soir,
Demain,
Vendredi prochain, | je vais
on va
nous allons | faire une excursion.
aller à un concert.
faire de la voile.
visiter le château. |

| Ça va être | génial.
très cool.
amusant.
assez intéressant.
un peu ennuyeux. |

3 Faites du vélo!

Fête du vélo – faites du vélo!

Tous à vélo!
Balades à vélo de 15, 30, 42, 57 km
- Rallyes jeux à vélo
- Animations pour les enfants: manège à pédales, slalom à vélo
- Essai de vélos électriques

a Écoute et complète la conversation avec des mots de la case.

b À deux, lisez la conversation.

A Qu'est-ce qu'on (**1**) _____ faire ce weekend?

B Je ne (**2**) _____ pas. Tu as une idée?

A Il y a la fête du vélo en ville. Mon frère dit que ça va (**3**) _____ intéressant.

B Qu'est-ce que c'est?

A C'est une fête pour encourager tout le monde à (**4**) _____ du vélo. Pendant un weekend, on organise des manifestations dans (**5**) _____ de villes de France. Il y a des balades organisées, des jeux à vélo, etc. Tu as un vélo, toi?

B Oui, j'ai un vélo, et j'aime bien (**6**) _____ ça.

A Bon alors, on peut faire une (**7**) _____ organisée de 15 km. Que penses-tu?

B Oui, je veux bien.

A Bon, ça va commencer à 10 heures. On va apporter des sandwichs, des fruits et des (**8**) _____ pour un piquenique.

B D'accord, j'espère qu'il va faire beau.

| balade beaucoup boissons être |
| faire peut sais adore |

4 Une balade

Prépare une affiche pour une balade à vélo ou à pied.
- Où va-t-on aller?
- On va faire environ combien de kilomètres?
- Ça va durer environ combien de temps?
- C'est pour qui? (tout le monde/les familles/les jeunes de 12 à 15 ans)

trente-cinq **35**

2G C'est extra!

■ *find out about the Tour de France*

Je m'appelle Lucas Legrand et j'habite à Châteauroux, dans le Val de Loire. Je suis très content parce qu'aujourd'hui le Tour de France va passer par ma ville. En France, le cyclisme est très populaire. On voit souvent des courses cyclistes dans les petites villes et les villages et au vélodrome.

Le Tour de France est la course cycliste la plus célèbre au monde. C'est une course difficile et très longue. Chaque année le Tour commence dans une ville différente, mais il finit toujours à Paris.

On peut regarder le Tour à la télé, bien sûr, mais les gens sont très contents si le Tour passe par leur ville ou leur village. Comme ça, ils peuvent voir les coureurs et, en plus, c'est un vrai jour de fête. Avant l'arrivée des coureurs, il y a la «caravane publicitaire», un défilé de véhicules originaux. On distribue de la publicité et de petits cadeaux aux spectateurs, comme des casquettes et des frisbees.

Le Tour est divisé en étapes. Chaque étape dure une journée et il y a environ vingt-et-une étapes. Donc le Tour dure environ trois semaines. Quelquefois, il y a des étapes en Belgique, au Luxembourg, en Italie, en Espagne ou même en Angleterre. Il y a toujours des étapes à la montagne, dans les Alpes ou dans les Pyrénées – ça, c'est dur.

Le leader (le coureur qui est en première position) porte un maillot spécial: le maillot jaune. Le coureur qui a le plus de points porte le maillot vert.

Au mois de juillet, on parle beaucoup du Tour. Il y a des reportages à la télé, à la radio, sur Internet et dans les journaux. Des coureurs de beaucoup de nations différentes participent au Tour, alors c'est vraiment une course cycliste internationale.

1 **a** Écoute et lis l'article, puis réponds aux questions en anglais.

Exemple: **1** *Because the Tour de France will pass by his town.*

1 Why is Lucas happy?
2 What kind of event is the Tour de France?
3 Does it always follow the same route?
4 Roughly how long does it last?
5 What would spectators see before the cyclists?

b Qu'est-ce que c'est?

Exemple: **1** *C'est un coureur.*

1 Un cycliste qui participe au Tour.
2 Ça dure une journée environ.
3 C'est le mois du Tour de France.
4 Le Tour finit toujours dans cette ville.
5 Les montagnes entre la France et l'Espagne.

c Trouve les paires.

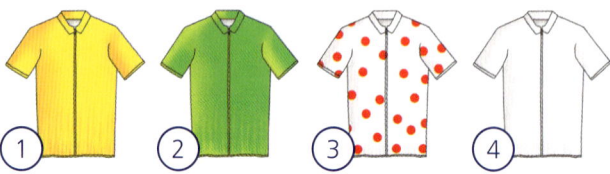

a le maillot blanc porté par le meilleur coureur de moins de 25 ans
b le maillot vert porté par le coureur qui a le plus de points
c le maillot jaune porté par le leader
d le maillot à pois rouges porté par le meilleur grimpeur (*climber*) ou «le roi des montagnes».

➕ **d** Fais des recherches sur le Tour de France puis copie et complète le tableau.

année du premier Tour de France	
distance moyenne du Tour	
nombre de journées de repos (en moyenne)	
nom de deux vainqueurs du Tour	1
	2
ville du Grand Départ de l'année dernière	
site web officiel	www.letour.fr

Stratégies

Working out meaning

When you come across a new word, think whether it is similar to others that you know. Guess, then check, what these words mean:

un vélo	chaud	il pleut
un vélodrome	chauffer	la pluie
un vélomoteur	la chaleur	un parapluie

Sommaire

2 On fait des projets

Now I can …

- **talk about different countries in Europe …**

l'Allemagne (f)	Germany
l'Angleterre (f)	England
l'Autriche (f)	Austria
la Belgique	Belgium
le Danemark	Denmark
l'Écosse (f)	Scotland
l'Espagne (f)	Spain
la France	France
la Grèce	Greece
l'Irlande (f)	Ireland
l'Irlande du Nord (f)	Northern Ireland
l'Italie (f)	Italy
les Pays-Bas (m pl)	the Netherlands
le pays de Galles	Wales
le Portugal	Portugal
le Royaume-Uni	UK
la Suisse	Switzerland

- **… and elsewhere**

le Canada	Canada
les États-Unis (m pl)	USA
le Maroc	Morocco
le Sénégal	Senegal
l'Afrique (f)	Africa
l'Amérique (f) du Nord/ du Sud	North/South America
l'Asie (f)	Asia
l'Australie (f)	Australia
l'Europe (f)	Europe
le monde	world

- **talk about different means of transport**

(en) avion (m)	(by) plane
(en) bateau (m)	(by) boat
(en) bus (m)	(by) bus
(en) car (m)	(by) coach
(en) métro (m)	(by) underground
(en) taxi (m)	(by) taxi
(en) train (m)	(by) train
(en) tramway (m)	(by) tram
(en) voiture (f)	(by) car
(à/en) moto (f)	(by) motorbike
(à) pied (m)	(on) foot
(à/en) vélo (m)	(by) bike
(à/en) scooter (m)	(by) scooter

- **use the correct preposition**

au pays de Galles	in Wales
au monde	in the world
en Belgique	in Belgium
en Afrique	in Africa
aux États-Unis	in the USA

- **say what you are going (or not going) to do**

Je vais passer une semaine en Écosse.	I'm going to spend a week in Scotland.
On ne va pas prendre la voiture.	We're not going to take the car.

- **say when you are going to do something**

demain	tomorrow
ce soir	this evening
lundi (mardi, etc.) prochain	next Monday (Tuesday, etc.)
la semaine prochaine	next week

- **talk about what you can (or can't) do**

Qu'est-ce qu'on peut faire ici/dans la ville/dans la région?	What can you do here/in the town/in the region?
On peut visiter le château.	You can visit the castle.
Est-ce qu'on peut jouer au golf?	Can you play golf?
Non, on ne peut pas faire ça.	No, you can't do that.

- **talk about activities**

faire du ski/du camping	to go skiing/camping
faire de la voile	to go sailing
faire de l'équitation	to go horseriding
visiter un château/ un musée	to visit a castle/a museum
aller à la piscine/à la patinoire	to go to the swimming pool/ice-rink
aller au cinéma/au parc	to go to the cinema/park
jouer au tennis/au golf/ au football	to play tennis/golf/football

- **ask permission**

Je peux (+ infinitive) …?	Can I … ?
regarder un film à la télé	watch a film on TV
manger quelque chose	have something to eat
boire quelque chose	have a drink
sortir ce soir	go out this evening
aller au match de football	go to the football match
jouer sur l'ordinateur	play on the computer
charger mon portable	charge my phone

- **use the correct preposition with towns, countries and continents (see page 25)**
- **use the verb *partir* (to leave) (see page 26)**
- **use the verb *venir* (to come) (see page 29)**
- **use the verb *aller* + infinitive (see page 30)**
- **use the verb *pouvoir* + infinitive (see page 32)**

trente-sept 37

Presse-Jeunesse 1

Louis Laloupe suit Monique Maligne

1. Cet homme est un voleur. Il est dangereux. Il s'appelle Marc Malheur. Louis Laloupe le cherche.

2. Voici l'amie de Marc Malheur. Elle s'appelle Monique Maligne. Elle a rendez-vous avec Marc ce soir.

3. Voici Louis Laloupe. Il est détective. Il cherche Marc Malheur, mais il ne sait pas où il est. Alors, il va suivre Monique.

4. Ah, voici Monique. Monique sort du café. Elle traverse la rue.

5. Puis elle prend la première rue à droite. Louis Laloupe prend aussi la première rue à droite.

6. Monique monte dans le bus numéro 7. Louis Laloupe monte aussi dans le bus.

7. Monique descend du bus sur la place principale et va dans un grand parking. Louis Laloupe la suit.

8. Monique monte dans une voiture bleu marine. Elle sort du parking. Louis Laloupe n'a pas de voiture, alors il prend un taxi.

Suivez la voiture bleu marine, s'il vous plaît.

9. La voiture bleu marine prend la direction de la gare. Le taxi la suit. Mais il y a beaucoup de voitures.

Ne perdez pas de vue la voiture bleu marine.

10. *Voici sa voiture. Elle est à la gare. Je descends ici.*

La voiture bleu marine s'arrête devant la gare. Enfin, Louis Laloupe arrive à la gare.

11. Monique achète un billet et va sur le quai 2. Elle attend le train.

12. Louis Laloupe achète aussi un billet. Mais où est Monique? Ah, la voilà, sur le quai 2.

13. Le train arrive en gare. Monique monte dans le train. Louis Laloupe monte aussi dans le train.

14. *En voiture, en voiture, s'il vous plaît. Quai numéro 2, le train va partir.*

15. Soudain, Monique descend du train. Le train part.

16. Louis Laloupe est dans le train … mais pas Monique.

suivre (suit, suivez)   to follow

trente-huit

Deux pays d'Europe

La Belgique B
capitale: Bruxelles
population: 11,1 millions
langues: français, flamand, allemand
monnaie: euro
code téléphonique: 00 32
domaine Internet: .be

La Suisse CH
capitale: Berne
population: 8,1 millions
langue: français, allemand, italien, romanche
monnaie: franc suisse
code téléphonique: 00 41
domaine Internet: .ch

Les poèmes de Robert Desnos

Robert Desnos était un poète français. Il est né en 1900 à Paris et il est mort en juin 1945 dans un camp de concentration en Tchécoslovaquie, à l'âge de 44 ans.

Dans son recueil, «Chantefables», il a écrit des poèmes sur les animaux. En voilà deux. Lis les poèmes. Tu préfères quel poème?

Le pélican
Le Capitaine Jonathan,
Étant âgé de dix-huit ans,
Capture un jour un pélican
Dans une île d'Extrême-Orient.
Le pélican de Jonathan,
Au matin, pond un œuf tout blanc
Et il en sort un pélican
Lui ressemblant étonnamment.
Et ce deuxième pélican
Pond à son tour, un œuf tout blanc
D'où sort, inévitablement
Un autre qui en fait autant.
Cela peut durer pendant très longtemps
Si l'on ne fait pas d'omelette avant.

La fourmi
Une fourmi de dix-huit mètres
Avec un chapeau sur la tête
Ça n'existe pas ça n'existe pas

Une fourmi traînant un char
Plein de pingouins et de canards
Ça n'existe pas ça n'existe pas

Une fourmi parlant français
Parlant latin et javanais
Ça n'existe pas ça n'existe pas

Et pourquoi pas?

étant âgé *being aged*
lui ressemblant *being like him*
pondre un œuf *to lay an egg*

1 Louis Laloupe

a Lis l'histoire et réponds aux questions.

Exemple: 1 *Il cherche Marc Malheur.*

1 Louis Laloupe cherche un homme. Qui?
2 Est-ce que Monique sort d'un magasin?
3 Monique prend l'autobus. Et Louis Laloupe?
4 Monique descend. Est-ce qu'elle continue à pied?
5 Louis prend un taxi. Où vont-ils?
6 Le train arrive. Qui monte dans le train?
7 Quand le train part, qui est dans le train?
8 Qui est sur le quai?

b Les noms de famille dans l'histoire sont significatifs. Trouve le sens de:

1 la loupe   2 le malheur   3 malin/maligne

2 Deux pays d'Europe

Consulte les informations et réponds.

1 Quel pays utilise l'euro?
2 Quelle ville est la capitale de la Belgique?
3 Qu'est-ce qu'on parle comme langues en Suisse?
4 Quel pays a la plus grande population?

3 Les poèmes

a Le pélican

1 Where does this take place?
2 What does the pelican do?
3 What happens next?
4 What might happen to stop the process?

b La fourmi

1 Which animal is described?
2 Describe two of the three imaginary images of this animal.
3 Translate the last line.

trente-neuf 39

unité 3 De jour en jour

3A Au collège
- find out about school life in France
- talk about your school (facilities, uniform, clubs)

1 La vie scolaire

Voici Michel Dupont …

– Nous sommes dans un collège à Paris. C'est une école mixte avec environ cinq cents élèves.
– On ne porte pas d'uniforme scolaire. En général, je porte un pantalon, une chemise et un pull.
– Et moi, je mets un jean et un sweat-shirt.

… et Charlotte Gilbert. Ils vont parler de la vie scolaire en France.
– En France, on commence l'école primaire à l'âge de six ans.
– Et à l'âge de onze ans, on va dans un collège. On commence le collège en classe de sixième.
– On quitte le collège à l'âge de quinze ans et on va au lycée.

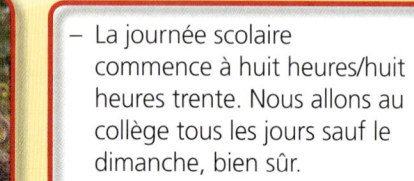

– La journée scolaire commence à huit heures/huit heures trente. Nous allons au collège tous les jours sauf le dimanche, bien sûr.
– Mais le mercredi et le samedi, il n'y a pas cours l'après-midi.
– Normalement, un cours dure cinquante-cinq minutes.
– Pour les sciences, on va dans un laboratoire.

a Écoute et lis le texte aux pages 40–41.

b Comment ça se dit en français?

Exemple: **1** à l'*âge de quinze ans*

1 at the age of 15
2 a mixed school with about 500 students
3 every day
4 except Saturday and Sunday
5 a lesson lasts 55 minutes
6 when we don't have a lesson
7 lunch break
8 once a week

âge (moyenne)	école	classe
17	lycée	Terminale
16		1e
15		2e
14	collège	3e
13		4e
12		5e
11		6e
6–10	école primaire	CP–CM2

L'enseignement en France

2 On parle du collège

a Qu'est-ce que c'est?

Exemple: **1** un *collège*

1 C'est une école pour les élèves de 11 à 15 ans.
2 Ce sont des vêtements qui sont les mêmes pour tous les garçons ou les filles qui vont à la même école.
3 Quand on n'a pas cours, on peut venir ici pour travailler sur l'ordinateur ou regarder les livres.
4 Les demi-pensionnaires mangent ici à midi.
5 Pendant la récréation, les élèves viennent ici.
6 On fait du sport ici. C'est à l'extérieur.
7 Les élèves ont des cours de sciences ici.
8 On vient ici pour les cours d'EPS.

b À deux: la personne A choisit une photo aux pages 40–41 et décrit la photo. La personne B devine quelle photo c'est. Puis changez de rôle.

Exemple: Sur la photo il y a …
On voit …

3 De jour en jour

5
– Au collège, il y a un CDI, c'est-à-dire un centre de documentation et d'information. C'est comme une bibliothèque. Nous pouvons aller au CDI quand nous n'avons pas de cours. Il y a des ordinateurs et on peut consulter Internet.
– Et il y a des livres, des journaux et des magazines.

7
– Pour l'EPS, c'est-à-dire l'éducation physique et sportive, nous allons dans le gymnase ou au terrain de sport.
– Nous allons à la piscine une fois par semaine.

6
– Entre midi et quatorze heures, c'est la pause-déjeuner. Je suis demi-pensionnaire, alors je mange à la cantine.
– Pendant la récréation, le matin et l'après-midi, nous sortons dans la cour.

8
– D'habitude, les cours finissent à cinq heures. Il n'y a pas d'internat au collège, alors tous les élèves rentrent à la maison.

3 Des clubs et des activités

🔊 **a** Écoute et complète les réponses.

Exemple: 1 Il y a un *club de gymnastique*, …

1 Qu'est-ce qu'il y a comme clubs au collège? (Il y en a trois seulement.) Il y a un club …
2 Claude va à quel club? Il va au club …
3 C'est quand? C'est …
4 Et Louise, elle va à quel club? Elle va au club …
5 C'est quand? C'est …

b Fais une liste des clubs dans ton collège.

c Est-ce que tu es membre d'un club?

Stratégies

Working out meaning – word families

Notice the link between the word for a school building and the pupil who attends the school. Work out the missing words.

Le bâtiment	La personne
une école	un écolier/une écolière
(**1**) ___	un collégien/une collégienne
(**2**) ___	un lycéen/une lycéenne

In the last two examples, which two letters does the masculine word end in? Which four letters does the feminine word end in? Use this pattern to work out these missing words.

masc.	fem.
un informaticien	une (**3**) ___
un (**4**) ___	une mathématicienne

4 Un guide du collège

Prépare un guide de ton collège pour des visiteurs français (nom, mixte, âge, nombre d'élèves, uniforme, salles, clubs, etc.).

(Nom de l'école) est une école mixte/de filles/de garçons pour les élèves de … à … ans à (ville).
Il y a environ … élèves.
Nous portons un uniforme scolaire: pour les filles, c'est …; pour les garçons, c'est …
Nous n'avons pas d'uniforme scolaire.
À l'école, il y a …
Comme clubs, il y a un club …
    d'anglais/d'art/d'informatique
    de théâtre/de gymnastique/
    de maths/de danse

quarante-et-un **41**

3B En classe

- revise school subjects
- use the verbs *apprendre* and *comprendre*
- make comparisons and express opinions

1 On a quel cours?

🔊 Écris 1–6. Écoute et note le nom des matières.

Exemple: 1 physique, maths …

2 Qu'est-ce qu'on apprend?

Lis le message et réponds aux questions.

Exemple: 1 l'anglais, …

1 Qu'est-ce que Charlotte apprend comme langues vivantes?
2 Quelles sont ses matières préférées et pourquoi?
3 Quelles sont les matières qu'elle aime le moins?
4 Qu'est-ce qu'elle apprend comme instrument de musique?

Comme matières, nous apprenons l'anglais, l'allemand, le latin, l'histoire-géographie, l'instruction civique, le français, la physique, les SVT (les sciences de la vie et de la Terre), les maths, la technologie, l'EPS, la musique et le dessin.

Mes matières préférées sont l'anglais et l'allemand parce que je suis assez forte en langues. J'aime aussi la musique et j'apprends le violon.

Les matières que j'aime le moins sont les maths et le latin, car les professeurs de ces matières donnent beaucoup trop de devoirs.

@+, Charlotte

---

3 Tu comprends?

Vrai ou faux?

1 José parle français.
2 Luc comprend l'espagnol.
3 Anne ne comprend pas l'espagnol.
4 Elle apprend l'anglais et l'italien au collège.
5 Luc n'apprend pas l'espagnol au collège.
6 Luc ne parle pas espagnol.

¿Dónde está la catedral?

Il parle espagnol. Tu le comprends?

Non, je ne comprends pas l'espagnol.

Tu ne l'apprends pas au collège?

Non, nous apprenons l'anglais et l'allemand, mais nous n'apprenons pas l'espagnol.

Et toi? Tu apprends l'espagnol?

Oui, je l'apprends au collège.

Alors, tu le comprends?

Oui, je le comprends. Mais je ne sais pas où est la cathédrale!

Dossier-langue Grammaire 12

apprendre and comprendre

Copy and complete these two verb tables, referring to the examples above. The verbs are similar to a verb meaning 'to take'. Which verb is it?

	comprendre to understand	
1	je …	nous comprenons
2	tu comprends	vous …
3	il/elle/on …	ils/elles …

	apprendre to learn	
1	j'apprends	nous …
2	tu …	vous apprenez
3	il/elle/on apprend	ils/elles apprennent

4 L'éducation musicale

Qu'est-ce qu'on apprend?

Exemple: 1 Moi, j'apprends la trompette.

1 Moi, j'…
2 Toi, tu …
3 Mon frère …
4 Au collège, nous …
5 Vous …
6 Mes sœurs …

le piano   la flûte à bec   la trompette
la guitare   le violon   la flûte

5 Chantez! Les matières

🔊 Écoute la chanson à la page 71.

3 De jour en jour

6 Une journée pas idéale

🔊 Écoute et complète les phrases.

Exemple: 1e *(géographie)*

1 Jean aime la ___ .
2 Marc trouve que l'___, c'est plus intéressant que la géographie.
3 Selon Jean, la ___ est plus utile que le dessin.
4 Marc préfère le ___ parce que c'est plus amusant.
5 Pierre déteste les ___ .
6 Il trouve que l'___, c'est difficile.
7 Selon Pierre, l'éducation physique, c'est ___ .
8 Bref, Pierre n'aime pas les ___ le lundi.

| a anglais | b cours | c dessin | d fatigant |
| e géographie | f histoire | g maths | h technologie |

Dossier-langue — Grammaire 2.4

Make comparisons

Les girafes sont plus grand**es** que les chevaux.

Which word is used to say 'more' and which is used for 'than'?

When two things are compared in this way, the adjective must agree with the first noun.

À mon avis, **la** technologie est plus intéressant**e** que le dessin.

When **plus** is used with **c'est**, the adjective agrees with the masculine singular **'ce (c')'** so there is no change.

La musique, **c'**est plus intéressant que les maths.

7 On compare les animaux

Complète les phrases.

Exemple: 1 *Le lapin est plus rapide que la tortue.*

1 Le lapin est … que la tortue. (rapide) 
2 Les hamsters sont … que les cochons d'Inde. (petit) 
3 L'éléphant est … que le rat. (lourd) 
4 La souris est … que le chat. (actif/ve)

Stratégies

Working out the gender of a noun

1 Look out for words which show whether the following noun is masculine or feminine, e.g.

masc. (m)	fem. (f)	Eng.
le	la	the
un	une	a
du	de la	some
au	à la	to/at the
quel	quelle	which

2 Sometimes the ending of a noun gives a clue to the gender. (See *Grammaire* 1.2)

8 Les matières

a Complète les phrases pour comparer deux matières.

Exemple: 1 *À mon avis, la géographie est plus intéressante que l'histoire.*

1 À mon avis, …  
2 Moi, je trouve que … 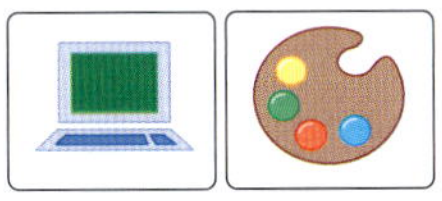
3 Selon mon ami, … 
4 Selon des élèves dans notre classe, …

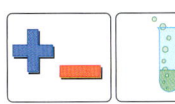

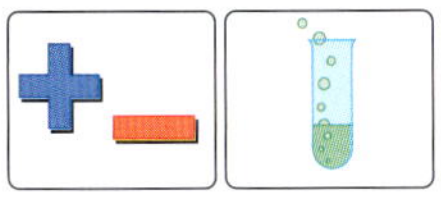

b À deux, posez des questions et répondez.

Exemple:

A Qu'est-ce que tu aimes comme matières?
B J'aime bien la biologie parce que c'est important et les maths parce que je suis assez fort(e).

1 Qu'est-ce que tu aimes comme matières?
2 Est-ce qu'il y a une matière que tu détestes? Pourquoi?
3 Tu préfères … ou … ? Pourquoi?
4 Es-tu plus fort(e) en anglais ou en sciences?

C'est (très)	intéressant/important
C'est plus	difficile/facile
Ce n'est pas	amusant/utile
Il y a trop de devoirs.	
Je suis	plus (assez) fort(e) en …
Je ne suis pas très fort(e) en …	

c Écris cinq phrases sur les matières. Donne ton opinion.

3C La routine

- describe morning and evening routine
- use some reflexive verbs

1 Le matin, chez Charlotte

🔊 Écoute et choisis la bonne réponse.

1 Le matin, quand est-ce que tu te lèves?

Je me lève …
- a à 6h45
- b entre 7h15 et 7h30
- c après 8h00

2 Qu'est-ce que tu portes comme vêtements pour le collège?

- a Je porte un uniforme scolaire.
- b Normalement, je porte une jupe et un sweat-shirt.
- c Normalement, je porte un pantalon et un pull.

3 Qui se lève le premier chez vous?

C'est …
- a mon père   b ma mère   c moi

4 Qu'est-ce que tu prends au petit déjeuner?

Au petit déjeuner, je prends …
- a un yaourt, du toast et un verre de lait
- b des tartines et un chocolat chaud
- c des céréales et un jus de fruit

5 Quand est-ce que tu quittes la maison?

Je quitte la maison vers …
- a 7h00   b 7h30   c 8h15

6 Comment vas-tu au collège?

Je vais au collège …
- a en bus
- b en voiture
- c en métro

2 Le soir, chez Michel

a Lis les indices (*clues*) puis devine les réponses de Michel.

> **Des indices**
> - Michel aime parler avec ses copains après les cours.
> - Il adore le chocolat.
> - Il n'aime pas faire ses devoirs immédiatement.
> - Les élèves de cinquième ont une heure de travail le soir.
> - Le soir, il ne se couche pas tard.

1 À quelle heure est-ce que tu rentres le soir?

Je rentre vers …
- a 5h00   b 5h30   c 6h00

2 Est-ce que tu manges quelque chose?

Oui, normalement, je mange …
- a un fruit, par exemple une pomme ou une banane
- b un paquet de chips
- c du pain avec du chocolat

3 Qu'est-ce que tu fais ensuite?

- a Je commence mes devoirs.
- b Je me repose.
- c Je m'amuse – je regarde la télé ou je joue sur l'ordinateur.

4 Tu as combien d'heures de travail le soir?

Normalement, je travaille pendant …
- a une heure
- b une heure et demie
- c deux heures ou plus

5 À quelle heure est-ce que tu te couches?

Je me couche vers …
- a 9h00   b 9h30   c 10h00

🔊 **b** Puis écoute pour vérifier.

Dossier-langue | **Grammaire 10.2**

Reflexive verbs

Reflexive verbs are always used with an extra word: **me, te, se, nous** or **vous**. This is called a **reflexive pronoun** because it 'reflects' the subject. The pronoun means 'self', e.g. myself, yourself, himself, herself, itself, ourselves, yourselves, themselves.

In English we often leave out these pronouns but they are never left out in French. So, to tell if a verb is reflexive, look for the extra pronoun.

Many reflexive verbs are regular -er verbs. The reflexive pronoun **se** forms part of the infinitive. Look up **se laver** and see whether it is listed under 's' or 'l'.

se laver	to get washed
je **me** lave	I get washed (wash myself)
tu **te** laves	you get washed
il/elle **se** lave	he/she gets washed
nous **nous** lavons	we get washed
vous **vous** lavez	you get washed
ils/elles **se** lavent	they get washed

Sometimes the reflexive pronoun is shortened; e.g. je **m'**appelle (I'm called), tu **t'**habilles (you get dressed), il **s'**ennuie (he's bored), elle **s'**arrête (she stops). Why do you think this is? Can you work out what **se lève** and **se couche** mean in this context?

Le 21 juin, c'est le jour le plus long de l'année. À Londres, le soleil se lève à 04h42 et il se couche à 21h20.

3 De jour en jour

3 À discuter

a À deux: la personne A pose une question sur la routine du matin et la personne B répond. Pour des idées, regardez les questions à la page 44.

Exemple:

A Le matin, quand est-ce que tu te lèves?
B Je me lève vers sept heures et demie.

b Prépare trois phrases pour décrire ta routine du soir.

Exemple: Normalement, je rentre à la maison vers …

c Décris une soirée typique en semaine, chez toi.

Exemple:

Moi, je rentre à la maison vers …

D'abord, je mange quelque chose, par exemple une pomme, et je bois un verre d'eau. Ma mère/Mon père rentre vers …

Phonétique

The sounds 'qu' and 'ca', 'co', 'cu'

question   quand, quitter, quelquefois

cartable   cantine, collège, curieux

This sound is often called hard 'c'.

The sounds 'ce', 'ci', 'cy' and the letter 'ç'

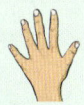

cinq   ces, sciences, ça, garçon

This sound is often called soft 'c'.

4 La journée d'un boulanger

Le père de Michel est boulanger. Sa journée est très différente.

a Écoute l'interview et complète le texte.

Exemple: 1 2 heures

I Monsieur Dupont, quand est-ce que vous commencez le travail?
MD Je commence le travail à (**1**) ___ heures du matin.
I À ___ heures? Alors, vous vous levez de bonne heure?
MD Oui. Je me lève vers (**2**) ___ heure et demie du matin.
I Et qu'est-ce que vous faites pour commencer?
MD Eh bien, je commence par préparer la pâte à pain. Puis je mets la pâte au four.
I Et ça reste combien de temps au four?
MD Une baguette reste dans le four (**3**) ___ à (**4**) ___ minutes.
I Le magasin ouvre à quelle heure?
MD À (**5**) ___ heures et demie, le pain est donc encore chaud. Les gens aiment bien manger du pain chaud.
I Vous faites de la pâtisserie aussi?
MD Oui, un peu. Quelquefois, je fais des tartes aux fraises par exemple.
I Et vous travaillez jusqu'à quand?
MD Moi, je travaille jusqu'à (**6**) ___ heures, (**7**) ___ heures, midi. Ça dépend des jours.
I Et vous vous couchez de bonne heure le soir?
MD Oui, je me couche après le repas du soir, vers (**8**) ___ heures et demie.
I Et vous faites ça tous les jours?
MD Tous les jours sauf le (**9**) ___ . Le (**10**) ___ , c'est mon jour de congé.

b Trouve le contraire dans le texte.

1 je me lève   5 tard
2 minuit   6 finir
3 le magasin ferme 7 beaucoup
4 froid   8 le matin

c Réponds en anglais.

1 What do you think is difficult about a baker's life in France?
2 Why do you think work starts at this time?
3 On which day is the bakery closed? Why do you think that day is chosen?

d Écris le résumé d'une journée typique dans la vie d'un boulanger en France.

Exemple:

La vie d'un boulanger est difficile. Il se lève à … et il commence son travail à … Il ouvre son magasin à …

quarante-cinq **45**

3D Comment ça se passe?

- talk more about daily activities
- learn more about reflexive verbs
- find out about the French king, Louis XIV

1 Qu'est-ce qu'on fait?

Trouve la bonne phrase de la case et traduis la phrase en anglais.

Exemple: 1 *Je me réveille. I wake up.*

Il se lave. Elle s'habille. Ils s'amusent. Vous vous dépêchez? Tu te lèves?
Ils se baignent. Nous nous reposons. Il s'arrête. Je me réveille. Elles s'ennuient.

2 Chez mon oncle

a Choisis le bon verbe pour compléter le texte.

Exemple: 1b Il s'appelle

Pendant les vacances, ma sœur et moi, nous allons souvent chez mon oncle. Il (**1**) ___ (**a** *se lève* **b** *s'appelle* **c** *se repose*) Daniel et il a une ferme en Normandie.

Mon oncle (**2**) ___ (**a** *se réveille* **b** *s'arrête* **c** *se dépêche*) toujours très tôt, avant six heures. Il (**3**) ___ (**a** *me lève* **b** *te lèves* **c** *se lève*), il (**4**) ___ (**a** *te réveilles* **b** *se lave* **c** *m'ennuie*) et il (**5**) ___ (**a** *s'habille* **b** *nous habillons* **c** *se baignent*). Le matin, il (**6**) ___ (**a** *m'occupe* **b** *s'occupe* **c** *vous occupez*) des animaux de la ferme.

b Écris la bonne forme du verbe.

Ma sœur, elle ne se lève pas si tôt. En général, elle (**1**) ___ (*se réveiller*) vers sept heures. Elle (**2**) ___ (*s'intéresser*) beaucoup à la vie à la ferme. Moi, le matin, je (**3**) ___ (*se reposer*). Normalement, je (**4**) ___ (*se lever*) après les autres.

Je ne m'intéresse pas beaucoup à la ferme. Quelquefois, je (**5**) ___ (*s'ennuyer*). Mais quand il fait chaud, nous (**6**) ___ (*se baigner*) dans la rivière et ça, c'est bien.

Dossier-langue — Grammaire 6.1

Reflexive verbs in negative sentences.

Look at the word order in negative sentences.

Le matin, je ne me lève pas tout de suite.
I don't get up straight away in the morning.

Le bus ne s'arrête pas ici.
The bus doesn't stop here.

Find some examples in task 2.

3 Mais non!

Complète les phrases à la bonne forme négative des verbes.

1 Elle ___ . (se baigner)  2 Il ___ . (s'arrêter)

3 Elles ___ . (se dépêcher)  4 Il ___ . (se réveiller)

46 quarante-six

3 De jour en jour

4 On s'amuse?

Lis ces questions sur les vacances. Lis les réponses et fais deux listes: **je m'amuse**; **je ne m'amuse pas**. Mets chaque phrase dans la bonne liste.

Les questions
Est-ce que tu passes de bonnes vacances?
Tu t'amuses?
Une journée de vacances, comment ça se passe?
Tu te couches tard et tu te lèves tard?
Tu te baignes?
Il fait beau?

Les réponses
1 Je m'amuse beaucoup.
2 Je m'ennuie ici.
3 Le soir, on s'amuse bien et je me couche tard.
4 Le matin, je ne me lève pas tôt, c'est bien.
5 Je ne me baigne pas – la mer est froide.
6 Je me baigne tous les jours – la mer est bonne.
7 Il fait beau – je me repose au soleil.
8 Il pleut – je ne vais pas à la plage.

Exemple:

Je m'amuse :)	Je ne m'amuse pas :(
1 Je m'amuse beaucoup.	

6 À discuter

a À deux, posez des questions et répondez.

b Écris tes réponses.
- Tu préfères quel jour? Pourquoi?
- On fait beaucoup de sport au collège? Tu aimes ça?
- Qu'est-ce qu'on fait comme sport (en hiver, en été)? C'est assez/trop?

7 La journée du roi

a Le prof nous a donné un quiz. Lis comment se passe une journée typique de Louis XIV, roi de France de 1643 à 1715. Devine si c'est **vrai** ou **faux**.

b Écoute et vérifie.

Exemple: 1 faux

c Tu t'intéresses à l'histoire de France? Pour plus d'informations sur Versailles et Louis XIV, lis l'article à la page 70.

5 Un message

a Lis le message et réponds aux questions.
1 Quelles sont ses deux matières préférées?
2 Qu'est-ce qu'il fait comme sport?
3 Il a combien d'heures de sport chaque semaine?
4 Quelle journée déteste-t-il? Pourquoi?

b Comment ça se dit?
1 my two favourite subjects
2 we're doing a project
3 that will be fun
4 I think it's good
5 I'm not at all interested in that
6 I get really bored

Salut, comment ça va?

Tu t'intéresses à l'histoire? Mes deux matières préférées sont l'histoire et l'EPS. Notre prof d'histoire est génial et ses cours sont toujours intéressants. En ce moment, nous faisons un dossier sur Louis XIV et vendredi prochain on va faire un voyage scolaire à Versailles. Ça va être amusant.

En EPS nous faisons du basket, du badminton et du hand. On a quatre heures de sport par semaine. Je trouve que c'est bien. Et toi, tu fais beaucoup de sport au collège?

Moi, je déteste le jeudi parce qu'on a deux cours de biologie. Je ne m'intéresse pas du tout à ça et je m'ennuie beaucoup.

À bientôt, Michel

---

1 Il ne se lève pas tôt. Souvent il se lève après dix heures.
2 Il s'habille en public devant environ cent personnes.
3 Le matin, il va à la chapelle royale.
4 Ensuite, il travaille avec ses ministres. Il ne s'intéresse pas beaucoup à la politique et c'est le Premier ministre qui prend les décisions importantes.
5 À une heure, il dîne seul dans sa chambre.
6 L'après-midi, il se repose dans sa chambre.
7 Il prend le souper avec sa famille à dix heures du soir.
8 Il se couche à minuit.

3E C'est mercredi

- talk about what you (don't) want to do
- use the verb *vouloir* + infinitive

1 Après les cours

🔊 Le mercredi après-midi, il n'y a pas classe. Écoute les conversations et trouve les paires.

Exemple: 1C

1 Claire veut …
2 Nicole veut …
3 Luc veut …
4 Sophie veut …
5 André et ses copains veulent …
6 Lucie et sa copine veulent …
7 Pierre et Daniel veulent …
8 Mélanie et Sika veulent …

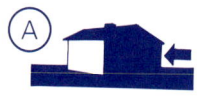

2 Cet après-midi

💬 À deux, faites des conversations avec d'autres activités.

A Qu'est-ce que tu veux faire cet après-midi?
B Je ne sais pas.
A On peut aller à la piscine, si tu veux?
B Oui, je veux bien.
A Est-ce que les autres aussi veulent venir?
B Non, ils veulent jouer au tennis.

aller au parc
aller au cinéma
aller en ville
aller au centre sportif

jouer au volley
jouer au badminton
jouer au …
faire de l'équitation
faire une promenade
faire …

3 Qu'est-ce qu'ils veulent faire?

Complète les réponses avec la bonne forme du verbe **vouloir**.

Exemple: 1 Nous <u>voulons</u> regarder un film.

jouer au football   regarder un film
jouer aux cartes   écouter de la musique
faire du vélo   jouer au tennis

1 Nous
2 Tu
3 Moi, je
4 Elles
5
6 Vous

Dossier-langue — **Grammaire 12.5**

The verb *vouloir* (to wish, want)

The irregular verb **vouloir** is similar to another irregular verb you learnt in Unit 2. Which one? (See page 32.) Copy and complete the verb table, referring to examples on this page for help. Then check by looking at the verb table in *Grammaire* 12.5.

vouloir (to want/wish)

je veux	I want	nous voulons	we want
tu ___	you want	vous voulez	you want
il/elle veut	he/she wants	ils/elles ___	they want

Vouloir is often followed by another verb in the infinitive. Can you spot the infinitives in these examples?

Qu'est-ce que vous voulez faire?
What do you want to do?

Est-ce que tu veux aller à la plage?
Do you want to go to the beach?

Nous voulons visiter le château, mais mon frère veut jouer au football.
We want to visit the castle but my brother wants to play football.

The phrase **je voudrais** (I would like) is part of **vouloir** but is not in the present tense. It's worth remembering as a useful phrase.

Another useful phrase is:

Qu'est-ce que ça veut dire? *What does that mean?*

---

48 quarante-huit

3 De jour en jour

Phonétique

The sounds 'eu', 'eux', 'eur'

h**eur**eux
v**eu**t, j**eu**di, ennuy**eux**

The sound 'ui'

h**ui**t
s**ui**s, m'enn**ui**e, min**ui**t

Dossier-langue — **Grammaire 12.5**

vouloir in negative sentences
To say you don't want to do something, add **ne … pas** around the part of *vouloir*.
Je **ne** veux **pas** faire mes devoirs.
I don't want to do my homework.
Vous **ne** voulez **pas** aller en ville?
Don't you want to go to town?

4 On veut … on ne veut pas

Écris deux phrases pour chaque image: une positive, une négative.

Exemple: 1 *Il veut manger. Il ne veut pas aller dans le jardin.*

1. manger ✓ / aller dans le jardin ✗
2. rester au lit ✓ / se lever ✗
3. jouer au football ✓ / faire ses devoirs ✗
4. rester à la maison ✓ / sortir ✗
5. aller dans un fast food ✓ / déjeuner à la cantine ✗
6. lire un magazine ✓ / travailler dans le jardin ✗

5 Dossier personnel

a À deux: la personne A pose une question, la personne B répond. Puis changez de rôle.

Exemple:
A Qu'est-ce que tu veux faire cet après-midi?
B Moi, je voudrais jouer au tennis dans le parc.

b Écris trois phrases complètes.

Moi, je ….
Mon ami(e) …
Les autres, ils …

c Écris trois questions et trois réponses (avec des activités différentes).

Les questions

| Qu'est-ce que | tu veux
vous voulez
ton frère/ami(e) veut
ta sœur veut
tes amis veulent
les autres veulent | faire | ce soir?
demain?
vendredi après-midi?
samedi soir?
dimanche prochain?
mercredi matin? |

Les réponses

Moi, je		veux		voir le nouveau film de …
Je		voudrais		aller aux magasins.
Nous		voulons		lire ma BD.
Mon frère/ami(e)	(ne)	veut	(pas)	dormir toute la journée.
Ma sœur		veut		faire un gâteau.
Mes amis		veulent		
Les autres		veulent		

quarante-neuf 49

3F À mon avis

- talk more about school (technology, homework)
- use the verbs *dire, lire, écrire*

1 On parle d'Internet

a Écoute et lis le texte.

b Comment ça se dit en français?

1. online
2. password
3. we do research
4. we read articles
5. in other languages
6. he says it's good
7. I read my friends' blogs
8. I do a bit of everything

Q Est-ce que vous travaillez souvent en ligne au collège?

R Oui, au collège chaque élève a un mot de passe. Comme ça, nous pouvons discuter avec les profs et les autres élèves. Nous lisons et écrivons des messages, c'est très pratique.

Q Qu'est-ce que vous faites, comme travail en ligne?

R Quelquefois on prépare des dossiers. On fait des recherches. On trouve des sites intéressants et on lit des articles.

Q Est-ce que vous regardez des sites en d'autres langues?

R Oui, notre prof d'allemand nous donne des adresses de sites allemands. Il dit que c'est bien de regarder ces sites. En géo aussi on regarde quelquefois des sites anglais.

Q Et à la maison, qu'est-ce que tu fais en ligne?

R J'écris des messages, je lis les blogs de mes amis, je regarde des vidéos, je fais un peu de tout.

Q Qu'est-ce que tu aimes comme sites?

R Moi, j'aime les sites sur la musique et sur l'histoire. Ça m'intéresse beaucoup.

2 Internet au collège

a À deux, posez des questions et répondez.

b Écris tes réponses.

- Vous travaillez souvent en ligne au collège? En quelles matières?
- Est-ce que vous regardez des sites français? C'est intéressant?
- Qu'est-ce que tu aimes comme sites?

3 Des phrases

Fais des phrases complètes.

Exemple: 1d *Qu'est-ce que vous dites?*

1. Qu'est-ce que vous
2. À la météo, on
3. Écrivez
4. Qu'est-ce que tu
5. Est-ce que tes amis
6. À Noël, nous
7. Quand il y a un problème, je
8. Mon correspondant

a. lis en ce moment?
b. lisent le journal?
c. décrit son collège.
d. dites?
e. dit qu'il va faire beau demain.
f. ces mots au tableau.
g. relis les instructions.
h. écrivons beaucoup de cartes.

Dossier-langue — Grammaire 12.5

dire, lire and écrire

Can you find the missing parts of the verbs **dire**, **lire** and **écrire** on this page? These verbs follow a similar pattern, especially in the singular. Copy them out in full and check in *Grammaire* 12.5.

		dire (to say, tell)	lire (to read)	écrire (to write)
1	je (j')	dis		
2	tu		lis	écris
3	il/elle/on			écrit
1	nous	disons	lisons	écrivons
2	vous	dites	lisez	écrivez
3	ils/elles	disent		écrivent

The verbs **relire** (to reread, read again) and **décrire** (to describe) follow the same pattern as **lire** and **écrire**.

3 De jour en jour

4 Forum des jeunes

Les devoirs, comment ça se passe?

Où est-ce que tu fais tes devoirs: sur ton bureau, sur une table ou sur ton lit?

Mélomane_99: Je préfère faire mes devoirs sur mon bureau parce que c'est plus facile pour écrire.

Fanade BD: Si c'est pour faire des exercices, j'aime m'installer à mon bureau. Mais pour lire des textes ou pour réviser pour un contrôle, je m'installe sur mon lit.

Sportif +++: Moi, je ne fais jamais mes devoirs sur mon lit parce que c'est très inconfortable. Par contre, je les fais souvent par terre parce que j'aime avoir de la place et sur mon bureau, il n'y en a pas!

Pommesfrites: Moi, je fais souvent mes devoirs sur la table de la cuisine. Je préfère travailler sur une grande table où il y a de la place pour tous mes livres et mes cahiers.

Rangetout: Quand le bureau est propre et dégagé, les devoirs, ça se passe sur le bureau. Mais si le bureau est couvert de choses, je m'installe sur mon lit. Et si mon lit n'est pas fait ou s'il y a beaucoup de vêtements sur mon lit, je m'allonge par terre. Je fais mes devoirs là où il y a de la place!

Est-ce que tu écoutes de la musique quand tu fais tes devoirs?

Sportif +++: Ça dépend. Parfois, j'écoute un peu de musique en même temps, mais c'est rare.

Mélomane_99: J'aime mettre un peu de musique de fond. Ça me détend.

Fanade BD: Si je fais un exercice facile, je mets un peu de musique.

Rangetout: Moi, non. J'ai besoin de CALME.

Tu y passes combien de temps environ? (30 minutes, une heure, plus d'une heure)

Pommesfrites: En général, je fais à peu près une heure de travail chez moi tous les soirs.

Sportif +++: Ça dépend. Il y a des profs qui donnent beaucoup trop de devoirs à faire à la maison. Quelquefois j'en ai pour deux heures.

Rangetout: Quand je révise pour un contrôle, je travaille plus longtemps, jusqu'à deux ou trois heures.

Fanade BD: En semaine, j'en ai pour une demi-heure ou une heure. Le weekend, j'ai beaucoup plus de travail, environ deux heures.

a Lis le Forum et réponds aux questions.

1 Combien de personnes préfèrent travailler sur un bureau ou une table?
2 Combien d'élèves disent qu'ils veulent avoir de la place pour faire leurs devoirs?
3 Quelles sont les raisons qu'on donne pour ne pas faire ses devoirs sur son lit?
   a c'est difficile de se concentrer
   b je préfère travailler au salon
   c ce n'est pas confortable
   d le lit n'est pas fait
   e je fais souvent mes devoirs sur l'ordinateur
4 Combien de personnes écoutent quelquefois de la musique?
5 Les devoirs durent environ combien de temps?
   a entre 30 minutes et 3 heures
   b entre 10 minutes et 4 heures
   c entre 1 et 3 heures

b Trouve dans le Forum les mots et les phrases qui ont le même sens.

1 environ   3 30 minutes   5 pas souvent
2 pas difficile   4 quelquefois

5 À discuter

a À deux, posez des questions et répondez.

Exemple:
A Où est-ce que tu fais tes devoirs?
B (dans la cuisine/le salon/la chambre)
A Quand tu fais tes devoirs, est-ce que tu écoutes de la musique?
B (Oui/Non, je …)
A Tu mets combien de temps environ?
B (30 minutes, une heure, plus d'une heure)

b Écris tes réponses.

c Écris une question pour un forum sur les devoirs et donne ton avis.

In spoken French, people often shorten words. What is the full version of these words?

| un ordi | la récré | un prof |
| la géo | un resto | au ciné |

3G C'est extra!

■ *describe a school trip or a day in a French school*

1 Un voyage scolaire

Ce matin, je me lève tôt pour être au collège à huit heures du matin, parce qu'aujourd'hui notre classe fait un voyage scolaire à Versailles. Tout le monde arrive à l'heure et nous partons en car avec notre prof d'histoire-géo et notre prof de dessin.

Le château de Versailles est un des monuments les plus célèbres de France et se trouve à l'ouest de Paris. Après une heure de route, nous arrivons au château. Le château est vraiment immense avec des jardins magnifiques.

Le matin, nous faisons la visite guidée des appartements royaux. On nous explique l'histoire du château et la vie du roi Louis XIV qui a demandé la construction du château. La célèbre galerie des Glaces se trouve entre les appartements du roi et les appartements de la reine. Dans cette grande salle il y a dix-sept fenêtres d'un côté et, en face, des centaines de miroirs pour refléter la lumière. C'est ici qu'on a signé le traité de paix à la fin de la Première Guerre mondiale.

À midi on fait un piquenique. Puis l'après-midi, on se partage en groupes et on fait une promenade dans les jardins pour prendre des photos et des vidéos. Notre prof de dessin nous explique comment faire de belles photos et nous donne des conseils pour les vidéos, etc. On va faire une exposition des photos plus tard au collège.

À quatre heures, nous nous réunissons au parking pour reprendre le car et rentrer au collège. La journée est très intéressante. Je préfère les voyages scolaires aux journées normales au collège!

a Lis le texte et réponds en anglais.
1 Why does Michel get up early?
2 Which teachers accompany the class?
3 What are Michel's first impressions of Versailles?
4 Mention three or more facts you have learnt about the château.
5 What do they do in the morning?
6 What happens in the afternoon?
7 Where do they meet up at the end of the trip?
8 Does Michel enjoy the visit?

b Copie des phrases utiles pour faire la description d'une autre journée exceptionnelle.

Phonétique

▶ The sounds 'am','an', 'em', 'en'

When 'a' or 'e' is followed by 'n' or 'm' it is often a nasal vowel (pronounced through the nose).

c**am**pagne, p**an**talon, monum**en**t, t**em**ps

Exceptions: v**en**t
the sound is different and not nasal
• when there is a double 'n', e.g. a**nn**ée, appre**nn**ent
• when followed by a vowel, e.g. **am**i, pr**en**ez.

2 Une journée intéressante

Choisis un thème:
• Tu passes une journée dans un collège en France.
• Tu participes à un voyage scolaire.

Écris des notes:

• Tu te lèves à quelle heure?
• Comment vas-tu au collège/ à la destination?
• Qu'est-ce que tu fais?
• Tu déjeunes à quelle heure?
• Qu'est-ce que tu manges?
• Quand est-ce que tu rentres à la maison?
• Que penses-tu de la journée?

a À deux, posez des questions et répondez.

b Écris un message à un(e) ami(e) pour décrire la journée.

Stratégies

Improving your written work

1 Keep a note of any useful phrases you read in other texts which you could adapt for your own work.

Some words and phrases can be used in many different contexts. Think about how you could write different sentences using the highlighted words below.

La pause-déjeuner, **comment ça se passe** au collège?
Il y a **environ** combien d'élèves dans la classe?
Tu te lèves **avant** ou **après** six heures?

2 Reread your first draft to see whether you could add connectives to link sentences: *et, mais, au contraire, parce que, plus tard, ensuite*, etc. This makes your work more sophisticated.

3 Using adjectives and adverbs adds interest.

4 Make sure you give some opinions, and if possible, justify them.

5 Finally check through your work for accuracy: verb endings, correct agreement of adjectives (masculine/feminine/singular/plural), spellings and accents.

Sommaire

3 De jour en jour

Now I can …

- **describe my school**

la bibliothèque	library
la cantine	canteen
la cour	playground
un demi-pensionnaire	day pupil who has lunch at school
le gymnase	gym
un internat	boarding school
un laboratoire	laboratory
la salle de classe	classroom
le terrain de sport	sports ground

- **talk about the school day**

le cours	lesson
l'emploi du temps (m)	timetable
la pause-déjeuner	lunch break
la récré(ation)	break

- **talk about school subjects**

les matières (f pl)	subjects
l'allemand (m)	German
l'anglais (m)	English
la biologie	biology
la chimie	chemistry
le dessin	art
l'EPS (l'éducation physique et sportive) (f)	PE
l'espagnol (m)	Spanish
le français	French
la géographie	geography
l'histoire (f)	history
l'informatique (f)	ICT
l'instruction civique (f)	citizenship and PSHE
l'instruction religieuse (f)	religious education
les langues vivantes (f pl)	modern languages
le latin	Latin
les maths (f pl)	maths
la physique	physics
les sciences (f pl)	science
la technologie	technology

- **make comparisons using *plus* + adjective (see page 43)**

- **talk about morning and evening routines**

Le matin, …	In the morning …
Je me lève à …	I get up at …
Je me lave …	I get washed …
Je porte mon uniforme scolaire/un polo et un pantalon, etc.	I wear my school uniform/a polo shirt and trousers, etc.
Au petit déjeuner, je mange (prends) …	For breakfast, I have …
Je quitte la maison à …	I leave the house at …
Je vais au collège en bus/ en train/en voiture, etc.	I go to school by bus/ by train/by car, etc.
Le soir, …	In the evening …
Je rentre vers …	I get home at about …
Normalement, je mange …	Normally I eat …
Je me couche vers …	I go to bed at about …

- **ask about and give an opinion on school subjects (see also page 43)**

C'est …	It's …
Ce n'est pas …	It's not …
C'est plus …	It's more …
amusant	fun
difficile	difficult
facile	easy
fatigant	tiring
intéressant	interesting
utile	useful
nul	useless
Quelle est ta (votre) matière préférée?	What is your favourite subject?
J'aime beaucoup …	I like … very much
Je préfère …	I prefer …
Je n'aime pas …	I don't like …
Je suis (assez) fort(e) en …	I'm (quite) good at …
Il y a trop de devoirs.	There's too much homework.

- **use the verbs *apprendre* and *comprendre* (see page 42)**

- **use reflexive verbs (see also pages 44 and 46)**

s'amuser	to have fun, have a good time
s'arrêter	to stop
se baigner	to bathe, swim
se coucher	to go to bed
se dépêcher	to hurry
s'ennuyer	to be bored
s'habiller	to get dressed
s'intéresser à	to be interested in
se laver	to get washed
se lever	to get up
s'occuper de	to be busy with, deal with
se passer	to happen
se reposer	to rest
se réveiller	to wake up

- **use the verb *vouloir* (see page 48)**
- **use the verbs *dire*, *lire*, *écrire* (see page 50)**

cinquante-trois 53

Rappel 2   Unités 2–3

1 Où sont les voyelles?

Complète le nom des pays.
Complete the name of the countries.

1 L'_ _ t r _ c h _
2 L _ B _ lg _ q _ _
3 Le D _ n _ m _ r k
4 L _ G r _ c _
5 L' _ t _ l _ _
6 L _ M _ r _ c
7 L _ R _ y _ _ m _ - _ n _
8 L _ s P _ y s - B _ s
9 L _ P _ r t _ g _ l
10 L _ s _ t _ t s - _ n _ s

2 Où ça?

Complète les phrases.
Complete the sentences.
Pour t'aider, regarde la carte à la page 24.

Exemple:
1 **J'habite à Marrakech, au Maroc.**

1 J'habite à Marrakech, au ___ . (Morocco)
2 Mes cousins habitent à Copenhague, au ___ . (Denmark)
3 Le collège organise un voyage à Athènes, en ___ . (Greece)
4 Cet été, nous allons passer cinq jours à Washington, aux ___ . (USA)
5 Mon oncle travaille à Belfast, en ___ . (Northern Ireland)
6 Ma sœur passe le weekend à Amsterdam, aux ___ . (Netherlands)
7 Notre prof d'allemand vient de Salzburg, en ___ . (Austria)
8 Mon correspondant habite à Rome, en ___ . (Italy)

3 On voyage

Trouve la bonne réponse. *Find the correct answer.*
Exemple: 1g

1 Comment vas-tu en ville?	a J'aime bien voyager en train.
2 Comment viens-tu au collège?	b Pour aller au collège, je prends le train.
3 Comment rentres-tu à la maison après l'école?	c J'ai un vélo et je vais souvent au parc à vélo.
4 Est-ce que tu aimes voyager en train?	d Je préfère voyager en avion.
5 Quel moyen de transport préfères-tu?	e Nous partons le 2 août.
6 Est-ce qu'il y a un moyen de transport que tu détestes?	f Je n'aime pas du tout voyager en car.
7 Est-ce que tu as un vélo?	g Je vais en ville en bus.
8 Quand partez-vous en vacances?	h Après l'école, je rentre à pied.

4 Demain

Trouve les phrases qui parlent de demain.
Find the sentences which talk about tomorrow.

Exemple: Demain: 2, …

Aujourd'hui	Demain
Je regarde la télé.	Je vais travailler.

This sentence just contains one verb in the present tense.

*This sentence contains part of the verb **aller** + an infinitive.*

1 Je regarde la télé.
2 Je vais travailler.
3 Nous restons à la maison.
4 Je vais faire des courses.
5 Mathieu regarde le journal.
6 Sophie écoute de la musique.
7 Les enfants vont chanter.
8 Sophie va partir pour Paris.
9 Luc va faire ses devoirs.
10 Tu joues sur l'ordinateur.
11 Vous allez préparer le dîner.
12 Ils regardent un film.

5 Es-tu fort(e) en géo?

a Complète les questions.

Exemple:
1 **Quel pays est plus grand, … ?**

1 Quel pays est plus ___ , la France ou le Royaume-Uni? (grand/grande/grands)
2 Quel fleuve est plus ___ , la Seine ou l'Amazone? (long/longue/longues)
3 Quelle montagne est plus ___ , le mont Blanc ou le Ben Nevis? (haut/haute/hauts)
4 Quelle île est plus ___ , l'île de Ré ou l'île de Man? ('smaller')
5 Est-ce que la tour Eiffel est plus ___ que la tour CN au Canada? ('higher')

b Réponds aux questions. Pour t'aider, consulte le tableau *Le monde en statistiques* à la page 70.

Exemple: 1 **La France est plus grande.**

6 C'est permis?

Tu fais du baby-sitting pour le petit Jules. Mais ce matin, Jules a cassé une fenêtre avec un ballon. Son père dit qu'il ne peut pas sortir cet après-midi. Réponds à ses questions.

You're babysitting for little Jules. But this morning, Jules broke a window with a football. His father says he can't go out this afternoon. Answer his questions.

Exemple:

1 **Non, tu ne peux pas jouer dans le jardin.**

1 Est-ce que je peux jouer dans le jardin?
2 Est-ce que je peux regarder la télé?
3 Est-ce que je peux jouer au football?
4 Est-ce que je peux aller au parc?
5 Est-ce que je peux jouer sur l'ordinateur?
6 Est-ce que je peux faire du vélo?

| Non, tu ne peux pas | jouer au football. |
| Oui, tu peux | regarder la télé. |

7 Une journée de travail

Anne Lenôtre est présentatrice à la radio. Elle commence son travail à 7h du matin, donc elle se réveille très tôt. Complète les phrases.

Anne Lenôtre is a radio presenter. She starts work at 7.00am, so she wakes up very early. Complete the sentences.

Exemple: 1 **Je me réveille à cinq heures.**

1 Je ___ à ___ .
2 Je ___ à ___ .
3 Au petit déjeuner, je mange (prends) ___ .
4 Je ___ . Je mets une ___ et un ___ .
5 Je vais au studio en ___ .

8 Comment veulent-ils voyager?

La famille Dupont va au restaurant pour un déjeuner de famille, mais comment?

The Dupont family are going to a restaurant for a family meal, but how?

a Trouve les paires.
b Trouve le symbole qui correspond à chaque phrase.

Exemple: a 1c   b 1c = C

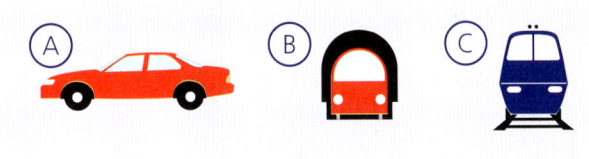

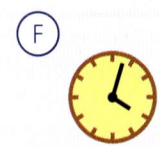

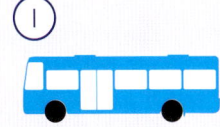

1 Ma mère	a veux prendre un taxi?
2 Mon père ne	b veux pas prendre mon vélo.
3 Moi, je ne	c veut prendre le train.
4 Toi, tu	d veut pas prendre la voiture.
5 Les garçons	e veut tous y aller en métro.
6 Les filles ne	f voulons arriver à l'heure.
7 Vous ne	g voulez pas prendre le bus?
8 Nous	h veulent pas y aller à pied.
9 C'est décidé, on	i veulent y aller en moto.

cinquante-cinq 55

unité 4 En famille

4A Bienvenue en France

- describe yourself and others
- greet and introduce people

1 On arrive

Un groupe de jeunes Canadiens est arrivé en France. Ils vont passer dix jours chez des familles françaises.

a Lis les descriptions (A–F) pour identifier les six personnes (1–6).

Exemple: 1B Hélène

b Écoute et vérifie.

A Je suis de taille moyenne et j'ai les cheveux courts et bruns. Pour le voyage, je vais mettre un jogging et un tee-shirt bleu. **André**

B Je ne suis pas très grande et j'ai les cheveux blonds, assez longs. Ma couleur préférée est le rose, alors je vais mettre ma veste rose. **Hélène**

C Je suis assez grand et j'ai les cheveux châtains. Je vais mettre un tee-shirt et un short parce qu'il fait chaud en avion. **Daniel**

D J'ai les cheveux bruns et je vais mettre un jean, un tee-shirt et ma veste marron. **Julie**

E Pas difficile de me reconnaître. Je suis grand. Je porte un jean, un polo et ma casquette noire. **Christophe**

F Je suis assez petite et j'ai de longs cheveux roux. Je porte des lunettes. Je vais mettre un jean, un tee-shirt noir et un haut gris. **Émilie**

2 C'est moi!

a À deux: la personne A décrit quelqu'un, la personne B devine qui c'est.

b Décris-toi: écris une petite description de toi-même.

Je suis	de taille moyenne		
Je ne suis pas	assez très	grand(e)	
Il/Elle est		petit(e)	
Il/Elle n'est pas		mince	
Je/Il/Elle porte des	lunettes		
Je/Il/Elle ne porte pas de			

J'ai Il a Elle a	les cheveux	noirs blonds roux châtains bruns	courts longs mi-longs frisés raides
	les yeux	bleus/gris/verts/marron	

Je suis Il/Elle est J'ai les cheveux Il/Elle a les cheveux	plus	grand(e) petit(e) longs courts	que	moi/(nom) mon copain ma copine

Je/Il/Elle porte	un	pull pantalon …	bleu gris …
	une	chemise jupe …	blanche verte …
	des	chaussures …	noires …

56 cinquante-six

4 En famille

3 Daniel et la famille Martin

a Écoute la conversation et lis le texte.

Thomas Martin est à la gare avec ses parents. Beaucoup de ses amis sont là aussi avec leurs parents. Il est sept heures du soir et les jeunes Canadiens sont arrivés. Un garçon s'approche de Mme Martin.

– Bonjour, madame. Je m'appelle Daniel Laforêt.
– Bonjour, Daniel. Bienvenue en France. On peut te tutoyer, non?
– Bien sûr, madame.
– Je te présente mon mari, Claude Martin.
– Bonjour, Daniel.
– Bonjour, monsieur.
– Et voici notre fils, Thomas.
– Bonjour, Daniel. Tu as fait bon voyage?
– Oui, merci.
– Bon, allons à la maison maintenant. Tu as beaucoup de bagages?
– J'ai une valise et un sac à dos.
– Bon, la voiture est dans le parking. Allons-y.

(chez les Martin)

– Entre, Daniel. On va dans le salon.
– Daniel, je te présente mon frère, Marc.
– Bonjour, Daniel.
– Et voici mes deux sœurs, Laura et Marion.
– Bonjour, Daniel. C'est ton premier séjour en France?
– Oui, c'est ça.

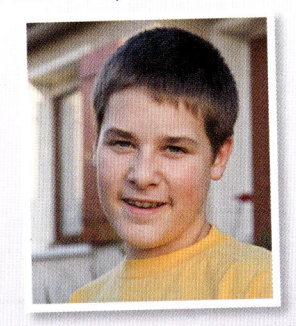

b Comment ça se dit en français?

Exemple: 1 *On peut te tutoyer?*

1 Can we use the **tu** form?
2 May I introduce you to my husband.
3 May I introduce you to my brother.
4 This is our son.
5 These are my sisters.
6 Have you had a good journey?
7 Do you have a lot of luggage?
8 Is it your first visit to France?

4 À discuter

a À deux, posez des questions et répondez.

A Il y a combien de personnes dans ta famille?
B Il y a …
A Comment s'appellent-ils/elles?
B Ma mère s'appelle …
A Ton frère/Ta sœur, quel âge a-t-il/elle?
B Il/Elle …
A Tu as encore tes grands-parents?
B Oui, j'ai …/Non, je n'ai pas de …
A Est-ce qu'ils habitent tout près?
B Oui/Non, ils …

b Écris tes réponses.

c Écris d'autres phrases: donne plus de détails sur ta famille.

Exemple: *Mon grand-père s'appelle Michel. Il a soixante-dix ans et il est assez grand …*

Stratégies

Addressing people correctly – using *tu* and *vous*

French-speaking people use **tu** when talking to people the same age or younger and to members of their own family (informal language).

They use **vous** to talk to other adults (formal language) or when talking to more than one person (formal or informal).

There are many other words which indicate whether **tu** or **vous** is being used. Use your grammatical knowledge to work out whether these phrases belong to a conversation using **tu** or **vous**.

À **vos** marques!	s'il **te** plaît	**votre** maison
chez **toi**	**tutoyer**	**ta** sœur
Lève-**toi**!	**tes** parents	**vouvoyer**

What do you think the last word means?

Phonétique

The sounds 'in/im', 'on/om', 'un/um'

When 'i', 'o' or 'u' are followed by 'n' or 'm' they often make a nasal sound.

bl**on**ds, l**on**gs, all**on**s, c**om**bien, n**om**bre
Mart**in**, **in**téressant, t**im**bre, **im**possible
br**un**s, **un**

citr**on**   v**in**gt

Exceptions:
The letters 'n' and 'm' are sounded when they are doubled or followed by a vowel.

cop**in**e, perso**nn**e, lu**ne**ttes, co**mm**e

parf**um**

4B Chez toi

- talk about staying with a French family
- discuss helping at home

1 Julie et la famille Lebois

a Julie arrive chez la famille Lebois. On pose beaucoup de questions (a–f). Trouve la bonne question pour chaque image.

Exemple: 1d

b Écoute la conversation et note l'ordre des questions.

Exemple: c, …

Les questions

a Est-ce que je peux charger mon portable?
b À quelle heure est-ce que tu te couches d'habitude?
c Où est-ce que je peux mettre mes vêtements?
d Quand est-ce qu'on se lève ici normalement?
e Où sont les toilettes et la salle de bains?
f Est-ce que tu as une serviette?

c Relis les questions (a–f) et trouve la bonne réponse (1–6).

Exemple: a6

Les réponses

1 Il y a de la place dans l'armoire.
2 Pendant les vacances, je me lève assez tard, vers neuf heures et demie, dix heures.
3 Les toilettes et la salle de bains sont en face.
4 Non, je n'ai pas de serviette.
5 D'habitude, je me couche vers dix heures.
6 Oui, bien sûr. Tu peux le brancher dans ta chambre.

> une armoire *wardrobe*
> brancher *to plug in*

2 Quiz sonore

a Écoute les activités (1–8) et note la bonne lettre.

Exemple: 1B

b Écoute la solution et vérifie.

c Trouve le bon texte pour chaque image.

Exemple: 1D

1 faire les courses
2 faire la cuisine
3 faire la vaisselle
4 passer l'aspirateur
5 laver la voiture
6 promener le chien
7 ranger la chambre
8 travailler dans le jardin

d À deux: la personne A mime une activité, la personne B devine ce que c'est (*guesses what it is*).

Exemple:

A Qu'est-ce que je fais?
B Tu laves la voiture.
A Non, ce n'est pas ça.
B Tu passes l'aspirateur.
A Oui, c'est ça!

3 Tu aides à la maison?

a Écris 1–8. Écoute et note l'image de l'exercice 2 (A–H) qui correspond.

Exemple: 1D

b Écoute encore une fois et note l'opinion (a–h).

Exemple: 1b

Les opinions:

a Pas beaucoup.
b J'aime ça.
c Je n'aime pas ça.
d C'est ennuyeux.
e Ça va.
f C'est amusant.
g Nous aimons faire ça.
h J'adore faire ça.

4 En famille

4 À la télé

Le soir, Julie et Nicole Lebois regardent l'émission de télé-réalité *Secret Story*.

🔊 **a** Lis la conversation et complète les phrases avec les mots de la case. Puis écoute et vérifie.

Exemple: 1 la cuisine

> fais les courses   l'aspirateur   la chambre
> promène le chien   la cuisine   la vaisselle
> travailler dans le jardin   lave la voiture

b Invente une personne pour la maison de *Secret Story*. Comment est-elle? Qu'est-ce qu'elle (ne) fait (pas)? Écris quelques phrases.

Exemple:
Le garçon aux cheveux roux, c'est David. Il est mignon, mais … Il aime faire …, mais il n'…

5 Des textos

Complète les textos avec les mots de la case.

Daniel
Ma (**1**) ___ chez les Martin est super! J'ai un grand (**2**) ___ confortable et il y a un (**3**) ___ et une télé dans la chambre. La famille a un (**4**) ___, il est mignon et j'aime (**5**) ___ le chien.

Julie
Je n'ai pas de (**6**) ___ dans ma chambre, mais ce n'est pas (**7**) ___. Nous regardons la télé dans le (**8**) ___. J'aime bien la maison. Il y a un très beau (**9**) ___, mais il n'y a pas d'(**10**) ___.

> animaux   chambre   chien
> important   jardin   lit   ordinateur
> promener   salon   télé

N J'adore *Secret Story*. Tu as ça au Canada?
J Nous avons *Big Brother Canada* – c'est presque la même chose.
N Oui, c'est ça. La différence ici, c'est que tous les candidats ont un secret.
J C'est qui, la blonde en tee-shirt et jean à gauche?
N Ça, c'est Maeva. Elle est mignonne. Elle aime faire (**1**) ___ pour les autres et après le dîner, elle fait (**2**) ___.
J Et le beau garçon au centre, comment s'appelle-t-il?
N C'est Cyril. Il est très beau, mais il est paresseux. Il ne passe pas (**3**) ___ et il ne range pas (**4**) ___ des garçons. J'espère qu'on va bientôt éliminer Cyril!
J Et toi, tu aides à la maison?
N Oui, un peu. Et en été, j'aime (**5**) ___, et je (**6**) ___ de ma mère une fois par mois.
J Beurk! Je déteste ça! Chez moi, je (**7**) ___ tous les jours. Quelquefois, je (**8**) ___ au supermarché. J'aime bien ça.
N Mais on ne peut pas faire ça dans la maison de *Secret Story*!

6 Chez moi

💬 **a** À deux, lisez la conversation puis changez des détails pour inventer une autre conversation sur la maison.

A Tu as ta propre (*own*) chambre?
B Oui, j'ai une chambre pour moi, mais mes deux frères partagent une assez grande chambre.
A Comment est ta chambre?
B Elle est assez petite, mais confortable. J'aime ma chambre.
A Est-ce que tu as une télé ou une console dans ta chambre?
B J'ai une console et mon ordinateur, mais je n'ai pas de télé.
A Vous avez un jardin?
B Oui, nous avons un petit jardin derrière la maison.
A Qu'est-ce que tu fais pour aider à la maison?
B Je range ma chambre et quelquefois je passe l'aspirateur, mais je ne fais pas la vaisselle. Je déteste ça!

b Écris un paragraphe sur ta chambre ou ta maison. Regarde les réponses (B) de la conversation.

Stratégies

Developing your use of French – extra detail and synonyms

Add extra information wherever you can to improve the quality of your French. With a partner, discuss ways of expanding these sentences.

Je passe l'aspirateur. (where? how often? opinion?)

J'ai un frère et une sœur. (names? what are they like?)

J'ai une chambre. (add adjectives, modifiers, an opinion)

For variety, use a synonym – a word or phrase that has roughly the same meaning e.g. **J'aime faire la cuisine et le dimanche matin, je prépare le petit déjeuner pour la famille.**

cinquante-neuf 59

4C On s'amuse

- talk about the past using the perfect tense
- use expressions of time

1 Hier en ville

Julie a envoyé un e-mail à ses parents.

C'est faux! Corrige les phrases.

Exemple: 1 Hier matin, Julie a visité la ville avec Nicole et ses cousins.

1 Hier matin, Julie a visité la ville avec son frère.
2 Elle a acheté des jeux vidéo.
3 À midi, ils ont mangé à la maison.
4 Hier après-midi, ils ont joué au football.
5 Hier soir, ils ont regardé un film à la télé.
6 Julie a trouvé l'équipe canadienne super.

> Salut!
>
> Je m'amuse bien ici. Hier, nous avons passé la journée avec les cousins de Nicole. Le matin, nous avons visité la ville ensemble. J'ai acheté des cartes postales. À midi, au café, j'ai mangé un sandwich au jambon et une glace à la fraise.
>
> L'après-midi, on a joué au tennis dans le parc et hier soir, on a regardé le match de basket – le Canada contre la France! Vous avez regardé le match aussi? Papa, qu'est-ce que tu as pensé des Canadiens? Moi, j'ai trouvé l'équipe trop faible!
>
> Bises,
> Julie

Dossier-langue   Grammaire 10.4

The perfect tense *(le passé composé)*

The perfect tense is a past tense which is used to refer to things that **have happened** and **are now over**.

Hier, nous avons visité la ville. *Yesterday, we visited the town.*
J'ai acheté des cartes postales. *I bought some postcards.*

The perfect tense is called the **passé composé** because it is composed of two verbs:

the present tense of **avoir**
(this is known as the auxiliary verb)

a past participle (this gives the meaning)

Nous avons passé   we (have) spent

Find some more examples of verbs in the perfect tense.

Remember that **two** verbs are used to make the perfect tense in French.

Mangetout a mangé le poisson

2 En français

Trouve l'équivalent en français pour ces phrases. Utilise une des phrases en français deux fois.

Exemple: 1d Tu as acheté quelque chose?

1 Did you buy something?
2 Have you bought something?
3 I bought something this morning.
4 Have you eaten?
5 Did you eat in a café?
6 He ate a sandwich.

a J'ai acheté quelque chose ce matin.
b Tu as mangé?
c Tu as mangé dans un café?
d Tu as acheté quelque chose?
e Il a mangé un sandwich.

Stratégies

Translating French to English – past tense

There are three ways to explain that something has happened and is now over in English, e.g.

He helped in the kitchen.   He did help in the kitchen.   He has helped in the kitchen.

When translating into French, there is only one way to say this, using the perfect tense:

Il a aidé à la cuisine.

How many ways can you say this statement and ask this question in English?

J'ai passé la journée en ville.

Tu as acheté quelque chose?

60 soixante

4 En famille

3 Une journée chargée d'activités

a Écoute la conversation et mets les images dans l'ordre.

Exemple : 3, …

b Tu as passé une journée très chargée d'activités. Qu'est-ce que tu as fait? Écris au moins huit choses.

Exemple : J'ai préparé le petit déjeuner puis …

Stratégies

Developing your use of French – using sequencers

Use sequencers to make sentences flow together better. Vary the expressions as much as possible.

- **d'abord** first of all
- **puis, ensuite** then, next
- **après ça** after that
- **le matin** in the morning
- **l'après-midi** in the afternoon
- **le soir** in the evening

Listen to task 3 again and note which of these expressions you hear.

4 Quand exactement?

a Trouve les paires. Exemple : 1h

1 last week	a hier
2 yesterday morning	b hier soir
3 Sunday afternoon	c hier matin
4 last weekend	d vendredi dernier
5 today	e ce soir
6 this afternoon	f dimanche après-midi
7 yesterday	g cet après-midi
8 this evening	h la semaine dernière
9 last Friday	i aujourd'hui
10 last night	j le weekend dernier

b Écoute les conversations (1–10). On utilise une des expressions a–j dans chaque conversation. Note la bonne expression.

Exemple : 1h

Phonétique

The sounds '-é', '-er', '-ez', and '-et', '-ey'

éléphant   aimer

manger, acheté, choisissez, musée, paquet, volley

Exceptions:
basket, Internet, hiver, hamster

The letter 'è' with accent grave

règle

très, après, répète, complète, dernière

5 Des phrases bizarres

Choisis cinq nombres entre 1 et 6 ou jette un dé. Trouve dans chaque section (A –E) l'expression qui correspond. Écris la phrase complète dans l'ordre.

Exemple : A1, B3, C5 … Hier, on a cherché …

A	B	C	D	E
1 Hier,	1 j'ai	1 attrapé	1 un gâteau	1 dans la cuisine.
2 Hier matin,	2 tu as	2 mangé	2 une tarentule	2 dans le jardin.
3 Hier soir,	3 on a	3 imaginé	3 des souris	3 dans la salle de bains.
4 Lundi dernier,	4 nous avons	4 trouvé	4 des chocolats	4 dans le salon.
5 Mercredi soir,	5 vous avez	5 cherché	5 un dragon	5 dans le garage.
6 Samedi dernier,	6 ils ont	6 dessiné	6 un œuf	6 dans la salle à manger.

soixante-et-un

4D Une fête

- *use the perfect tense of regular -er verbs*
- *talk about what you have done recently*
- *talk about presents*

1 Un coup de téléphone

Le téléphone sonne chez les Martin. Écoute la conversation et fais les activités.

a Mets les images dans le bon ordre.

Exemple: 6, …

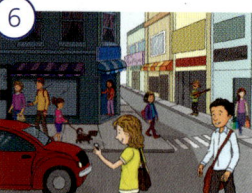

b Trouve les paires.

Exemple: 1b

1 Ce matin, Daniel a visité
2 Il a acheté un
3 Thomas a décidé d'acheter
4 À midi, Daniel et Thomas ont déjeuné
5 L'après-midi, ils ont écouté de la
6 Puis ils ont joué
7 Daniel a regardé

a dans un fastfood.
b la ville.
c ses e-mails.
d musique.
e tee-shirt et une carte.
f un CD.
g sur l'ordinateur.

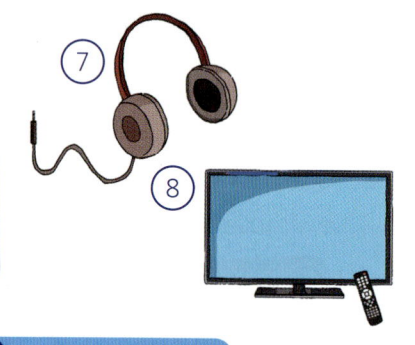

2 Samedi après-midi

Pour préparer une fête, la famille Martin et des amis ont travaillé tout l'après-midi. Trouve la bonne phrase pour chaque image.

Exemple: 1h

a Sophie a rangé le salon.
b Laura et Marion ont décoré la maison.
c Nous avons acheté des chips et du coca.
d J'ai passé l'aspirateur.
e Mais on a oublié de mettre Jupiter dans le jardin!
f Pierre a aidé à la cuisine.
g Marc, tu as organisé la musique?
h Mme Martin a préparé le gâteau.

Dossier-langue — Grammaire 10.4

The perfect tense of -er verbs

The perfect tense is composed of two verbs:
an auxiliary verb (usually **avoir**) + a past participle.
Look at the past participle of these verbs and compare it with the infinitive. Can you see how it is formed?

	infinitive	past participle
to buy	acheter	acheté
to listen	écouter	écouté

Take off the **-er** and add **-é**.
Remember that both words sound the same in spoken French.

4 En famille

3 La fête de Thomas

a Daniel parle de la fête. Complète les phrases avec le participe passé d'un verbe de la case.

Exemple: 1 *Thomas a porté …*

1 Pour la fête, Thomas a ___ son nouveau jean et un tee-shirt.
2 Moi, j'ai ___ un jogging et mon tee-shirt favori.
3 Thomas a ___ ma sœur, Julie, et sa correspondante, Nicole, à la fête.
4 La fête a ___ à huit heures.
5 On a ___ de la bonne musique.
6 Nous avons ___ de la pizza et du gâteau.
7 Quelques personnes ont ___ sur la musique.
8 J'ai ___ avec beaucoup de personnes.

> commencer   danser   écouter   inviter
> manger   parler   porter   préférer

b Julie parle de la fête. Complète les phrases avec la bonne forme du verbe **avoir**.

Exemple: 1 *Thomas a invité …*

1 Samedi dernier, Thomas ___ invité Nicole, et moi aussi, à sa fête.
2 Nous ___ cherché un cadeau pour Thomas en ville.
3 Finalement, nous ___ trouvé une BD (bande dessinée).
4 Thomas ___ aimé le livre.
5 Les filles ___ dansé.
6 Mais Daniel, tu ___ refusé de danser. Pourquoi?
7 Moi, j' ___ rencontré Marc, le frère de Thomas. Il est sympa.
8 La fête ___ duré jusqu'à onze heures.

4 Des cadeaux

a On a acheté beaucoup de cadeaux pour Thomas. Écoute et trouve les paires.

Exemple: 1G

1 Daniel
2 Nicole et Julie
3 son frère Marc
4 Sébastien, son meilleur copain
5 ses parents
6 ses grands-parents
7 moi

A
B
C
D
E
F
G

b Écris des phrases complètes.

Exemple: 1 *Daniel a acheté un tee-shirt.*

> une affiche   une boîte de petits gâteaux
> une BD   un tee-shirt   un livre sur le sport
> un portable   une montre

5 L'autre jour

a À deux, parlez des activités récentes.

Exemple:

A Qu'est-ce que tu as fait l'autre jour?
B Dimanche dernier, j'ai préparé le déjeuner. On a mangé du poulet. Et toi, qu'est-ce que tu as fait hier? …

b Écris quelques phrases pour décrire une journée récente.

c Écris un paragraphe pour décrire un weekend chargé d'activités.

Exemple: *Samedi dernier, j'ai lavé la voiture de ma mère, puis …*

Samedi dernier, Hier, Dimanche dernier,	j'	ai	travaillé (dans le jardin/à la maison)
	mon ami(e) mon frère ma sœur on	a	aidé à la cuisine lavé la voiture préparé le déjeuner/le dîner/ un piquenique
	nous	avons	joué sur l'ordinateur/au badminton/au football téléphoné à un(e) ami(e)
	mes parents mes amis	ont	organisé une petite fête mangé au restaurant/du poulet acheté un tee-shirt/une BD

soixante-trois 63

4E J'ai choisi …

- **talk about choices**
- **use the perfect tense of regular -ir and -re verbs**

1 J'ai choisi des cadeaux

Tu as reçu de l'argent pour ton anniversaire et tu as cherché des cadeaux en ville. Qu'est-ce que tu as choisi? Écris cinq phrases complètes.

Exemple: *J'ai choisi un appareil photo.*

- un magazine
- des lunettes de soleil
- des baskets
- un instrument de musique
- un appareil photo
- des chaussettes
- un sac de sport
- une tablette
- une raquette de tennis
- un lecteur MP3

2 Quelle bulle?

Trouve la bonne phrase pour chaque image.

a Vous avez choisi, madame?   b Il a trop rempli l'aquarium.   c Il a rougi.   d Tu as fini ton yaourt?

Dossier-langue | **Grammaire 10.4**

The perfect tense of -ir verbs

Choisir, finir and *remplir* are regular -ir verbs. Look at the past participle of these verbs and compare it with the infinitive. Work out the rule for forming the past participle of -ir verbs.

	infinitive	past participle
to choose	choisir	choisi
to finish	finir	fini
to fill	remplir	rempli

What is the past participle of **réussir** (to succeed)?

---

3 Activités au choix

🔊 Mardi, il y a un choix d'activités pour les jeunes. Regarde le programme, écoute les conversations et note les détails. Puis complète les phrases.

Exemple: *1d Julie et Hélène ont choisi le volley.*

Programme

Matin
au centre sportif
- a le badminton
- b le judo
- c le tennis de table
- d le volley

Après-midi
- e une excursion en bateau
- f une visite du musée des beaux-arts
- g une visite guidée de la vieille ville
- h une visite de la cathédrale

Le matin
1 Julie et Hélène ont choisi ___ .
2 André a choisi ___ .
3 Daniel et Christophe ont choisi ___ .
4 Émilie a choisi ___ .

L'après-midi
5 Émilie, tu as choisi ___ .
6 Julie a choisi ___ .
7 Hélène a choisi ___
8 Et vous, les garçons, vous avez choisi ___ .

4 Tu as choisi ça?

💬 À deux. Chaque personne choisit une activité du matin et une activité de l'après-midi puis note les détails. Pose des questions pour trouver le choix de ton/ta partenaire. Note le nombre de questions.

Exemple:
A Tu as choisi le judo?
B Non, pas ça!
A Alors, tu as choisi le badminton?
B Oui, j'ai choisi le badminton. Ça fait deux questions. Maintenant, à moi de poser des questions …

64 soixante-quatre

4 En famille

5 Des conversations

a Complète les questions.

Exemple: 1 Tu as entendu un bruit?

1 Tu	avez attendu longtemps au café?
2 Est-ce que Julie	vendu des glaces au parc?
3 Vous avez perdu	as entendu un bruit?
4 Est-ce qu'on a	quelque chose?
5 Vous	a rendu la BD?

b Complète les réponses.

a Oui, j'	avons attendu pendant une heure.
b Oui, nous	a vendu des boissons dans le kiosque.
c Non, mais on	ai entendu le téléphone, mais c'est tout.
d Oui, elle a rendu	mon billet.
e J'ai perdu	BD hier matin.

c Trouve les paires.

Exemple: 1e

6 Perdu et retrouvé

🔊 Écoute les conversations et complète les phrases avec des mots de la case.

Exemple: 1 baskets, …

1 Nicole a perdu ses ___, mais elles sont dans la ___ .
2 Luc a perdu son ___, mais il est sur la ___ .
3 Sophie a perdu sa ___, mais elle est dans la ___ .
4 Charles a perdu son ___, mais il est sous son ___ .
5 Les garçons ont perdu leur nouveau ___, mais il est dans ___ .
6 Les filles ont perdu leurs ___, mais elles sont dans la ___ .

> baskets   montre   lunettes de soleil
> stylo   cuisine   lit   l'ordinateur
> salle à manger   smartphone
> salle de bains   table   jeu vidéo

Phonétique

The sound 'u'

lune

attendu, entendu, perdu

The sound 'ou'

souris

joué, pour, nous, tour

Dossier-langue — Grammaire 10.4

The perfect tense of -re verbs

Compare the past participle of these regular verbs ending in **-re** with the infinitive. Work out the rule for forming the past participle and fill in the gaps.

	infinitive	past participle
to wait (for)	attendre	attendu
to hear	entendre	entendu
to lose	perdre	perd___
to give back	rend___	rendu
to sell	vendre	vend___

When you're writing, be careful because many verbs ending in **–re** do not follow the regular pattern for past participles. If you're unsure whether a verb is regular or not, you need to check. Where can you do this? What help does a dictionary give? Look up **vendre** and **mettre** in a dictionary or the verb tables (*Grammaire* 12.5) and compare the entries.

7 C'est la vie

a Choisis le bon verbe.

b Traduis les textes en anglais.

✚ c Écris un paragraphe sur un objet que tu as acheté, perdu et retrouvé.

1 Cette petite fille a (vendu/perdu/entendu) le chien de la famille.

2 J'ai (vendu/attendu/perdu) mes lettres, mais heureusement, je n'ai pas (rendu/perdu/entendu) le pied!

3 Attention, attention! Le zoo a (perdu/attendu/vendu) un tigre très dangereux.

4 Le policier a (vendu/perdu/attendu) devant la banque.

5 Tu as (vendu/entendu/attendu) quelque chose?

soixante-cinq 65

4F J'ai acheté …

- describe a visit
- say 'goodbye' and 'thank you'
- use *ce, cet, cette, ces* + noun (*this …*)

1 Aux magasins

a Complète les phrases. Choisis le bon mot de la case.

Exemple: **1** *intéressant*

> acheter   chats   cher   cousine   frère   intéressant   l'informatique   maison   prix   vais

1 Hélène regarde les magazines.
– Regarde ce magazine, il est (**1**) ____ . Il y a des photos et des articles sur la mode.
– Oui, mais moi, je préfère (**2**) ____ . Dans ce magazine, il y a des articles intéressants sur les nouvelles applis. Je vais acheter ça.

2 Daniel cherche une casquette pour son (**3**) ____ .
– Regarde ces casquettes. Elles sont amusantes, non?
– Ah oui, j'aime bien cette casquette tricolore. Je (**4**) ____ l'acheter.

3 Nicole veut acheter des chaussettes pour sa petite (**5**) ____ .
– J'aime bien ces chaussettes avec les petits (**6**) ____ . Elles sont mignonnes.
– Oui, et ces chaussettes avec les fleurs sont jolies aussi.
– C'est vrai, mais ma cousine aime bien les chats, alors je vais (**7**) ____ ces chaussettes avec les chats.

4 Christophe a oublié son anorak à la (**8**) ____ , alors il va acheter un nouvel anorak.
– Cet anorak rouge n'est pas (**9**) ____ .
– C'est vrai, mais je vais acheter cet anorak bleu. C'est le même (**10**) ____ et je préfère la couleur.

une appli   *app*

b Qu'est-ce qu'ils ont acheté? Écoute et écris la bonne lettre.

Exemple: Hélène = B

A    ce magazine sur la mode
B    ce magazine d'informatique
C    cette casquette verte
D    cette casquette tricolore
E    ces chaussettes avec les chats
F    ces chaussettes avec les fleurs
G    cet anorak bleu
H    cet anorak rouge

2 La publicité

a Complète ces phrases avec **ce** ou **cet**.

Exemple: **1** *ce sac*

1 Regardez ____ sac de sport pratique.  
2 Goûtez ____ délicieux gâteau. 
3 ____ appareil n'est pas cher.
4 Achetez ____ ordinateur portable. 
5 Regardez ____ instrument de musique.

b Complète ces phrases avec **cette** ou **ces**.

6 Achetez ____ lunettes de soleil. 
7 Envoyez ____ carte amusante. 
8 ____ chaussures sont très pratiques. 
9 Regardez ____ raquettes fantastiques.
10 Écoutez ____ belle musique.

Dossier-langue   Grammaire 1.5

'this' and 'these'

In task 1, there are three different words meaning 'this' and one meaning 'these'. Can you find these demonstrative adjectives?

The word you need for 'this' depends on the noun which follows:

singular			plural
masc.	masc. beginning with a vowel	fem.	ces
ce	cet	cette	

Why do you think **ce** changes to **cet** before a vowel?

4 En famille

Dossier-langue — Grammaire 10.5

The perfect tense – a summary

As you have learnt, the perfect tense (**le passé composé**) is composed of two verbs:
- the auxiliary verb (usually the present tense of **avoir**)
- and the past participle (**le participe passé**) of a second verb.

Learn the rules for forming regular past participles (starting with the infinitive):

- **-er** verbs **-é**   e.g. **jouer** — joué   **J'ai joué** au badminton. *I played badminton.*
- **-ir** verbs **-i**   e.g. **finir** — fini   **Il a fini** l'exercice. *He finished the exercise.*
- **-re** verbs **-u**   e.g. **attendre** — attendu   **Nous avons attendu** le train. *We waited for the train.*

Some past participles are irregular (e.g. **mettre – j'ai mis**). Check in the verb tables (*Grammaire* 12.5).

3 À Paris

a Christophe décrit une visite à Paris. Complète la description avec la bonne forme du verbe au passé composé. (N'oublie pas: **avoir** + participe passé.)

Exemple: 1 *le groupe a passé*

1 Mardi dernier, le groupe ___ la journée à Paris. (*passer*)
2 Le matin, nous ___ la tour Eiffel. (*visiter*)
3 On ___ des souvenirs tout près. (*regarder*)
4 Moi, j'___ une petite tour Eiffel. (*acheter*)
5 À midi, on ___ au restaurant. (*manger*)
6 Moi, j'___ du poulet et des frites. (*choisir*)
7 L'après-midi, nous ___ de faire une excursion en bateau. (*décider*)
8 Nous ___ Daniel et Julie pendant dix minutes. (*attendre*)
9 Daniel ___ son billet. (*perdre*)
10 Mais Julie ___ le billet par terre. (*retrouver*)

b Écris six phrases pour décrire la visite d'une ville la semaine dernière.

4 Bon retour!

a Complète la conversation. Attention: il y a des mots en trop dans la case!

🔊 **b** Écoute et vérifie.

C'est le (**1**) ___ jour des vacances. Hier, Daniel a acheté (**2**) ___ pour Mme Martin.

M Merci bien pour (**3**) ___, Daniel. J'espère que tu as passé de bonnes vacances ici (**4**) ___ .

D Ah oui, madame, j'ai passé des vacances merveilleuses.

M Alors, au revoir et bon retour (**5**) ___ !

D Au revoir, madame, et merci pour tout.

à Montréal
à Rouen
au Canada
en France
des fleurs
les fleurs
des chocolats
les chocolats
premier
dernier

5 Merci

a Lis l'e-mail de Julie et réponds aux questions.

1 Julie a passé ses vacances où?
2 Qu'est-ce qu'elle a surtout aimé?
3 Qu'est-ce que ses parents ont aimé?

> Chers Monsieur et Madame Lebois,
>
> Je voudrais vous remercier de votre hospitalité. J'ai passé de très bonnes vacances en France.
>
> J'ai surtout aimé la visite au jardin de Monet. Mes parents ont bien aimé les cadeaux. J'ai choisi une BD pour mon père et j'ai acheté un livre sur la France pour ma mère.
>
> Merci encore,
>
> Julie

b Écris un message comme celui de Julie, mais avec des détails différents. Voici des idées:

J'ai beaucoup aimé	la journée à la plage à Dieppe. l'excursion à la montagne. le repas au restaurant.
J'ai choisi/acheté	un bracelet pour ma sœur.

soixante-sept 67

4G C'est extra!

- talk about television and books
- describe a favourite TV programme or book

1 les comédies romantiques
2 la télé-réalité
3 les BD / les dessins animés
4 la science-fiction
5 les jeux
6 les animaux

1 Tu aimes ça?

🔊 On parle de la télé et des livres. Écoute la conversation et mets les images dans le bon ordre.

Exemple: 5, …

2 La télé-réalité

a Lis l'article et trouve le bon titre (a–c) pour chaque paragraphe (1–3).

a Surveillance partout dans la maison
b Le gagnant garde son secret
c Début à la télé américaine

b Comment ça se dit en français?

1 a long time ago
2 it still works well
3 who don't know one another
4 a lot of countries
5 their daily life
6 their arguments
7 video cameras
8 to keep a secret

1 La télé-réalité a commencé il y a longtemps aux États-Unis et ça marche toujours bien dans beaucoup de pays. On a changé quelques détails et les titres des séries, mais le principe reste le même: des participants, qui ne se connaissent pas, partagent une maison spéciale.

2 On pose des caméras vidéo dans toute la maison (à l'exception des toilettes). Les téléspectateurs regardent ces personnes dans leur vie de tous les jours, on écoute leurs conversations, leurs disputes, leurs secrets, tout.

3 Une série récente diffusée en France s'appelle *Secret Story*. Pendant les dix à quinze semaines dans la maison, les candidats ont essayé de garder un secret et de découvrir le secret des autres candidats. En plus, ils ont fait des projets et le public a voté pour garder ou éliminer des candidats. À la fin, une personne a gagné le prix de la saison.

3 Secret Story

Cherche des détails sur l'émission *Secret Story* et fais une présentation ou un dossier.

Voici des idées:

- On peut voir cette émission sur quelle chaîne de télévision en France?
- Comment s'appellent les candidats cette saison?
- Quel est le secret des candidats?
- Quel est le prix pour le gagnant?
- Qui a gagné la saison dernière?
- Qu'est-ce qu'ils ont fait?

Stratégies

Reading longer passages

Remember to use all the clues you can to help you understand a longer passage.
- Use the titles and pictures to help get the context.
- Read through the whole passage first to get the gist.
- Don't panic if you don't understand every word.
- Look for cognates and familiar words to help you.
- Read through again for specific details.

4 J'aime lire

a Trouve les phrases au passé composé.

Exemple: 4, …

b Écris quelques phrases sur un livre, un film ou une émission à la télé que tu aimes.

Une écrivaine américaine

1 J'aime lire et j'adore les livres de Suzanne Collins.
2 Suzanne Collins est une écrivaine américaine qui habite au Connecticut.
3 Son anniversaire est le 10 août.
4 Elle a travaillé pour une chaîne de télé pour les enfants.
5 Elle a habité à New York pendant seize ans.
6 En 2008, on a publié le premier roman de sa trilogie 'Hunger Games'.
7 On a tourné des films inspirés de ces histoires.
8 Nous avons bien aimé ces films.
9 Suzanne Collins n'aime pas les rats.

soixante-huit

Sommaire

4 En famille

Now I can …

■ **introduce people**

Je te présente	May I introduce …
Et voici mes deux sœurs.	These are my two sisters.

■ **talk about families** (see also Vocabulaire par thèmes, page 153)

beau-père (m)	stepfather, father-in-law
bébé (m)	baby
belle-mère (f)	stepmother, mother-in-law
cousin (m), cousine (f)	cousin
(demi-)frère (m)	(half-/step)brother
(demi-)sœur (f)	(half-/step)sister
enfant (m/f)	child
fille (f)	daughter, girl
fils (m)	son
grand-mère (f)	grandmother
grand-père (m)	grandfather
jumeau(x) (m)	boy twin(s)
jumelle (f)	girl twin
oncle (m)	uncle
parent (m)	parent, relative
tante (f)	aunt

■ **understand and answer questions when staying with a French family**

On peut te tutoyer?	Can we use the 'tu' form?
Tu as beaucoup de bagages?	Do you have much luggage?
C'est ton premier séjour en France?	Is it your first stay in France?
Tu as fait bon voyage?	Did you have a good journey?
Est-ce que je peux charger mon portable?	Can I charge my mobile?
Tu peux le brancher dans ta chambre.	You can plug it in in your room.
Où est-ce que je peux mettre mes vêtements?	Where can I put my clothes?
Il y a de la place dans l'armoire.	There's some room in the wardrobe.
Quand est-ce qu'on se lève ici normalement?	When do people normally get up here?
Normalement, on se lève vers 7h30.	We usually get up around 7.30.
Où sont les toilettes et la salle de bains?	Where are the toilet and the bathroom?
Est-ce que tu as une serviette?	Do you have a towel?
À quelle heure est-ce que tu te couches d'habitude?	When do you normally go to bed?

■ **talk about helping at home**

faire la cuisine	to cook
faire la vaisselle	to wash up
faire les courses	to do the shopping
laver la voiture	to wash the car
passer l'aspirateur	to do the hoovering
promener le chien	to walk the dog
ranger la chambre	to tidy the bedroom
travailler dans le jardin	to work in the garden

■ **talk about what you have done recently**

Qu'est-ce que tu as fait ce matin?	What did you do this morning?
Ce matin, j'ai visité la ville.	This morning I visited the town.
Cet après-midi, j'ai joué au tennis.	This afternoon I played tennis.
Hier soir, j'ai regardé un film.	Last night I watched a film.

■ **talk about presents and souvenirs** (see also page 63)

J'ai acheté ce livre.	I bought this book.
J'ai choisi cet anorak.	I chose this anorak.
J'ai choisi cette carte.	I chose this card.
J'ai acheté ces fleurs.	I bought these flowers.

■ **say goodbye and thank you**

Au revoir.	Goodbye.
Merci pour tout.	Thank you for everything.
J'ai passé des vacances merveilleuses.	I've had a great holiday.
Bon retour en France/au Canada.	Have a safe journey back to France/Canada.

■ **use the perfect tense of regular verbs (with avoir)**

	-er	-ir	-re
e.g.	travailler	finir	perdre
	j'ai travaillé	j'ai fini	j'ai perdu

(see also pages 60, 63, 64, 65, 67)

■ **use sequencers**

d'abord	first of all
puis, ensuite	then, next
après ça	after that
le matin	in the morning
l'après-midi	in the afternoon
le soir	in the evening

■ **use expressions of past time**

hier	yesterday
hier après-midi	yesterday afternoon
hier soir	last night
dimanche dernier	last Sunday
samedi matin	Saturday morning
la semaine dernière	last week
le weekend dernier	last weekend

■ **use ce, cet, cette, ces + noun (this …)** (see page 66)

■ **talk about TV programmes and books**

une comédie romantique	romantic comedy
la télé-réalité	reality TV
un dessin animé	cartoon
la science-fiction	sci-fi
un jeu (télévisé)	game show
une émission sur les animaux	animal programme

soixante-neuf 69

Presse-Jeunesse 2

Louis XIV – le Roi-Soleil (1643–1715)

Louis XIV (quatorze) devient roi à l'âge de cinq ans. C'est le roi de France qui règne le plus longtemps (54 ans).

Il s'intéresse beaucoup à la musique et à l'art. Il se marie en 1660 et décide de gouverner seul en 1661.

Il demande la construction d'un magnifique château à Versailles. Puis il s'installe au château avec sa cour en 1682.

Louis XIV veut être célèbre dans le monde entier et il déclare la guerre contre les autres pays d'Europe.

À la fin de son règne, la France n'a presque plus d'argent.

Le château de Versailles

Ce vaste château est un des monuments les plus visités de France.

À l'époque de Louis XIV, presque 20 000 personnes vivent au château.

La galerie des Glaces

- C'est la plus grande et la plus célèbre des salles à Versailles.
- D'un côté 17 fenêtres donnent sur les jardins; de l'autre côté 357 miroirs reflètent la lumière.
- La galerie relie les appartements du roi (à gauche) aux appartements de la reine (à droite).
- Le roi traverse la galerie plusieurs fois par jour pour remplir ses fonctions.
- Des visiteurs attendent ces moments pour s'approcher du roi et demander des faveurs.
- Pour les mariages des princes et des rois, on organise des fêtes magnifiques dans la galerie.

1 Tu comprends?

Read the article about Louis XIV and answer the questions in English.

1. How old was Louis when he became king?
2. For how long was he king?
3. Which famous building did he have built?
4. About how many people lived there during his reign?
5. What was France like at the end of his reign?
6. Give three facts about *La galerie des Glaces*.

Le monde en statistiques

La France	Le Royaume-Uni
552 000 km²	244 820 km²
La Seine	**L'Amazone**
longueur: 776 km	longueur: 6437 km
le mont Blanc	**le Ben Nevis**
hauteur: 4807 mètres	hauteur: 1344 mètres
l'île de Ré	**l'île de Man**
85 km²	572 km²
la tour Eiffel	**la tour CN**
hauteur: 324 mètres (avec antenne)	hauteur: 553 mètres

Voir exercice 5 à la page 54.

Chantez! Les matières

2 Les matières

Answer the questions in English.

1 What does the singer think of maths?
2 Which is his favourite day at school and why?
3 Which is his least favourite subject?
4 When does he have German?
5 What is bad about Thursdays?

(1)
Les maths, je n'aime pas ça,
L'anglais, c'est pas pour moi,
C'est difficile, l'informatique,
Ce que j'aime, c'est la musique.
　J'aime bien mon collège
　Surtout le vendredi,
　Le jour où on fait de
　　la musique
　Tout l'après-midi.

(2)
Ce que j'aime le moins,
C'est sûr, c'est le latin.
C'est fatigant, la gymnastique,
Ce que j'aime, c'est la musique.
　J'aime bien mon collège
　Surtout le vendredi,
　Le jour où on fait de la musique
　Tout l'après-midi.
Lundi – l'allemand et la physique,
Mardi – beurk! l'instruction civique,
Mercredi et jeudi, beaucoup de devoirs,
Mais vendredi me semble moins noir!

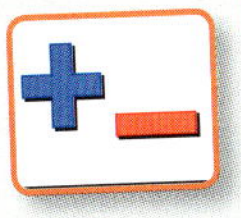

(3)
Eh oui, les sciences nat.,
C'est plus facile que les maths,
Mais c'est loin d'être fantastique,
Ce que j'aime, c'est la musique.
　J'aime bien mon collège
　Surtout le vendredi,
　Le jour où on fait de la musique
　Tout l'après-midi.

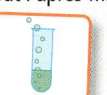

Voir exercice 5 à la page 42.

Petit guide Internet

Tu sais comment surfer sur Internet … en français? Ce n'est pas si difficile, parce que les Français utilisent beaucoup de mots et expressions en anglais et, bien sûr, quelques mots-clés en français.

Le point de départ de beaucoup de **sites web**, c'est la page d'**Accueil**. Quelquefois, il faut cliquer sur une image pour entrer, ou sélectionner un thème dans un **Menu**. Si tu ne sais pas quoi faire, il y a peut-être un bouton **Aide**, ou bien tu peux entrer un mot dans la case **Rechercher**, puis appuyer sur le bouton à côté (**Go** ou **Entrer**). Si un site te dirige vers un autre site, il y a un **lien**: tu cliques dessus, et la nouvelle page s'ouvre (peut-être dans une nouvelle **fenêtre**). Si le lien est vieux et que la page n'existe plus, on dit que la page est **indisponible**.

Tu as envie de discuter sur Internet avec de jeunes Français? Ça s'appelle **chatter** (ou tchatter) dans un **Forum** ou un **Salon de discussion**. Pour y participer, il faut d'abord **s'inscrire**: on écrit son **pseudo** (on ne donne pas son vrai nom) et son **mot de passe**.

Note que les jeunes écrivent souvent leurs messages en langage **SMS** (des abréviations et des mots phonétiques). Et en plus, beaucoup de participants (jeunes et adultes) font des fautes de grammaire et d'orthographe … comme partout sur Internet dans toutes les langues!

Si tu veux en savoir plus, cherche dans un dico SMS (dictionnaire de langage SMS).

Même s'il y a des fautes, on peut apprendre beaucoup de choses quand on lit des messages dans un forum. Alors, choisis un thème sur www.mômes.net par exemple, et bonne chance!

Voici quelques exemples de ce langage:
- keske = qu'est-ce que
- kestion = question
- c = c'est
- t = tu es (t'es)
- CT = c'était
- g = j'ai
- pk = pourquoi
- pb = problem
- dak = d'accord
- 2m1 = demain
- mdr (ou lol) = mort de rire
- HT = acheter
- paC = passer
- bcp = beaucoup
- tjr = toujours
- vazi = vas-y
- tt = tout
- vs = vous

un mot-clé　key word

3 Petit guide Internet

a Trouve l'équivalent en français.
  a Home
  b Help
  c Search
  d link
  e chatroom

b Trouve les paires.
  1 keskec?
  2 jtm
  3 chuis ErEz
  4 kelkun
  5 t Gnial
  6 1viT
  7 7semN
  8 koi29
  9 OQP

  a quelqu'un
  b tu es génial
  c occupé
  d inviter
  e je t'aime
  f cette semaine
  g quoi de neuf?
  h qu'est-ce que c'est?
  i je suis heureuse

c Traduis en anglais les expressions a–i de l'exercice 3b.

d Écris un petit message en «vrai» français et en français «SMS».

soixante-et-onze 71

unité 5 Bon appétit!

5A Au café

- find out about cafés in France
- say what drinks you like
- use the verb boire (to drink)

1 Lou Leroux au café

Aujourd'hui, Lou Leroux travaille pour Télévision Internationale. Il fait un reportage sur les cafés en France. Écoute et lis le reportage.

En France, il y a beaucoup de cafés. Ils sont ouverts toute la journée et souvent jusqu'à minuit ou même plus tard.

Dans les cafés en France, il y a un grand choix de boissons. Par exemple, on boit **des boissons froides** comme l'Orangina, les jus de fruit et la limonade …

… et il y a aussi **des boissons alcoolisées**, par exemple le vin, la bière et le cidre.

Les Français boivent beaucoup d'eau minérale – on peut choisir entre l'eau gazeuse et non gazeuse.

Beaucoup de clients prennent **des boissons chaudes**, comme un café crème, un thé au lait, un thé au citron ou un chocolat chaud.

Quand il fait chaud, je bois une menthe à l'eau. C'est fait avec du sirop de menthe et de l'eau. C'est délicieux!

Voici Léa et Max. Qu'est-ce que vous buvez?

Nous buvons un citron pressé. C'est du jus de citron, du sucre et de l'eau.

C'est très rafraîchissant, mais un peu cher!

J'adore manger dans un café, par exemple des sandwichs, des hot-dogs ou des frites.

soixante-douze

5 Bon appétit!

Moi, je prends un croque-monsieur. C'est fait avec du jambon, du fromage et du pain. Super!

Et moi, j'adore les glaces!

Les Français vont au café pour boire ou pour manger, mais aussi pour rencontrer des amis et pour regarder les gens qui passent. Enfin, on va au café pour s'amuser.

Mais ce n'est pas toujours amusant!

L'addition, monsieur.

Stratégies

Recognising word families

You can often find the meaning of a noun because of similarities to a verb (and the other way round), e.g.

boire *(to drink)* – **une boisson** *(a drink)*

choisir *(to choose)* – **un choix** *(choice)*

What nouns or verbs might go with these?

cuire *(to cook)*, **l'ouverture** *(opening)*, **la rencontre** *(meeting)*, **un jeu** *(game)*

Dossier-langue   Grammaire 12.5

boire (to drink)

The verb **boire** *(to drink)* is irregular. Use the text about cafés in France to complete the present tense.

singular	plural
1 je ___	nous ___
2 tu bois	vous ___
3 il/elle/on ___	ils/elles boivent

2 Au café

Complète les phrases.

Exemple: 1 Les cafés sont ouverts toute la journée.

1 Les cafés sont ouverts ___ ___ ___ .
2 On peut prendre des boissons froides, comme l'___ et les ___ ___ ___ .
3 On sert des ___ ___ , comme le café et le thé.
4 Pour faire une menthe à l'eau, on prend du ___ de menthe et de ___ .
5 La limonade est une boisson ___ et ___ .
6 Un citron pressé est fait avec du citron, du ___ et de ___ .
7 Un croque-monsieur est fait avec du ___ , du ___ et du ___ .

3 Qu'est-ce qu'on prend?

🔊 Au café, des clients commandent des boissons. Écris 1–10, écoute bien et écris le numéro de l'image qui correspond.

Exemple: 1 photo 9 (un café crème)

4 Les boissons

a Complète la conversation avec la bonne forme du verbe **boire**.

Exemple: 1 boire

– Qu'est-ce que tu aimes (**1**) ___ ?
– J'aime les jus de fruit, je (**2**) ___ beaucoup de jus d'orange. Et toi, qu'est-ce que tu (**3**) ___ normalement?
– Alors, moi, je (**4**) ___ souvent du coca, mais à la maison, nous (**5**) ___ surtout de l'eau minérale.
– Ah bon, qu'est-ce que vous (**6**) ___ comme eau minérale, gazeuse ou non gazeuse?
– On (**7**) ___ les deux, mais moi, je préfère l'eau gazeuse. C'est plus rafraîchissant.

b À deux, changez les détails pour inventer une conversation différente. Parlez de vos préférences et donnez votre opinion.

soixante-treize   **73**

5B Vous désirez?

- learn how to buy drinks, snacks and ice creams in a café
- learn more about the perfect tense of regular verbs

1 On va au café?

Ces jeunes vont fêter l'anniversaire de Paul.

Salut, Paul. Bon anniversaire! C'est bien aujourd'hui, non?

Bien sûr. Merci, Jean-Pierre. Tu viens au café?

Et vous aussi, Marc et Élise? On va au café de la Poste. J'ai déjà invité Tiffaine et son amie Claire. On y va?

a Les copains arrivent au café. Qu'est-ce qu'ils ont commandé? Écoute la conversation et trouve les paires.

Exemple: **1C**

1 Claire
2 Élise
3 Tiffaine
4 Jean-Pierre
5 Paul
6 Marc

b Écris des phrases complètes.

Exemple: **1 Claire a commandé/choisi/demandé un jus d'orange.**

2 Qu'est-ce que vous prenez?

À deux: la personne A commande pour cinq personnes, la personne B (le serveur ou la serveuse) répète les commandes. Puis changez de rôle.

Exemple:
A Pour Danielle, un citron pressé, s'il vous plaît.
B Alors, un citron pressé.

Pour (nom),	un thé au lait,	
Pour ma mère,	un Orangina,	
Pour mon père,	un citron pressé,	
Pour madame/monsieur,	un coca/une bière,	s'il vous plaît.
	un verre de lait,	
Pour moi,	un chocolat chaud,	
(Nom) prend	un café crème,	

3 Tu veux une glace?

À deux, lisez la conversation, puis changez les détails.

– Pfff! Il fait chaud. Tu veux une glace?
– Oui, je veux bien.
– Une, deux ou trois boules?
– Une boule, s'il te plaît.
– Quel parfum?
– Je voudrais une glace … à la fraise. Non, au citron. Non, non, à l'orange.
– Voilà! Une glace à l'orange pour toi. Et pour moi, deux boules, au chocolat et à la vanille.
– Oh, moi aussi, deux boules mais je préfère le chocolat.

Achetez une glace!
Une glace …

au café
au cassis
au chocolat
au citron
au melon

à la banane
à la cerise
à la fraise
à la framboise
à la noisette
à la pistache
à la vanille

à l'ananas
à l'orange
à l'abricot

aux fruits de la forêt
aux pépites de chocolat

Nos parfums au choix! 1, 2 ou 3 boules!

Stratégies

Working out meaning

Not sure what a certain flavour is? Use some of the strategies you have learnt:

- Look for cognates – if it is similar to an English word, use your common sense to guess.
- In the shop, the colour might give you a clue.
- Ask! *C'est quoi, le cassis?*
- Look it up in a dictionary.

Discuss other strategies you could use.

5 Bon appétit!

Dossier-langue — Grammaire 10.6

The perfect tense – a reminder

On page 74 you used expressions like:

Ils **ont commandé** des boissons.
Elle **a demandé** un jus d'orange.
Il **a choisi** une limonade.

All the highlighted verbs are in the perfect tense (or *passé composé*) because …

- they refer to completed actions in the past.
- they are made up of two verbs:
  – the auxiliary verb, e.g. part of **avoir**
  – and the past participle, e.g. **commandé**, **choisi**, **vendu**.

Phonétique

Words ending in '-d', '-p', '-s', '-t'

The letters 'd', 'p', 's' and 't' at the end of a French word are not normally pronounced.

chau**d**, beaucou**p**, ju**s**, lai**t**

Exceptions:

anana**s**, cassi**s**, tro**p** aimable, plu**s** amusants

Why do you think the ending on *trop* and *plus* is sounded in these examples?

4 Vous êtes au café

a   À deux, lisez la conversation.

b   Inventez des conversations différentes. Changez de rôle.

c   Enregistrez vos conversations.

d   Tu as mangé au café avec des amis. Écris un blog.

Exemple:

L'autre jour nous avons mangé au nouveau café en ville. Moi, j'ai pris …
(*Nom*) a choisi … et (*nom*) a commandé …
Comme sandwichs, on a choisi …

Serveur: Vous désirez?
Client(e): Un Orangina, s'il vous plaît.
Serveur: Un Orangina. Bien. C'est tout?
Client(e): Et un sandwich, s'il vous plaît. Qu'est-ce que vous avez comme sandwichs?
Serveur: Pâté, fromage ou jambon.
Client(e): Alors un sandwich au pâté, s'il vous plaît.
Serveur: Un sandwich au pâté.
Client(e): Et où sont les toilettes, s'il vous plaît?
Serveur: C'est là-bas.
Client(e): Merci, monsieur.
…
Client(e): Monsieur! L'addition, s'il vous plaît.
Serveur: Voici l'addition.
Client(e): Merci, monsieur, voilà!

Où sont les toilettes?
Où est le code pour le wifi gratuit?

un Orangina
un chocolat chaud
un café crème
un thé au citron
un verre de lait
un jus de fruit
une menthe à l'eau

un sandwich au pâté/au fromage/au jambon
un croque-monsieur   un hot-dog
une glace à la vanille/au café/…
une crêpe

soixante-quinze

5C Ça m'intéresse

- describe food and recent meals
- use the perfect tense of some irregular verbs

Racontez-nous!
Des repas intéressants

Un grand merci! Nous avons reçu beaucoup de messages. Vous avez écrit la description d'une grande variété de repas. Nous avons lu tous vos messages et en voici une petite sélection.

Une spécialité régionale
Pendant mes vacances à Carcassonne, en France, la mère de mon correspondant a fait du cassoulet. On m'a dit que c'est la spécialité de la région. Dans une grande cocotte, elle a mis des haricots blancs, des saucisses, du porc et du canard avec des légumes. Avec ça, on a bu du vin rouge de la région. C'était délicieux! Mais nous avons dormi tout l'après-midi!
Charles, Québec

Un repas européen
À la maison des jeunes, on a organisé un repas européen qui a été un événement très réussi. On a eu des plats allemands, comme la choucroute ("Sauerkraut" en allemand), et italiens, comme les spaghettis, et j'ai découvert un plat anglais qui s'appelle le "Yorkshire pudding". Comme dessert, moi, j'ai pris un plat belge, un gâteau au chocolat – miam-miam – j'adore le chocolat!
Élise, Lyon

Un déjeuner au collège
Quand j'étais en France chez mon correspondant, nous avons pris un repas dans la cantine de son collège. J'ai été un peu surpris. D'abord, on a mangé une salade de tomates, ensuite du poisson avec des frites, puis des haricots verts – servis tout seuls! Après, on a pu choisir un yaourt, du fromage ou un fruit. J'ai vu le menu pour la semaine et on mange comme ça presque tous les jours! Trois ou quatre plats par repas, pas mal, non?
Richard, Manchester, Angleterre

1 Des repas intéressants

c'était   it was

a Vrai ou faux?

1. Charles habite à Carcassonne.
2. Dans le cassoulet, il y a des haricots blancs.
3. Élise a découvert une nouvelle spécialité anglaise.
4. Elle n'aime pas le chocolat belge.
5. Richard a mangé au collège en France.
6. Le menu est comme le menu à son collège anglais.

b Trouve l'équivalent en français.

1. a large casserole dish
2. some duck
3. all afternoon
4. a very successful event
5. as a dessert
6. a Belgian dish
7. when I was in France
8. first of all
9. almost every day

Dossier-langue | Grammaire 12.5

The perfect tense – irregular verbs

The perfect tense has two parts: an auxiliary verb and a past participle.
Regular past participles are formed like this:

infinitive ends in …	past participle ends in …
-er (jouer)	-é (joué)
-ir (finir)	-i (fini)
-re (vendre)	-u (vendu)

Some verbs have irregular past participles. Find the past participles to complete the list.

1. avoir (to have)   j'ai eu
2. boire (to drink)   j'ai ___
3. lire (to read)   j'ai ___
4. pouvoir (to be able) j'ai ___
5. voir (to see)   j'ai ___
6. dire (to say)   j'ai ___
7. écrire (to write)   j'ai ___
8. mettre (to put)   j'ai ___
9. prendre (to take)   j'ai ___
10. être (to be)   j'ai ___
11. faire (to do, make) j'ai ___
12. découvrir (to discover) j'ai ___

Stratégies

Memorising irregular verbs

When you have made a list of the irregular past participles, try to find patterns and rhymes to help remember them, e.g.

J'ai vu un zébu.

Tu as pris du riz.

Elle a dit 'Ça suffit!'

Now try to apply the patterns to the irregular verbs in task 2. You can check your answers in *Les verbes* (*Grammaire* 12.5).

5 Bon appétit!

2 D'autres verbes utiles

a Trouve les participes passés.

Exemple: 1 j'ai appris

1 apprendre (*to learn*) j'ai …
2 comprendre (*to understand*) j'ai …
3 offrir (*to offer, give*) j'ai …
4 ouvrir (*to open*) j'ai …
5 recevoir (*to receive*) j'ai …
6 vouloir (*to want, wish*) j'ai …

b Écris deux phrases avec ces verbes.

Exemples:

J'ai appris ce verbe.

Nous avons ouvert notre cadeau.

c Invente des phrases avec tous les verbes. Traduis les phrases en anglais.

3 Le sandwich surprise

a Voici une sélection de sandwichs surprises. Lis les détails. Quel sandwich préfères-tu?

b Écoute les résultats pour savoir qui a gagné!

C'est la saison des piqueniques. Inventez un sandwich surprise! Envoyez vos idées et une photo, si possible, à www.sandwichsurprise.fr avant la fin du mois. Le lundi de Pâques, écoutez bien les résultats. À gagner: 100 lecteurs MP3 avec vos chansons préférées!

Voici des idées intéressantes!

Voici mon sandwich surprise

Mettez une tranche de jambon, puis une tranche de fromage, puis un morceau d'oignon, du sel et du poivre: voilà, c'est délicieux!

Claudette, Paris

Un sandwich surprise un peu spécial

D'abord, mettez du beurre et de la confiture d'oranges sur votre pain. Puis ajoutez des sardines et des chips. C'est un peu spécial, mais c'est délicieux! J'ai mangé un de ces sandwichs moi-même, mais mon chien en a mangé trois!

Jean-Pierre, Dieppe

Le sandwich surprise idéal!

Voilà mon idée: j'ai coupé en petits morceaux deux ou trois radis et des champignons. Ensuite, j'ai ajouté du pâté, puis du sel et du poivre et j'ai mélangé ça avec de la mayonnaise. C'était excellent! Mon père en a mangé trois!

Paul, La Rochelle

Le sandwich surprise salade de fruits

Ne mettez pas de beurre sur votre pain, mais mettez un peu de crème fraîche. Ajoutez trois tranches de banane, une tranche de melon, une tranche de poire ou de pomme, puis deux ou trois fraises. Ajoutez un peu de sucre et voilà! Ma mère adore ce sandwich, et mes amis aussi.

Gisèle, Nice

ajouter	to add
couper	to cut
mettre	to put
mélanger	to mix

4 Mon sandwich surprise

Invente un sandwich surprise.

a Fais une liste d'au moins cinq ingrédients.

Exemple:

une baguette, du/de la/des …

100 grammes de …

b Décris comment tu as fait ton sandwich. Fais un dessin (ou une photo!) si tu veux.

Exemple:

J'ai coupé une baguette en deux, puis j'ai mis/ajouté/mélangé/pris/ouvert/…

c Invente un repas surprise et décris ton repas.

soixante-dix-sept 77

5D Empoisonné?

- understand a short story
- understand and answer questions in the past

1 Les sandwichs de M. Corot

a Écoute et regarde les images.

b Mets les textes dans l'ordre.

Exemple: 1F

c Écoute et vérifie.

A M. Corot a téléphoné à son médecin, qui a envoyé M. Corot directement à l'hôpital. À l'hôpital, ils ont décidé, par précaution, de garder M. Corot pour la nuit.

B À midi et demi, Mme Corot a décidé de rentrer à la maison. À son retour, elle a appelé le chat: «Minou, voilà ton lait. Viens, Minou!» Elle a cherché le chat partout.

C Finalement, elle a trouvé Minou dans le garage. Le pauvre chat était très malade. Mme Corot a dit: «Minou, est-ce que tu as mangé quelque chose de mauvais?»

«Mon Dieu!» a pensé Mme Corot. «Les sardines …? Les sardines ont empoisonné le chat!»

D Mardi matin à 8h15, les Corot ont quitté la maison. Mme Corot a emmené son mari à la gare en voiture, puis elle a continué son trajet jusqu'à son bureau.

E Le matin, pendant leur absence, l'épicier a apporté des provisions chez les Corot: des boîtes, des paquets, des bouteilles. Il a mis les provisions dans le garage.

F Lundi soir, M. et Mme Corot ont préparé des sandwichs pour mardi. M. Corot a fait des sandwichs aux sardines et il a donné deux ou trois sardines au chat. Minou a tout de suite mangé les sardines.

G Mme Corot a tout de suite téléphoné à son mari.

«Chéri, ne mange pas tes sandwichs. Minou a mangé des sardines hier soir, et maintenant, il est très malade.»

«Mais … j'ai déjà mangé mes sardines. Qu'est-ce que je vais faire?»

«Téléphone immédiatement au médecin.»

H À ce moment-là, l'épicier a frappé à la porte.

«Bonjour, madame. Comment va votre chat aujourd'hui?»

«Il va beaucoup mieux, merci. Mais …»

«Je suis désolé, madame, mais hier matin, par erreur, j'ai laissé tomber une bouteille de limonade et la bouteille a heurté très fort votre chat à la tête.»

I M. Corot a passé la nuit à l'hôpital. Il a bien dormi. Mercredi matin, Mme Corot a téléphoné à l'hôpital. Ils ont dit que M. Corot allait très bien, alors il a pu quitter l'hôpital.

heurter   *to hit, to crash into*

78 soixante-dix-huit

5 Bon appétit!

2 Un résumé de l'histoire

Complète le résumé avec les mots de la case.

Exemple: 1 préparé

Lundi soir, M. Corot a (**1**)__ des sandwichs aux sardines. Le chat a (**2**)__ des sardines. Mardi à 8h15, les Corot ont (**3**)__ la maison. Pendant leur absence, l'épicier a (**4**)__ des provisions à la maison. À son retour, Mme Corot a (**5**)__ le chat dans le garage. Il était malade. Elle a (**6**)__ à son mari. Il a dit qu'il avait déjà (**7**)__ ses sandwichs aux sardines. M. Corot a (**8**)__ la nuit à l'hôpital. Mercredi matin, l'épicier a (**9**)__ à la porte. Il a tout (**10**)__ .

> apporté   expliqué   frappé   mangé   passé
> préparé   mangé   quitté   téléphoné   vu

Dossier-langue — Grammaire 7.2

Asking questions in the perfect tense

To ask a question in the perfect tense you can …

- add **Est-ce que** to the beginning of the sentence

  Est-ce que tu as déjeuné à la cantine hier?

- add a different question word

  (what?) **Qu'est-ce que tu as fait hier soir?**

  (where?) **Où est-ce qu'elle a trouvé le chat?**

  (who?) **Qui a mangé des sandwichs?**

- make the sentence sound like a question by changing the tone of your voice

  Tu as été malade?   **Vous avez fini?**

3 Quelle est la bonne réponse?

Choisis la bonne réponse aux questions.

Exemple: 1a

1 Quand est-ce que les Corot ont préparé les sandwichs?
   a Lundi soir.
   b Mardi à midi.
   c Mardi soir, après le dîner.

2 Qu'est-ce que M. Corot a fait?
   a Des sandwichs au saucisson.
   b Des sandwichs aux sardines.
   c Des sandwichs au jambon.

3 Qui a mangé des sardines lundi soir?
   a M. et Mme Corot.
   b Le chat.
   c M. Corot.

4 Où est-ce que Mme Corot a trouvé le chat?
   a Dans le jardin.
   b Dans la rue.
   c Dans le garage.

5 Pourquoi est-ce que M. Corot a passé la nuit à l'hôpital?
   a Il a été malade au bureau.
   b Il a mangé des sardines.
   c Sa femme a téléphoné au médecin.

6 Qui a expliqué à Mme Corot pourquoi le chat a été malade?
   a M. Corot.
   b Le médecin.
   c L'épicier.

4 Au bureau de M. Corot

🔊 Mercredi au bureau, on a posé beaucoup de questions à M. Corot. Écoute les questions et choisis la bonne réponse (**a** ou **b**).

Exemple: 1b

1 a Oui, j'ai déjeuné à la cantine.
   b Non, j'ai mangé mes sandwichs aux sardines.

2 a Je suis allé chez le médecin.
   b J'ai préparé des sandwichs.

3 a J'ai passé la nuit chez moi.
   b J'ai passé la nuit à l'hôpital.

4 a Non, en effet, je n'ai pas été malade.
   b Oui, j'ai été très malade.

5 a Oui, j'ai très bien dormi.
   b Non, je n'ai pas bien dormi.

6 a Oui, le chat a mangé de mauvaises sardines.
   b Non, le chat n'a pas mangé de mauvaises sardines.

5 Quelle est la question?

a Écris ces questions (1–6) correctement.

Exemple: 1 Est-ce que tu as déjeuné au collège aujourd'hui?

b À deux, posez des questions et répondez.

c Écris tes réponses.

d Écris encore quatre questions différentes au passé composé avec des réponses.

1 tu as aujourd'hui au collège déjeuné Est-ce que ?

2 mangé tu as ce matin Qu'est-ce que ?

3 Qu'est-ce que bu tu as ?

4 vous avez vos vacances est-ce que Où cet été passé ?

5 Est-ce qu'il beau pendant vos vacances a fait ?

6 tous vos devoirs Vous avez hier soir fait ?

soixante-dix-neuf 79

5E On n'a pas fait grand-chose

- say what did and didn't happen
- recognise positive and negative statements

1 Un désastre pour Emmanuel

a Écoute la conversation et lis le texte.

– Allô, c'est toi, Caroline?
– Oui, oui, c'est moi. Mais qu'est-ce qu'il y a, Emmanuel?
– C'est mes devoirs d'informatique, tu sais, les résultats de mon sondage sur les cafés en France – c'est un vrai désastre!
– Mais pourquoi? Tu as trouvé les devoirs trop difficiles?
– Non, non. Ils étaient faciles, les devoirs!
– Alors, ton ordinateur n'a pas marché? C'est ça, le désastre?
– Non, non, ce n'est pas ça. Mon ordinateur a bien marché.
– Alors, c'est la clé USB? Tu as perdu la clé USB avec les devoirs dessus?
– Non, non, je te dis, je n'ai pas perdu la clé USB. J'ai mis la clé USB dans la machine, l'ordinateur a bien marché, j'ai fait les devoirs sans problème. Zut, zut, zut!
– Mais tu n'as pas sauvegardé ton travail – c'est ça?
– Si, si, je l'ai sauvegardé. J'étais sur le point de l'imprimer et …
– Ah oui, j'ai deviné! C'est l'imprimante qui n'a pas marché. Tu as tapé les résultats de ton sondage, mais tu n'as pas réussi à les imprimer! Mais apporte-moi ta clé USB, je peux imprimer ton travail ici.
– Non, non, Caroline, ce n'est pas ça. Tu n'as pas compris. Écoute un instant et ne me pose plus de questions!!! … (silence) … Caroline, tu es là?
– Bien sûr, je suis là, mais tu m'as dit d'écouter, alors j'écoute!
– Bon. Alors voilà l'histoire. J'ai fait le travail, je l'ai sauvegardé, mais je ne l'ai pas transféré sur la clé USB. J'étais juste sur le point de l'imprimer lorsque César, mon chat, a sauté sur l'ordinateur, et il a effacé tout mon travail. Tout a disparu et maintenant, l'ordinateur ne marche plus.
– Ça alors, Emmanuel! Ça, c'est un vrai désastre!

b Trouve l'équivalent en français.

1 my computer worked well
2 the memory stick
3 I saved it
4 the printer
5 to print
6 he deleted all my work

2 C'est un vrai désastre!

Complète l'histoire avec **a** ou **n'a pas**.

Exemple: 1 Emmanuel <u>n'a pas</u> trouvé les devoirs trop difficiles.

1 Emmanuel ___ trouvé les devoirs trop difficiles.
2 Il ___ perdu la clé USB.
3 Il ___ mis la clé USB dans la machine.
4 L'ordinateur ___ bien marché.
5 Il ___ sauvegardé son travail.
6 L'imprimante ___ bien marché.
7 Emmanuel ___ transféré son travail sur la clé USB.
8 Emmanuel ___ réussi à imprimer son travail.
9 Le chat ___ sauté sur l'ordinateur.
10 César ___ effacé le travail d'Emmanuel.
11 Emmanuel ___ raconté son histoire très calmement.
12 Caroline ___ posé beaucoup de questions.

Dossier-langue   Grammaire 6.1

The perfect tense in the negative

To make a sentence negative, you use **ne (n')** … **pas** around the verb.

Look at the conversation (task 1) and complete the sentences below.

Je n'___ ___ perdu la clé USB.
I have not lost the memory stick.

Tu ___ ___ pas sauvegardé ton travail.
You didn't save your work.

Tu ___ as ___ compris.
You haven't understood.

Work out the rule for where **ne (n')** and **pas** go in the perfect tense.

Phonétique

Nasal sounds

You have learnt how to pronounce nasal sounds (through the nose). Practise saying these words correctly.

an/am/en/em – m**an**gé, **em**p**oi**sonné
in/im – médec**in**, **im**portant
on/om – mais**on**, t**om**ber
un/um – l**un**di

Remember, the sounds are **not** nasal if there is a double 'n/m' or if 'n/m' is followed by a vowel.

Practise saying these words.

e**mm**ené, d**em**i, cont**in**ué, i**mm**édiatement, **em**poiso**nn**é, **un**e

How many other words can you find where the sounds are not nasal?

80 quatre-vingts

5 Bon appétit!

3 Des excuses

Où sont tes devoirs? Invente des excuses!

Exemple: Je n'ai pas fini mes devoirs parce que mon chien a mangé mon cartable.

4 Oui ou non?

🔊 Écoute les conversations (1–7). Si on répond à la forme négative, écris **Non**.

Stratégies

Listening for detail

Listen very carefully to texts because the small words **ne** and **pas** can change the meaning completely. The tone of voice people use can also be helpful.

Exemple:

1 – Tu as lu *ce journal*?
   – Je n'ai pas lu *ce journal*.
      Je ne l'aime pas beaucoup.

Tu écris: **1 Non**

5 Hier

Voici Élise et Marc. Qu'est-ce qu'ils n'ont pas fait hier? Complète les phrases à la forme négative.

Exemple: 1 Ils **n'ont pas** pris le petit déjeuner à sept heures du matin.

1 Ils ___ pris le petit déjeuner à sept heures du matin.
2 Ils ___ beaucoup travaillé.
3 Ils ___ déjeuné à la cantine.
4 Élise ___ lu son livre de maths, elle a lu un magazine.
5 Marc ___ fait ses devoirs d'informatique, mais il a essayé son nouveau jeu vidéo.
6 Élise ___ préparé ses affaires pour demain.
7 Marc ___ mis ses crayons et ses livres dans son sac.

Leur grand-mère entre.

Mais les enfants, vous 8 ___ fait grand-chose!

C'est vrai, Mamie, nous 9 ___ fait grand-chose!

Ne t'inquiète pas, Mamie! Hier, nous 10 ___ fait grand-chose parce que c'était le premier jour des vacances!

6 À discuter

💬 **a** À deux, posez des questions et répondez.

Exemple:

A Est-ce que tu as visité la Chine?
B Non, je n'ai pas visité la Chine. Et toi? Est-ce que tu as …

- Est-ce que tu as visité la Chine/l'Antarctique/le Taj Mahal/l'Australie/l'Afrique du Nord?
- Est-ce que tu as appris l'esperanto/le chinois/le grec/l'arabe à l'école?
- Est-ce que ta famille a déjà gagné à la loterie?
- Est-ce que tu as fini tes devoirs en avance cette semaine?
- Est-ce que tu as fait toutes les courses pour la famille cette semaine?
- Est-ce que tu as préparé le déjeuner dimanche dernier?

b Choisis cinq questions et écris tes réponses.

➕ **c** Invente cinq questions différentes et écris tes réponses.

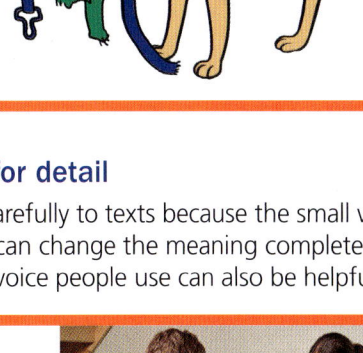

quatre-vingt-un 81

5F Des menus

- discuss menus
- express likes and dislikes
- order a restaurant meal

Les idées de menus

Hors-d'œuvre
du melon
des crevettes
de la salade de tomates
du pâté
du potage

Légumes
des frites
des carottes
des haricots verts
des petits pois
des champignons
du chou-fleur

Desserts
des îles flottantes
des glaces
de la tarte aux pommes
un gâteau
une mousse au chocolat
de la crème caramel

Plats
du steak
du poulet
une omelette
une pizza
du saumon

Salades
de la salade verte
de la salade mixte

Boissons
de la limonade
du jus de fruit
du coca
de l'Orangina
de l'eau minérale

1 Les menus au choix

a À deux, regardez les idées de menus. Posez des questions et répondez.

Exemples:
A Est-ce que tu aimes le pâté?
B Oui, j'aime ça. Tu aimes le melon?
A Non, je n'aime pas beaucoup ça.

b Note les réponses et invente un menu pour ton/ta partenaire.

c Invente un menu pour une personne de la liste:
- un(e) végétarien(ne)
- un(e) enfant de 5/6 ans
- un(e) ami(e) qui est allergique au poisson
- une personne de ton choix!

☺ J'adore   J'aime (beaucoup)   Je n'aime pas (beaucoup)   Je déteste ☹

- Use *le, la, l'* and *les* when expressing your **likes** and **dislikes**.
  *J'aime **le** melon, mais je déteste **les** fraises.*
  *Je voudrais / Je veux / Je prends + **du**, **de la**, **de l'**, **des** (some)*
  *Je voudrais **de la** salade et puis **du** poulet.*
- Use **de** in the negative.
  *Je ne veux pas / Je ne voudrais pas / Je ne mange pas / Je ne bois pas + **de** (not any)*
  *Je ne mange **pas de** poisson et je ne veux **pas de** frites.*

82 quatre-vingt-deux

5 Bon appétit!

Le Perroquet Vert

Menu à 30€

Les hors-d'œuvre
Radis au beurre
Melon
Assiette de charcuterie
Pâté maison
Salade de tomates
Cocktail de crevettes

Les plats
Poulet rôti
Steak garni
Filet de poisson au beurre blanc
Omelette au fromage

Plat du jour
Cassoulet

Les légumes
Pommes frites
Chou-fleur
Haricots verts
Carottes
Petits pois

Les desserts
Pêche Melba
Mousse au chocolat
Crème caramel
Gâteau au chocolat (maison)
Fruits de saison
Tarte aux pommes

Prix nets
Boisson en supplément

Stratégies

Translating into English (1)

Menus often contain unfamiliar vocabulary. Try to work out the meaning of the phrases below (1–8).

- Use cognates and common sense.
- See if you know any of the words from another context.
- Think of synonyms of the English translation, e.g. plate of the day → dish of the day.
- Is there a similar expression in English?
- If you take off the circumflex and add an 's' after the vowel, it can often help you translate.
- If you're still stuck, use the glossary or a dictionary, but think about which word you're going to look up.

1 *assiette de charcuterie*   5 *garni*
2 *pâté maison*   6 *fruits de saison*
3 *en supplément*   7 *plat du jour*
4 *prix nets*   8 *rôti*

2 Mme Dubois a commandé …

🔊 Mme Dubois a dîné au restaurant *Le Perroquet Vert*. Qu'est-ce qu'elle a choisi? Écoute, regarde le menu et complète la liste.

Exemple: 1 *du pâté*

1 Pour commencer, elle a choisi …
2 Comme plat principal, …
3 Comme légumes, …
4 Comme dessert, …
5 Comme boisson, …

3 Vous avez choisi?

🔊 **a** Regarde le menu, écoute et complète la conversation.

Exemple: 1 *du pâté*

Serveur: Vous avez choisi?
Cliente: Oui. Pour commencer, je voudrais (**1**)___, s'il vous plaît.
Serveur: Oui, (**1**) ___ . Et comme plat principal?
Cliente: (**2**) ___ .
Serveur: Et comme légumes?
Cliente: Comme légumes, je vais prendre (**3**) ___ .
Serveur: Alors, (**2**) ___ avec (**3**) ___ .
Plus tard …
Serveur: Vous prenez un dessert?
Cliente: Oui. Comme dessert, je voudrais (**4**) ___ , s'il vous plaît.
Plus tard …
Cliente: L'addition, s'il vous plaît.
Serveur: Voilà.
Cliente: Merci, monsieur.

ℹ️ The articles (words for 'the', 'a' and 'some') are often not printed on a menu, but you need to say them when ordering. They are often not said in English, but they are in French.

*Je voudrais **du** melon et **une** omelette au fromage et, comme boisson, **de l'**eau minérale.*

b À deux, inventez d'autres conversations au restaurant.

c Tu es un(e) client(e) très difficile! Invente une conversation au restaurant.

Exemples:

Ah non, je regrette, mais je suis allergique au/à la …

Absolument pas, j'ai horreur de ça.

Vous avez quelque chose d'autre?

Je ne prends pas d'hors-d'œuvre/ de plat principal/…

quatre-vingt-trois 83

5G C'est extra!

- find out more about cafés and menus
- sing a song in French

1 Chantez! Que désirez-vous?

a   Lis la chanson, puis copie la grille et complète les commandes.

b   Écoute et vérifie – et chante!

c   Tout le monde va manger quelque chose – ils ont enfin décidé! Qu'est-ce qu'ils ont choisi? Écris la suite de la chanson.

personne	à boire	à manger
le frère	une menthe à l'eau	
moi		
Paul		
Marc		
Anne		
Claire		

1 Bien, messieurs, mesdemoiselles,
Que désirez-vous?
Mon frère va prendre une ▬,
Et pour moi un ▬.
Mais monsieur, je suis désolée,
Paul et Marc et Anne et Claire
N'ont pas encore décidé.

2 Bien, messieurs, mesdemoiselles,
Que désirez-vous?
Paul désire un verre de ▬,
Mon frère va prendre une ▬,
Et pour moi un ▬.
Mais monsieur, je suis désolée,
• • Marc et Anne et Claire
N'ont pas encore décidé.

3 Bien, messieurs, mesdemoiselles,
Que désirez-vous?
Marc voudrait un ▬,
Paul désire un verre de ▬,
Mon frère va prendre une ▬,
Et pour moi un ▬.
Mais monsieur, je suis désolée,
• • • • Anne et Claire
N'ont pas encore décidé.

4 Bien, messieurs, mesdemoiselles,
Que désirez-vous?
Anne prend un ▬,
Marc voudrait un ▬,
Paul désire un verre de ▬,
Mon frère va prendre une ▬,
Et pour moi un ▬.
Mais monsieur, je suis désolée,
• • • • • • Claire
N'a pas encore décidé.

5 Bien, messieurs, mesdemoiselles,
Que désirez-vous?
Claire a choisi un ▬,
Anne prend un ▬,
Marc voudrait un ▬,
Paul désire un verre de ▬,
Mon frère va prendre une ▬,
Et pour moi un ▬.
• • • • • • • •
Tout le monde a décidé!

6 Bien, messieurs, mesdemoiselles,
Vous mangez quelque chose?
Mon frère prend une portion de ▬,
Et pour moi une tranche de ▬.
Mais monsieur, je suis désolée …
– Ne dites rien, déjà j'ai deviné.
Paul et Marc et Anne et Claire
N'ont pas encore décidé.

2 Fais des recherches

a   Cherche la carte de quelques restaurants en France. Choisis une ville ou une région que tu voudrais visiter ou que tu connais (ta ville jumelle, par exemple).

b   Choisis un repas et écris ton choix en français et en anglais. Cherche dans un dictionnaire si nécessaire.

Stratégies

Using a dictionary (1)

A dictionary or glossary is useful to check spellings and genders as well as meanings. Here are some points to bear in mind:

- A bilingual dictionary has two parts: French–English, English–French.
- Words are listed in alphabetical order in each part.

The first word on the page.

The last word on the page.

Each word in bold is a headword – compound words or phrases are usually listed under this main word, so **tout le monde** could be listed under **tout** or **monde**.

84 quatre-vingt-quatre

Sommaire

5 Bon appétit!

Now I can …

■ **buy drinks in a café**

Qu'est-ce que tu prends?	What are you having?
Pour moi, …	For me, …
Je voudrais …	I'd like …
une bière	beer
une boisson (non) alcoolisée	(non-)alchoholic drink
une boisson (non) gazeuse	(non-)fizzy drink, soft drink
un café (crème)	(white) coffee
un cidre	cider
un chocolat chaud	hot chocolate
un citron pressé	freshly squeezed lemon juice
une menthe à l'eau	mint-flavoured drink
un Orangina	Orangina
un thé (au lait/au citron)	tea (with milk/lemon)
un verre de lait	glass of milk
Où sont les toilettes?	Where are the toilets?
Où est le code pour le wifi gratuit?	Where's the code for the free Wi-Fi?
L'addition, s'il vous plaît.	The bill, please.

■ **buy snacks**

Qu'est-ce que vous avez comme sandwichs?	What kind of sandwiches do you have?
un sandwich au jambon/au pâté	ham/pâté sandwich
un sandwich au fromage/au saucisson	cheese/salami sandwich
une crêpe	pancake
un croque-monsieur	toasted sandwich with cheese and ham
une portion de frites	portion of chips
un hot-dog	hot dog
une pizza	pizza

■ **buy an ice cream**

Je voudrais une glace, s'il vous plaît.	I'd like an ice cream please.
Quel parfum?	What flavour?
une glace à la fraise/au citron/…	strawberry/lemon/… ice cream (see page 74 for other flavours)

■ **express likes and dislikes**

Tu aimes le melon?	Do you like melon?
Oui, j'aime ça.	Yes, I like that.
Non, je n'aime pas beaucoup ça.	No, I don't like that much.

■ **talk about a simple menu**

comme hors-d'œuvre	for the starter
comme plat principal	for the main course
comme légumes	for vegetables
comme dessert	for sweet/dessert
comme boisson	to drink
… il y a …	… there is …

■ **… and some new items of food**

des crevettes (f pl)	prawns
du saumon	salmon
du thon	tuna

■ **order a meal in a restaurant**

Avez-vous choisi?	Have you chosen?
Pour commencer, je vais prendre …	To start with, I'll have …
Comme plat principal, je voudrais …	As a main course, I'd like …
Comme dessert, je vais prendre …	For sweet/dessert, I'll have …
une assiette de charcuterie	mixed cold meats, salami, etc.
fruits de saison	fruit in season
garni	served with 'trimmings', e.g. small salad, vegetables, etc.
le plat du jour	dish of the day
pâté/gâteau maison	homemade pâté/cake

■ **use the verb boire (see page 73)**

■ **use irregular past participles (see page 76 and Les verbes page 161)**

Ils ont écrit des messages	They wrote some messages.
J'ai été un peu surpris.	I was a little surprised.

■ **ask about what has happened (see page 79)**

Qu'est-ce que tu as fait hier?	What did you do yesterday?
Où as-tu mangé hier soir?	Where did you eat last night?

■ **use n' … pas in the perfect tense**

Je n'ai pas vu le film hier.	I didn't see the film yesterday.
Nous n'avons pas mangé à la cantine.	We didn't eat in the canteen.

quatre-vingt-cinq 85

Rappel 3 Unités 4–5

Stratégies

Using a dictionary (2)

Tips for looking up a word in a dictionary or glossary:

The letters after the word help you:

n → **noun**
m → **masculine noun** (un, le)
f → **feminine noun** (une, la)
v (or vb or vtr or vi) → **verb**
a (or adj) → **adjective**

animal *mpl* **animaux**
Plurals are only shown if they are irregular.

être *vb* to be
Verbs are usually listed under the infinitive (to …).

est ▶ **être**
Sometimes the different parts of irregular verbs are shown.

Adjectives are listed under the masculine singular form (feminine or plural forms are sometimes shown in a shortened form).

jaloux, -ouse *adj*

1 On travaille

Lis les phrases et trouve les paires.

Exemple: 1B

1 Maman fait la cuisine.
2 Léa et Olivier travaillent dans le jardin.
3 Sébastien fait la vaisselle.
4 Laura range sa chambre.
5 Lucile passe l'aspirateur.
6 Amélie lave la voiture.
7 Mathilde et Max font les courses.
8 Suzanne fait une promenade avec le chien.
9 Éric et Malik sont fatigués. Ils regardent la télé.

2 En famille

a Trouve les paires.
b Traduis les réponses (a–f) en anglais.

Exemple: 1b

1 Tu as fait bon voyage?
2 Tu as bien dormi?
3 Tu as assez mangé?
4 Tu as téléphoné à tes parents?
5 Tu as acheté des cartes postales?
6 Tu as déjà visité la France?

a Non, c'est ma première visite.
b Oui, merci, j'ai fait très bon voyage.
c Oui, j'ai acheté des cartes postales ce matin.
d Oui, merci, j'ai très bien dormi.
e Oui, merci, j'ai mangé un repas délicieux.
f Oui, merci, j'ai téléphoné hier soir.

3 Une bonne soirée

Complète le message avec le participe passé des verbes.

Exemple: 1 nous avons <u>décidé</u>

Dimanche dernier, nous avons (**1** *décider*) d'aller au cinéma. Nous avons (**2** *réussir*) à réserver des places pour le film *Douze souris rouges*. J'ai (**3** *trouver*) le film très amusant, mais un peu ridicule. Le film a (**4** *finir*) à sept heures. Puis nous avons (**5** *dîner*) dans une pizzeria. J'ai (**6** *choisir*) une pizza au jambon, mais Émilie, qui n'aime pas les pizzas, a (**7** *commander*) des spaghettis. À la pizzeria, nous avons (**8** *rencontrer*) Christophe et André. On a (**9** *passer*) une très bonne soirée.

4 Un chat perdu

Choisis le bon mot.

Exemple: 1b nous avons <u>perdu</u>

Vendredi soir, nous avons (**1a** descendu **1b** perdu **1c** aboli) notre chat, Hercule. On (**2a** ont **2b** as **2c** a) cherché partout. J'ai (**3a** appelé **3b** choisi **3c** acheté) Hercule pendant une demi-heure. Ma mère a (**4a** attend **4b** entendu **4c** vendu) quelque chose, mais ce n'était pas notre chat. Mon frère et ma sœur (**5a** ont **5b** avons **5c** avez) aidé aussi. Mon frère a (**6a** préparé **6b** mangé **6c** imaginé) le chat dans l'arbre, mais c'était un oiseau. Ma sœur a (**7a** oublié **7b** trouvé **7c** lavé) une souris dans le jardin. Enfin, mes parents (**8a** ai **8b** a **8c** ont) pensé à ouvrir la porte du garage. Et voilà: nous avons (**9a** commandé **9b** dessiné **9c** trouvé) notre chat.

5 Des boissons par catégories

Regarde les pages 72–73 et trouve au moins *(at least)* deux boissons pour chaque catégorie (1–4).

Exemple: 1 *le café, …*

1 des boissons chaudes
2 des boissons froides et non alcoolisées
3 des boissons alcoolisées
4 des boissons gazeuses

6 Des repas récents

Décris des repas récents.

Hier,	j'ai mangé	une pizza/…
Au café,	j'ai bu	du coca/…
Au petit déjeuner,	j'ai pris	des céréales/…
Pour mon anniversaire,	nous avons eu	un repas délicieux

7 Questions et réponses

a Écris ces questions correctement.

Exemple: 1 Où est-ce que tu as passé tes vacances cette année?

1 passé est-ce que cette année tu as tes vacances Où ?
2 tu as des cartes postales Est-ce que écrit ?
3 des sandwichs a Qui mangé ?
4 café Qu'est-ce que bu vous avez au ?
5 vu Est-ce que hier soir le match tu as ?
6 en vacances Vous avez du beau temps eu ?

b Écris ces réponses correctement.

a mangé Nous sandwichs des avons .
b n'ai pas Non, je le match vu .
c du coca bu on a Au café, .
d J'ai en Bretagne une belle île découvert .
e toute la semaine mauvais fait Non, il a .
f beaucoup Oui, envoyé de j'ai cartes .

c Trouve les paires. **Exemple:** 1d

8 J'aime ça!

Réponds avec une des expressions de la case.

> Oui, j'aime ça. Non, je n'aime pas (beaucoup) ça.
> Oui, j'adore ça. Non, je déteste ça.

Est-ce que tu aimes …

1 le melon?
2 le chocolat?
3 les hot-dogs?
4 le déjeuner du dimanche?
5 les glaces?
6 le gâteau au chocolat?
7 l'omelette aux champignons?
8 les repas au collège?

9 La pêche Melba

a Trouve le bon texte pour chaque image.

Exemple: 1b

a Dans un verre, mettez du sirop de framboise ou de fraise.
b Prenez une pêche jaune par personne.
c Invitez des copains et mangez votre pêche Melba ensemble.
d Coupez les pêches en tranches.
e Ajoutez quelques tranches de pêches.
f Ajoutez de la glace à la vanille sur la dernière tranche de pêche et, si vous voulez, des amandes.
g Mettez des framboises et de la crème dans le verre.

b Tu as préparé la pêche Melba. Écris ce que tu as fait.

Exemple: J'ai pris une pêche jaune par personne. Puis j'ai …

unité 6 En voyage

6A Prêts à partir?
- *discuss travel plans and revise the 24-hour clock*
- *revise the verb* être *(present tense)*

1 On part bientôt

a Écoute et lis le texte.

b Complète les phrases. Pour réviser **partir** *to leave* et **prendre** *to take*, voir *Grammaire* 12.5.

Pierre
– Je pars à Paris pour le weekend avec ma sœur, Sophie, et deux amis, Martin et Émilie. Nous allons prendre le train. À Paris, je veux voir la tour Eiffel, bien sûr, et ma sœur veut faire une promenade en bateau sur la Seine.
– Vous partez quand?
– Nous partons samedi matin.

1 Pierre et Sophie vont … **2** Ils partent … **3** Ils prennent …

Lucie
Lucie part au Canada avec le club de sports. On va prendre l'avion de Paris à Montréal.
– Tu pars quand, Lucie?
– Je pars dimanche après-midi. Le voyage en avion est assez long – six heures – mais je vais prendre un bon livre pour le voyage.

4 Lucie va … **5** Elle part … **6** Elle prend …

Claire et André
– Mon frère et moi, nous partons en Angleterre avec notre collège. Nous allons à Canterbury dans le Kent. Nous allons prendre le car et le bateau. Nous allons loger chez des familles anglaises. J'espère qu'on va me comprendre.
– Vous partez quand?
– Nous partons lundi prochain, vers sept heures du matin.

7 André et Claire vont … **8** Ils partent … **9** Ils prennent …

2 C'est l'heure

a Écris l'heure en chiffres.

Exemple: 1 14h20

1 Il est quatorze heures vingt.
2 Il est vingt-et-une heures quinze.
3 Il est dix-huit heures cinquante.
4 Il est quinze heures trente-cinq.
5 Il est dix-neuf heures douze.

b Traduis en anglais.

Exemple: 1 *The train leaves at eight ten pm.*

1 Le train part à vingt heures dix.
2 Je prends l'avion à vingt-deux heures.
3 Il y a un bus à seize heures trente.
4 Nous prenons le bateau de treize heures quarante.

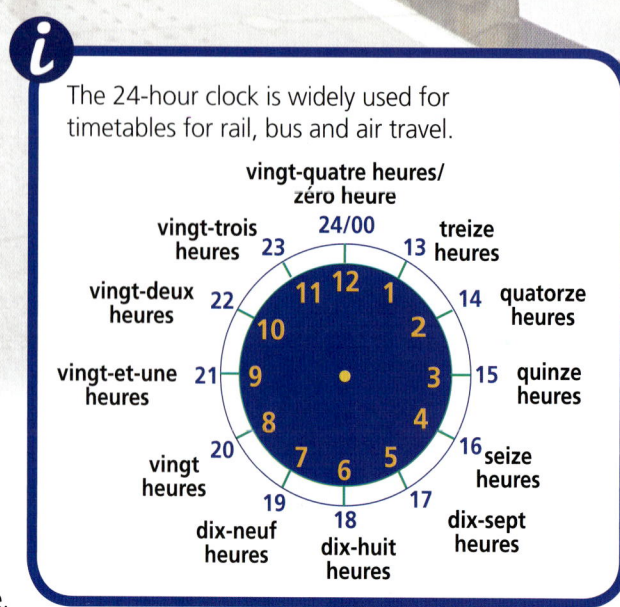

The 24-hour clock is widely used for timetables for rail, bus and air travel.

88 quatre-vingt-huit

6 En voyage

Au guichet

Le tableau des départs

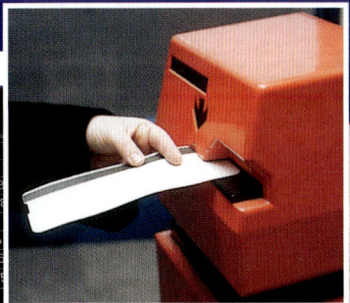

La machine à composter

3 À la gare

a Écoute et lis le texte.

Sous l'horloge

Il est neuf heures quarante-cinq. Pierre et Sophie sont à la gare. Ils attendent Martin et Émilie.

P Où sont-ils, enfin?
S Ah, voilà Émilie.
É Salut. Excusez-moi, je suis un peu en retard. Ça fait longtemps que vous êtes là?
S Non, ça va, mais Martin n'est pas encore là.
P Tiens, il arrive.
M Salut à tous. Excusez-moi, j'ai acheté un magazine au kiosque. Vous attendez depuis longtemps?
P Mais non, tu es un peu en retard, comme toujours, mais ça ne fait rien! Nous sommes tous là maintenant, alors allons acheter les billets.
É Où est le guichet?
P Il est là-bas.

b Corrige les erreurs.

1 Il n'est pas encore neuf heures.
2 Pierre et Sophie attendent devant le car.
3 Pierre arrive le dernier.
4 Martin a acheté les billets.
5 Ils cherchent le café.

c Écoute et complète le texte.

> **composter** *to validate your ticket in a special machine.* (In France it is essential to 'date-stamp' your ticket and reservation before a train journey.)

Dossier-langue — Grammaire 12.5

Revision of *être*

Copy and complete the verb **être**. (All the parts of the present tense are on this page.)

je ___   nous ___
tu ___   vous ___
il/elle/on ___   ils/elles ___

Au guichet

P (1) ___ allers-retours pour (2) ___, s'il vous plaît.
• Voilà, (3) ___ euros.
P Voilà, monsieur. Merci.
S Le prochain train pour (4) ___ part à quelle heure?
• À (5) ___ .
S Bon, merci.

d Écoute et lis.

Devant le tableau des départs

M C'est quel quai?
É Je ne sais pas. Il faut regarder le tableau.
M Voilà notre train. C'est quai numéro cinq.
P Il faut composter les billets avant de prendre le train.
S Où est la machine à composter?
P Elle est là-bas.
É C'est bien. Alors, allons sur le quai maintenant.

«Attention, attention. Le train de dix heures quinze à destination de Paris arrive en gare.»

e Comment ça se dit en français?

1 I don't know   3 over there
2 before taking   4 now

4 Nos projets

a À deux, lisez la conversation.
b Inventez d'autres conversations en changeant les détails surlignés.
c Ajoutez deux questions et réponses à la conversation.

A Tu es libre dimanche?
B Non, dimanche, je suis à Paris.
A Tu vas à Paris avec ta famille?
B Oui, enfin avec mon frère aîné.
A Quand est-ce que vous partez?
B On part vendredi matin.
A Comment voyagez-vous?
B Nous prenons le train.

quatre-vingt-neuf 89

6B On prend le train

- understand and ask for rail information
- understand *il faut* + *infinitive*

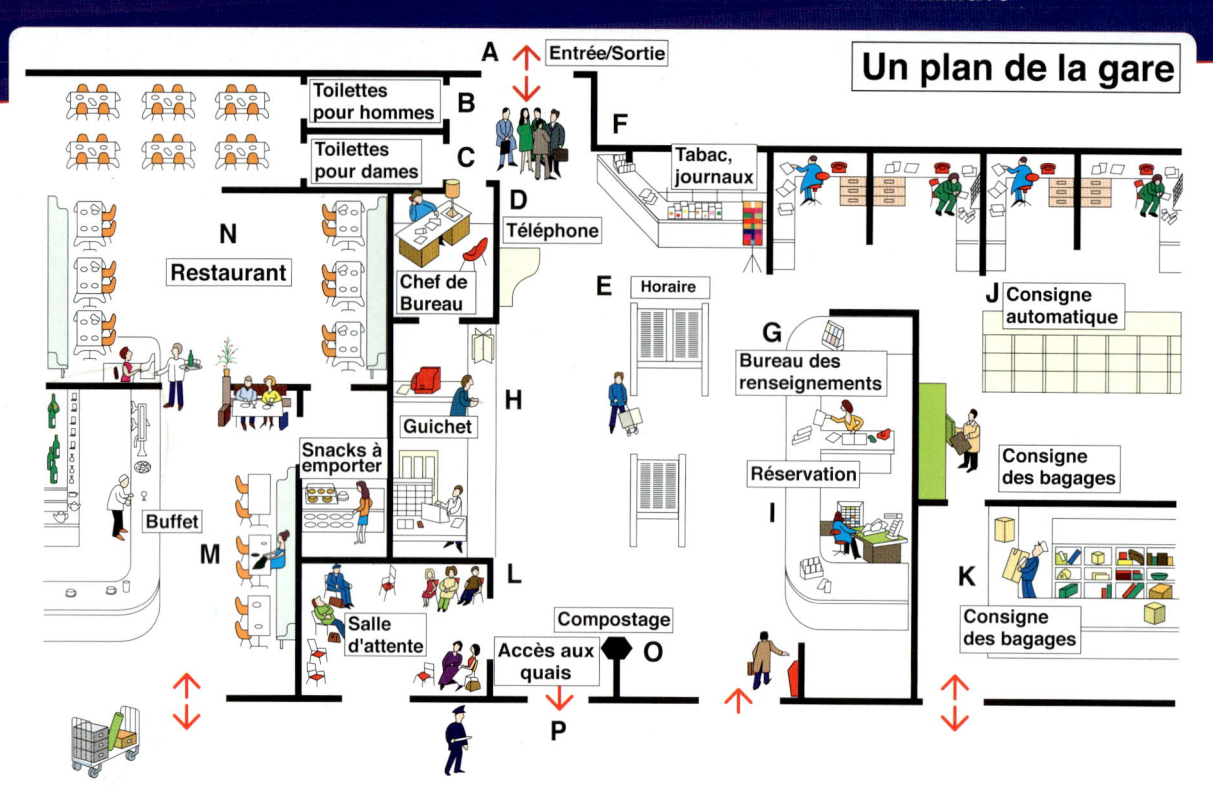

Un plan de la gare

1 Un plan de la gare

Trouve les paires. **Exemple: 1g**

1 On peut acheter des billets
2 On peut acheter des magazines
3 Pour acheter une boisson, il faut aller
4 Pour déjeuner ou dîner, on va
5 Pour laisser sa valise, il faut aller
6 On peut s'asseoir
7 Pour prendre le train, on va
8 Pour connaître les tarifs et les horaires, on va

a dans la salle d'attente.
b à la consigne.
c sur le quai.
d au buffet.
e au restaurant.
f au bureau des renseignements.
g au guichet.
h au kiosque.

2 Qu'est-ce qu'on cherche?

a Écris 1–6. Écoute et écris la bonne lettre.

Exemple: 1C

b Regarde les symboles. Qu'est-ce qu'on dit?

Exemple: A *Où est la consigne, s'il vous plaît?*

Où	est	le buffet, le bureau des renseignements, la consigne, le guichet, la salle d'attente,	s'il vous plaît?
	sont	les toilettes,	

Dossier-langue

The expression *il faut* + infinitive

Il faut is a set phrase meaning 'you have to …', 'you should' or 'it is necessary to …'.

It is usually followed by a verb in the infinitive, e.g.

Il faut aller.   *You have to go.*

It can also be used in negative sentences, e.g.

Il ne faut pas voyager sans billet.
You mustn't travel without a ticket.

Phonétique

Use what you know about pronunciation to say these words correctly.

The letter 'h' at the beginning of a word

heure   horloge   huître
horaire   haut

The sounds 'ch' and 'th'

chocolat   théâtre   championnat
thé   sympathique

6 En voyage

3 Suivez le panneau

Trouve les paires.

Exemple: 1B

1 Il veut acheter un billet.
2 Elle veut vérifier l'heure de départ de son train.
3 Il veut attendre quelque part. Son train a du retard.
4 Avant d'aller sur le quai, il faut composter son billet.
5 Elles veulent aller sur le quai et monter dans le train.
6 On va quitter la gare, alors il faut chercher la sortie.

4 Des conversations

a Écris 1–5. Écoute et note l'heure de départ et le quai.

Exemple: 1 14h50, quai 3

b Écris 1–5. Écoute les voyageurs. Quel est le bon billet pour chaque voyageur?

Exemple: 1D

A La Rochelle aller-retour 2ème classe – 80€
B Grenoble aller simple 1ère classe – 75€
C Avignon aller-retour 2ème classe – 115€
D Tours aller simple 2ème classe – 25€
E Bordeaux aller simple 2ème classe – 50€

5 Au contraire

Trouve les contraires.

Exemple: 1c

1 bonjour   a en retard
2 occupé   b le départ
3 la sortie   c au revoir
4 l'arrivée   d l'entrée
5 à l'heure   e libre
6 un aller simple   f un aller-retour

6 Dans le train

Écoute et lis. Choisis **a** ou **b** pour compléter la conversation.

S Il y a du monde, hein?
M Oui, il y a du monde et nous n'avons pas réservé de places.
S Voilà. Il y a des places ici, mais il n'y a pas quatre places ensemble.
P Excusez-moi, (**1a** madame **1b** monsieur), cette place est occupée?
• (**2a** Oui, elle est occupée **2b** Non, c'est libre).
É Bon, nous pouvons nous mettre là. Tu préfères la fenêtre ou le couloir?
P (**3a** La fenêtre **3b** Le couloir).
É D'accord. Il y a de la place pour (**4a** nos bagages **4b** nos valises) là-bas.
M Moi, je vais lire (**5a** mon livre **5b** mon magazine).
S Et moi, je vais (**6a** écouter mon iPod **6b** écrire un texto).

7 Inventez des conversations

a Lisez la conversation à deux.

b Inventez d'autres conversations.

– Un aller simple pour Paris, deuxième classe, s'il vous plaît.
– Voilà, c'est soixante euros.
– Merci. Le train part à quelle heure?
– À dix heures vingt.
– C'est direct?
– Oui.
– Et c'est quel quai?
– Quai numéro 3.

c Inventez une conversation plus longue.

Exemple:

– Quelle heure est-il maintenant?
– On a le temps. On peut aller …?
– Il faut aller sur le quai maintenant.
– Mais dépêchez-vous – le train va bientôt partir, etc.

un aller simple
un aller-retour

8h30
9h15
11h50

Paris
Rouen
Lille
Strasbourg
La Rochelle

50€
60€
75€

1 2 3 4 5 6

quatre-vingt-onze 91

6C Il est parti

■ *learn which verbs form the perfect tense with être*

1 Max à Paris

1. Max est parti de son hôtel à neuf heures.
2. Il est allé à la tour Eiffel en bus.
3. Il est monté au deuxième étage par l'escalier.
4. Puis il est entré dans l'ascenseur.
5. L'ascenseur est monté lentement.
6. Enfin, il est arrivé au troisième étage.
7. Max est resté un bon moment au sommet.
8. Soudain, son livre est tombé du sommet.
9. Max est descendu par l'ascenseur.
10. Il est sorti de l'ascenseur. Voilà son livre.

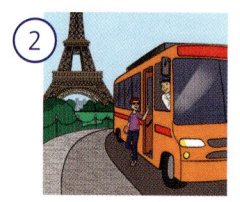

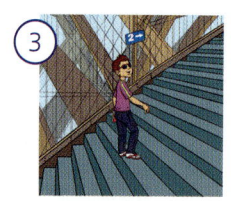

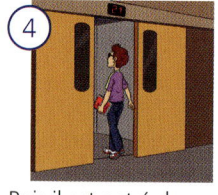

a Réponds en anglais.
1. Where did Max go?
2. How did he travel there?
3. What did he do when he arrived?
4. What happened later?
5. Is there a happy ending?

b Traduis quatre phrases au choix en anglais.

2 Au passé

Trouve les paires.

Exemple: 1b

1. Guillaume le Conquérant est né en Normandie.
2. Un oiseau est resté dans l'arbre.
3. Le train est arrivé à l'heure.
4. Le chat est entré dans la cuisine.
5. L'ascenseur est monté au dixième étage.
6. Mon frère est allé en ville à deux heures.

a Il est revenu à neuf heures du soir.
b Il est mort en Normandie aussi.
c L'autre est tombé par terre.
d Il est descendu au sous-sol.
e Il est sorti avec le poisson.
f Il est parti avec dix minutes de retard.

Dossier-langue Grammaire 10.8

The perfect tense with *être*

The story about Max is written in the **perfect tense** (past), so all the verbs are made up of an auxiliary (or 'helping') verb and a past participle. Look at sentences 1–10 (task 1). Which word is the auxiliary verb?

Copy and complete the present tense of ***être***. Check this by looking at *Grammaire* 12.5.

je …	nous sommes	
tu es	vous êtes	+ past participle
il …	ils sont	
elle est	elles sont	

There are about thirteen common verbs, mostly verbs of movement, which form the perfect tense with ***être***.

Learn them in pairs of opposites according to their meaning. Here are ten of them in pairs.

aller	to go	je suis allé
venir	to come	je suis venu
(and **revenir**	to come back	je suis revenu)
entrer	to go in	je suis entré
(and **rentrer**	to return	je suis rentré)
sortir	to go out	je suis sorti
descendre	to go down	je suis descendu
monter	to go up	je suis monté
rester	to stay, remain	je suis resté
tomber	to fall	je suis tombé
arriver	to arrive	je suis arrivé
partir	to leave, depart	je suis parti

and one odd one:
| retourner | to return, go back | je suis retourné |

Here is one more pair of opposites.
| naître | to be born | il est né |
| mourir | to die | il est mort |

92 quatre-vingt-douze

6 En voyage

Stratégies

Memorisation techniques

Here are two suggestions for learning the verbs which take **être** in the perfect tense.
Which will help you most, or do you have other memorisation strategies that could work well?

1 Use a mnemonic (memory device) like MRS VAN DER TRAMP. Each letter stands for a different verb. Can you work them out?
2 If you have a visual memory, this picture may help you. Or why not draw your own?

3 La vie est facile avec un robot!

🔊 Complète l'histoire avec les expressions de la case. Puis écoute l'histoire pour vérifier.

1 Quand Dani ____ à la maison vendredi dernier, il a trouvé ses parents très fatigués.

2 Samedi matin, Dani ____ très tôt. Après une heure, il ____ avec un gros paquet.

3 Dani a donné le robot à ses parents. Puis il ____ chez un ami.

4 D'abord, le robot ____ dans les chambres pour faire les lits.

5 Puis il ____ à la cuisine pour chercher l'aspirateur

6 Un livre ____ par terre. Le robot a passé l'aspirateur partout.

7 Dani ____ à six heures et il ____ dans le salon. Quelle horreur!

8 Lundi matin, Dani ____ très tôt, mais cette fois avec le robot.

est arrivé   est entré   est parti   est rentré   est tombé   est allé   est monté   est sorti   est revenu   est descendu

4 Un jeu de calcul

Kévin va à un match de football à Saint-Julien.

a Complète les phrases.

Exemple: 1 Il *est sorti* de la maison à dix heures.

1 Il est ____ (*sortir*) de la maison à dix heures.
2 Il est ____ (*aller*) à la gare à vélo.
3 Le train est ____ (*entrer*) en gare.
4 Kévin est ____ (*monter*) dans le train.
5 Le train ____ (*partir*) à dix heures quarante.
6 Vingt minutes après, le train ____ (*tomber*) en panne.
7 Kévin ____ (*rester*) dans le train pendant trente minutes.
8 Une heure plus tard, le train ____ (*arriver*) à la gare de Saint-Julien.
9 Kévin ____ (*descendre*) du train.
10 Il ____ (*arriver*) au stade trente minutes après.

b Réponds aux questions.

1 À quelle heure est-ce que Kévin est arrivé au stade?
2 Le match a commencé à quatorze heures. Est-ce que Kévin est arrivé avant le match?
3 Le voyage a duré combien de temps?

c Tu es Kévin. Change les phrases 1, 2, 4, 7, 9, 10.

Exemple:

1 *Je suis sorti de la maison à dix heures.*

quatre-vingt-treize 93

6D Ils sont arrivés

- talk about air travel
- learn more about the perfect tense with *être*

1 Martin et Émilie

🔊 **a** Écoute et choisis la bonne réponse.

Martin
1 Le matin, Martin est resté …
  a au lit. b au collège. c à la maison.
2 Il est sorti …
  a à une heure. b à deux heures. c à trois heures et demie.
3 Il est allé …
  a au centre sportif. b à la patinoire. c chez un ami.
4 Il est resté là-bas …
  a une heure. b deux heures. c trois heures.
5 Il est rentré …
  a à vélo. b en bus. c en voiture.

🔊 **b** Écoute et complète la réponse.

Émilie
1 Le matin, Émilie est restée …
2 Elle est sortie …
3 Elle est allée …
4 Elle est restée là-bas … heures.
5 Elle est rentrée …

Dossier-langue Grammaire 10.8

Past participle agreement (1)

Look at the verbs which describe what Émilie did.

Which auxiliary verb is used?

How is the past participle spelt when describing a girl's actions?

Does it sound any different?

When you use *être* to form the perfect tense, the past participle changes to match (agree with) the subject (the person doing the action). As Émilie is female, you add an extra *-e*. Remember that the past participle of verbs used with *avoir* does **not** change.

Je suis bien arrivé à Paris. Hier, je suis allé à la tour Eiffel. Je suis monté au troisième étage. C'était magnifique, j'ai pu voir tout Paris. Quand je suis descendu, j'ai acheté des cartes postales. Je suis rentré vers cinq heures, mais je suis sorti le soir pour faire une excursion en bateau.

@+, **Zac**

---

2 Deux messages

Si tu es une fille, copie le message de Zac, mais change les participes passés **si nécessaire**. (Attention! Il ne faut pas changer les verbes avec **avoir**.) Si tu es un garçon, copie le message de Marine, mais change les participes passés **si nécessaire**. Puis signe le message de ton nom.

Exemples:
Si tu es une fille, tu commences: *Je suis bien arrivée …*
Si tu es un garçon, tu commences: *Je suis venu …*

Je suis venue à Paris pour le weekend. Ce matin, je suis sortie de bonne heure. Je suis allée au marché aux oiseaux. C'était amusant, j'ai vu un perroquet magnifique. Ensuite, je suis allée à un grand magasin et je suis montée au dixième étage pour voir le panorama de Paris. Quand je suis descendue, j'ai acheté un livre sur Paris.

À bientôt, **Marine**

---

3 Conversations au choix

💬 **a** La personne A pose des questions (a–d), la personne B répond. Puis changez de rôle.

b Copie les questions et écris tes réponses (vraies ou imaginaires).

➕ **c** Écris une conversation plus longue avec deux questions en plus.

a Quand es-tu sorti(e)?	b Où es-tu allé(e)?	c Tu es resté(e) longtemps là-bas?	d Comment es-tu rentré(e)?
1 vendredi soir	1 chez un(e) ami(e)	1 une heure environ	1 (voiture)
2 samedi matin	2 chez mes grands-parents	2 deux heures et demie	2 (à pied)
3 à deux heures et demie	3 au cinéma	3 plus de trois heures	3 (bus)
4 à midi	4 à la piscine	4 quatre heures	4 (train/métro)
5 dimanche après-midi	5 aux magasins	5 cinq heures au moins	5 (vélo)
6 à minuit	6 à la maison hantée	6 trente secondes	6 (train)

94 quatre-vingt-quatorze

6 En voyage

4 À l'aéroport

Trouve le bon texte pour chaque image.   Exemple: **1d**

a Pendant le vol, Lucie a regardé un film, elle a lu son livre et elle a mangé un repas.
b Un peu plus tard, ils sont allés à la porte numéro huit pour le vol pour Montréal.
c Après six heures de vol, ils sont arrivés à Montréal. Il faisait nuit quand ils sont descendus de l'avion.
d Lucie est allée à l'aéroport en car avec les autres membres du club.
e Ils sont montés dans l'avion et l'avion est parti à l'heure.
f Ils sont allés au guichet d'Air France pour les formalités et pour laisser les bagages.

Dossier-langue — Grammaire 10.8

Past participle agreement (2)

subject	past participle
female	Add -e, e.g. all**ée**
plural (male or mixed group)	Add -s, e.g. all**és**
plural (female)	Add -es, e.g. all**ées**

This is known as the past participle agreeing with the subject (the person doing the action). Find some examples of the past participle in the feminine and the plural on this page.

Here are some other examples. The letters you might need to add are shown in brackets.

je suis descendu(e)   nous sommes venu(e)s
tu es allé(e)   vous êtes rentré(e)(s)
il est arrivé   ils sont montés
elle est partie   elles sont sorties

5 Où sont-ils allés?

Trouve les paires.   Exemple: **1h**

1 Moi, je
2 Tu
3 Il
4 Elle
5 Nous
6 Vous
7 Ils
8 Elles

a sommes rentrés du Canada.
b sont restés en Irlande.
c est arrivé en Écosse.
d es allé au pays de Galles?
e êtes allés en Espagne?
f sont parties en Grèce.
g est revenue de Suisse.
h suis allé en Italie.

6 Qui est allé au match?

Complète les bulles avec le passé composé du verbe **aller**.

Exemple: **1** *es allé*

A Tu (1) ___ au match hier soir, Jean-Pierre?

Nous aussi, monsieur, nous (3) ___ au match. C'était notre équipe favorite!

Moi aussi, monsieur, je (4) ___ au match. C'était fantastique!

Oui, monsieur, bien sûr, je (2) ___ au match.

B Vous (5) ___ tous ___ au match? C'est curieux, ça. Moi aussi, je (6) ___ au match.

quatre-vingt-quinze 95

6E Vacances en Angleterre

- describe a journey and a day out
- use the perfect tense with *être* and *avoir*

1 Un voyage en Angleterre

a André décrit son voyage dans son blog. Complète sa description.

Je suis ___ (**1** *arriver*) au collège avec Claire à 6h30.

J'ai mis mon sac de voyage dans le coffre et je suis ___ (**2** *monter*) dans le car avec les autres élèves. Le car est ___ (**3** *partir*) à 7h00.

On a pris l'autoroute pour Calais, mais nous sommes ___ (**4** *arriver*) à Calais avec une heure de retard. À Calais, nous sommes ___ (**5** *descendre*) du car et nous sommes ___ (**6** *monter*) sur le bateau.

Nous avons fait notre piquenique à bord. Après une heure environ, nous sommes ___ (**7** *arriver*) à Douvres. À Douvres, nous sommes ___ (**8** *aller*) au château. C'était assez intéressant.

Nous sommes ___ (**9** *rester*) une heure au château. Puis nous sommes ___ (**10** *aller*) à Canterbury, où nous avons rencontré les familles anglaises.

Voyage en Angleterre: élèves de 5ème et 4ème
Départ du collège: le 22 avril à 7h00
Rendez-vous devant le collège: à 6h30
Départ du car: à 7h00 précises
Route: vers Calais
Départ du bateau: à 12h15 (piquenique pris à bord)
Arrivée à Douvres: vers 12h45 (heure locale)
Visite du château de Douvres: 13h30–15h00
Arrivée à Canterbury: vers 16h30 – rencontre avec les familles anglaises
Retour au collège: le 29 avril vers 23h30

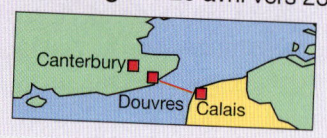

b Complète le message de Claire avec la bonne forme du verbe **être**.

Nous (**1**) ___ partis à l'heure et nous (**2**) ___ arrivés à Canterbury à cinq heures du soir. André (**3**) ___ parti chez Daniel, et moi, je (**4**) ___ rentrée ici avec Katy. L'autre soir, nous (**5**) ___ sortis ensemble et hier soir, les garçons (**6**) ___ venus ici pour une petite soirée.
Bises, Claire

2 Une journée en famille

a Écris 1–8. Écoute et note la bonne lettre.
Exemple: 1F

b À deux: la personne A décrit un dessin de son choix, la personne B devine le dessin décrit.

c Écris une phrase pour décrire quatre dessins au choix.

d Écris une phrase pour chaque dessin.

Pour les verbes en vert, utilise **être** (**je suis …**)
Pour les autres, utilise **avoir** (**j'ai …**).

aller	en ville / au parc. à la campagne / à la patinoire / à la piscine. dans un parc d'attractions. aux magasins.
rester	à la maison.
tomber	beaucoup.
faire	un piquenique / du bowling.
jouer	au tennis / au golf.
manger	dans un fastfood.

6 En voyage

3 Une journée à Londres

Un jour, les élèves sont allés à Londres.
Complète les phrases.

1. Un jour, nous sommes ___ très tôt. (*sortir*)
2. Nous sommes ___ à Londres en car. (*aller*)
3. Nous sommes ___ près de Buckingham Palace. (*descendre*)
4. Ensuite, nous sommes ___ à Westminster à pied. (*aller*)
5. Nous avons ___ le Parlement et Big Ben. (*voir*)
6. À midi, nous avons ___ un piquenique dans un parc. (*faire*)
7. Puis nous sommes ___ à la Tour de Londres en bateau. (*aller*)
8. Nous sommes ___ là-bas tout l'après-midi. (*rester*)
9. Enfin, nous sommes ___ dans le car. (*remonter*)
10. Et nous sommes ___ à Canterbury. (*rentrer*)

4 Une sortie

🔊 Écoute la conversation et choisis la bonne réponse.

Exemple: **1b** *Claire est allée dans un parc d'attractions.*

1. Où est-ce que Claire est allée?
   a. au château
   b. dans un parc d'attractions
   c. à la cathédrale
2. Quand est-elle partie?
   a. à huit heures et demie
   b. à neuf heures et demie
   c. à dix heures
3. Qui est venu aussi?
   a. le prof de Claire
   b. le cousin de Claire
   c. le frère de Claire
4. Ils sont restés là-bas longtemps?
   a. deux heures
   b. toute la journée
   c. tout l'après-midi
5. Ils sont rentrés à quelle heure?
   a. à cinq heures
   b. à six heures et demie
   c. à sept heures et demie

5 On a visité une ville

💬 **a** À deux, lisez la conversation, puis changez les mots en couleur.

– Qu'est-ce que tu as fait pendant ton séjour en Angleterre?
– Un jour, je suis sorti(e) avec ma famille. Nous sommes allés à Oxford.
– Vous êtes partis très tôt?
– Oui, nous sommes partis à sept heures.
– Et qu'est-ce que vous avez fait le matin?
– Le matin, nous avons visité la ville. Puis nous avons fait un piquenique dans un parc.
– Et l'après-midi?
– L'après-midi, nous sommes allés dans un musée.
– Vous êtes rentrés à quelle heure?
– Nous sommes rentrés assez tard, à huit heures.

en Angleterre en France en Écosse au pays de Galles en Irlande	ma famille le club le collège mes amis
dans un musée au jardin botanique au musée des Sciences à la cathédrale	à Oxford à Paris à Édimbourg à Cardiff à Dublin
assez tard, à huit heures à sept heures et demie très tard, à dix heures et demie	à sept heures à sept heures et demie

b Tu as passé une journée dans une ville différente. Écris cinq phrases.

– Où es-tu allé(e)?   – Qu'est-ce que tu as fait le matin?   – Tu es rentré(e) à quelle heure?
– Tu es parti(e) tôt?   – Et l'après-midi?

➕ **c** Écris une description plus longue avec beaucoup de détails.

6F C'était bien?

- discuss what you did recently and give your opinion
- find out about the king, William the Conqueror

1 Une visite à Hastings et à Battle

🔊 **a** Lis le résumé, puis écoute la conversation. Choisis le bon mot.

Exemple: 1b *Ils ont voyagé en car.*

b Traduis en anglais le paragraphe qui commence par 'Le matin…'

Un jour, André et ses amis sont allés à Hastings. C'est une ville dans le sud de l'Angleterre, au bord de la mer. Ils ont voyagé en (**1**) ___ (**a** train **b** car **c** voiture) et ils sont partis vers (**2**) ___ (**a** huit **b** neuf **c** dix) heures.

Le matin, ils ont visité la ville. Ils ont vu (**3**) ___ (**a** l'aquarium **b** l'église **c** le château). Puis ils sont allés à une attraction qui s'appelle «Smugglers Adventure» et qui se trouve dans des cavernes. On dit que les cavernes sont hantées par des fantômes. Ils ont trouvé les cavernes très intéressantes et ils y sont restés environ (**4**) ___ (**a** deux **b** trois **c** quatre) heures. Après ils ont fait un piquenique (**5**) ___ (**a** sur la plage **b** dans le parc **c** près du château).

L'après-midi, ils sont allés à Battle, qui est le site de la célèbre bataille de Hastings. Ils ont vu l'abbaye construite par Guillaume le Conquérant après sa victoire. Les élèves sont rentrés à Canterbury vers (**6**) ___ (**a** cinq **b** six **c** sept) heures.

2 Des cartes postales

Lis les cartes postales et réponds aux questions.

A Bonjour de Montréal. Mercredi, nous sommes allés au stade olympique pour le concours de natation, mais nous n'avons pas gagné. Tant pis! Hier, nous avons fait du ski sur une piste artificielle. C'était amusant, mais je suis tombée au moins dix fois. J'ai pris beaucoup de photos.
À bientôt, Lucie

B Bonjour de Normandie! Hier nous sommes allés au musée pour voir la célèbre tapisserie de Bayeux. Elle décrit la conquête de l'Angleterre par Guillaume le Conquérant, duc de Normandie. C'est comme une immense bande dessinée, mais le texte est en latin! On voit des bateaux vikings, des soldats, des animaux, etc. D'abord on a regardé un film, puis on a regardé la tapisserie avec un audioguide. C'était très intéressant.
À bientôt, Sébastien

C Samedi dernier, nous sommes allés à Dieppe en train, mais quel désastre! D'abord, nous avons quitté la maison en retard. Puis Maman a oublié les billets, alors nous avons fait demi-tour pour aller les chercher. Donc, tu as deviné: nous avons manqué le train. À Dieppe, il a fait mauvais toute la journée. Impossible de faire un piquenique sur la plage. En plus, ma petite sœur a perdu sa peluche dans le train. Enfin, nous sommes rentrés tôt à Paris. Quelle journée!
Mélanie

Exemple: Sébastien est allé à Bayeux.

1 Qui est allé à Bayeux?
2 Qui est beaucoup tombé en faisant du ski?
3 Qui a fait demi-tour pour aller chercher les billets de train?
4 Qui a visité un musée?
5 Qui a participé à un concours de natation?
6 Qui a manqué le train?
7 Qui a pris beaucoup de photos?
8 Qui est rentré tôt à Paris?

faire demi-tour to go back
manquer to miss (train, etc.)
tant pis! too bad, never mind

98 quatre-vingt-dix-huit

6 En voyage

3 Dossier personnel

Écris une carte postale.

Exemple:

> Bonjour de …
> Vendredi/Samedi/Dimanche dernier, …
> C'était …
> Aujourd'hui, …

4 Que sais-tu?

What do you know about William the Conqueror?

1. Where was he from?
2. How old was he when he became a duke?
3. What was the name of his wife?
4. When did he invade England?
5. How big was his army?
6. On what day was he crowned king of England?
7. How many children did he have?
8. How many of his sons became king of England after William's death?

Dossier-langue

C'était + adjective

This useful phrase is often used to give an opinion about something you did, e.g.

C'était bien? — Was it good?
C'était très intéressant. — It was very interesting.

Find some more examples in the postcards (page 98).

The phrase **c'était** is in a different past tense (imperfect tense). You will learn about this in Stage 3.

Phonétique

The letter 'g'

ge, gi, gy = soft 'g'
gentil, **g**irafe, **g**ymnastique, **g**énie

ga, go, gu = hard 'g'
gare, **g**oûter, **G**uillaume, **g**orille

Remember the rhyme:
Soft is 'c' before 'i' and 'e' and so is 'g'

5 Guillaume, duc de Normandie

🔊 Écoute et lis le texte. Vérifie tes réponses (exercice 4).

Guillaume est né à Falaise, en Normandie, en 1028. Il avait deux demi-frères, Odon et Robert.

À l'âge de sept ans, il est devenu duc de Normandie.

Plus tard, il s'est marié avec Mathilde de Flandre, nièce du roi de France.

En 1066, le roi d'Angleterre, Édouard le Confesseur, est mort en mars et Harold est devenu le nouveau roi.

Mais Guillaume voulait être roi d'Angleterre. Il a persuadé des barons normands de participer à une invasion de l'Angleterre.

Guillaume est allé à Saint-Valéry-sur-Somme avec son armée de 600 bateaux et 7000 hommes.

Ils sont restés en France pendant quelques semaines à cause du mauvais temps.

Puis le 28 septembre, ils sont partis pour l'Angleterre. Ils sont arrivés à Pevensey Bay et ils ont continué jusqu'à la ville de Hastings.

Le 14 octobre, Guillaume a attaqué l'armée de Harold. La bataille de Hastings a duré toute la journée.

Harold est mort et Guillaume a gagné la bataille.

Le 25 décembre 1066, on a couronné Guillaume roi d'Angleterre dans l'abbaye de Westminster à Londres. On l'a appelé Guillaume le Conquérant.

Guillaume et Mathilde ont eu dix enfants: quatre fils et six filles. Mathilde est morte en 1083 et Guillaume est mort quatre ans plus tard, en 1087.

Deux de leurs fils sont aussi devenus roi d'Angleterre.

quatre-vingt-dix-neuf 99

6G C'est extra!

- describe a journey in the past
- practise creative writing

1 On parle des voyages

À deux, parlez d'un voyage vrai ou imaginaire. La personne A pose des questions, la personne B répond.

Si vous préférez, la personne B écrit une série de numéros (1–6), par exemple: **2**, **2**, **3**, **3**, **4**, **4** et répond selon les numéros.

Qui a fait le voyage?
1 Notre famille
2 Notre classe
3 Mes amis et moi
4 Mon meilleur ami/Ma meilleure amie et moi
5 Mes cousins et moi
6 Mes grands-parents et moi

Quand êtes-vous partis?
1 la semaine dernière
2 l'année dernière
3 l'été dernier
4 au mois de mai
5 à Noël
6 le premier avril

Comment avez-vous voyagé?
1 en train
2 en bateau
3 en avion
4 en scooter
5 en hélicoptère
6 en tapis magique

Où êtes-vous allés?
1 en Écosse
2 en Irlande
3 en Afrique
4 aux États-Unis
5 en Chine
6 au pays des merveilles

C'était comment?
1 excellent
2 affreux
3 génial
4 un désastre
5 passionnant
6 une catastrophe

Qu'est-ce que vous avez fait?
1 On a vu des animaux sauvages.
2 On est allé(s) à la montagne pour faire du ski.
3 Tout le monde a fait du sport.
4 Nous avons visité un château hanté.
5 Nous sommes allés à un grand parc d'attractions.
6 On a vu des choses extraordinaires.

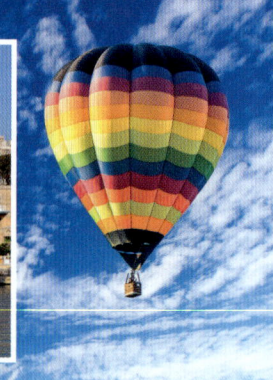

2 Un voyage vrai ou imaginaire

Écris un article sur un voyage que tu as fait. Si possible ajoute des photos.

L'année dernière, mes grands-parents et ma famille, nous sommes allés …
Nous avons pris … (moyen de transport)
Nous sommes partis à … et nous sommes arrivés à notre destination à …
C'était …
Pendant notre séjour, nous … (activités)
J'ai beaucoup aimé …
mais …, c'était vraiment ennuyeux.

Stratégies

Writing an article

- To get some ideas, have a brainstorming session and jot down any thoughts, perhaps in a spider diagram.
- Using question words can help to generate ideas: **qui, quand, où, comment, pourquoi.**
- Look at any relevant websites, e.g. for a train journey, SNCF; a journey by air, Air France; a journey by sea, Brittany Ferries.
- If there's a natural time sequence, this can be used to give a structure to your work: **d'abord, donc, et puis, ensuite, après, finalement/enfin**
- Write longer sentences by using conjunctions, e.g. **mais, parce que** to join ideas together. This makes your writing more mature and sophisticated.
- Use adjectives and adverbs to make your account more interesting.
- Don't forget to add an opinion.

Sommaire

6 En voyage

Now I can ...

■ **ask for information about train journeys**

Pardon, monsieur/madame, …	Excuse me, …
Le train pour Paris part à quelle heure?	What time does the train leave for Paris?
Le train pour Rouen part de quel quai?	From which platform does the Rouen train leave?

■ **ask where places are**

| Où est …, s'il vous plaît? | Where is … please? |

■ **recognise station signs and other words connected with journeys**

l'arrivée (f)	arrival
un billet	ticket
une billetterie	ticket machine
le buffet	buffet
le bureau des renseignements	information office
le départ	departure
la destination	destination
composter votre billet	to validate ('date stamp') your ticket
la consigne	left luggage
le guichet	ticket office, (airline) counter
l'horaire (m)	timetable
l'horloge (f)	clock
le kiosque	kiosk
le quai	platform
la salle d'attente	waiting room
le tableau des horaires	timetable board
un TGV	TGV (high-speed train)
les toilettes (f pl)	toilets
trains au départ	departure board
la voie	track, platform

■ **buy a ticket**

| un aller simple pour … | a single ticket for … |
| un aller-retour pour … | a return ticket for … |

■ **ask if the seat is free**

Cette place est occupée?	Is this place taken?
Non, c'est libre.	No, it's free.
Oui, c'est occupé.	Yes, it's taken.

■ **understand other travel vocabulary**

l'aéroport (m)	airport
un ascenseur	lift
un avion	plane
les bagages (m pl)	luggage
de bonne heure	early
à bord	on board
le couloir	corridor
la gare	station
à l'heure	on time
un panneau	sign
en retard	delayed
une valise	suitcase
vérifier	to check
le vol	flight

■ **understand il faut (and il ne faut pas) + infinitive**

| Il faut composter son billet. | You have to validate your ticket. |
| Il ne faut pas mettre les pieds sur les sièges. | You shouldn't put your feet on the seats. |

■ **describe a day out**

le matin	(in the) morning
le soir	(in the) evening
l'après-midi (m)	(in the) afternoon
une journée	(whole) day
longtemps	a long time
plus tard	later
une sortie	outing
tôt	early
toute la journée	all day
tout l'après-midi	all afternoon

■ **use the perfect tense of verbs (with être) (see page 92)**

The 13 most common verbs are:

arriver	to arrive
partir	to leave
monter	to go up
descendre	to go down
tomber	to fall
rester	to stay, remain
venir	to come
aller	to go
entrer	to enter, go in
sortir	to leave
naître	to be born
mourir	to die
retourner	to return, go back

■ **make the past participle agree when necessary (see also pages 94–95)**

Add **-e** if the subject is feminine. Add **-s** if the subject is plural (masculine or mixed groups). Add **-es** if the subject is plural and feminine, e.g.

je suis allé(e)	nous sommes allé(e)s
tu es allé(e)	vous êtes allé(e)(s)
il est allé	ils sont allés
elle est allée	elles sont allées

■ **give your opinion about a recent event**

c'était génial	it was brilliant
c'était (vraiment) bien	it was (really) good
c'était (très) ennuyeux	it was (very) boring
c'était un désastre	it was a disaster

Presse-Jeunesse 3

1 Un soir, Louis Laloupe était très fatigué, alors il s'est couché de bonne heure.

2 *M. Laloupe, venez vite. On m'a cambriolé.*
Soudain, le téléphone a sonné. C'était M. Dugrand.

3 *Les voleurs ont pris beaucoup de choses?*
Ah, oui. Hélas, ils ont pris mon nouveau stock de montres.
Louis Laloupe est vite allé au magasin de M. Dugrand.

4 *Il y a une clé par terre.*
Ça alors! Louis et son chien ont inspecté le magasin.

5 *C'est à vous la clé, M. Dugrand?*
Ah, non, elle n'est pas à moi.
Eh bien, voilà! Avec ça, nous allons trouver le voleur.

6 *Maintenant, cherche le voleur.*
Le chien est très vite sorti du magasin. Louis Laloupe est sorti aussi.

7 Ils sont partis à la recherche du voleur. Ils ont tourné à gauche, ils ont tourné à droite.

8 Ils sont arrivés en pleine campagne.

9 *Ça y est! Le voleur est dans cette maison.*
Soudain, le chien s'est arrêté devant une petite maison.

10 Louis Laloupe s'est approché très doucement de la maison. Il a ouvert très doucement la porte avec la clé.

11 *Elles sont fantastiques, ces montres.*
Et voici le voleur. Il regardait les montres.

12 Le voleur s'est retourné. Il a vu Louis Laloupe. Il a cherché son revolver.

13 Mais voici le chien de Louis Laloupe. Il a sauté sur le voleur. Le revolver est tombé par terre.

14 *Je vous arrête.*
Louis Laloupe a ramassé le revolver. Il a mis son pied sur le voleur. C'était un triomphe personnel.

15 Mais soudain, le chien a poussé un cri … et Louis Laloupe s'est réveillé.

Louis Laloupe arrête le voleur

a Réponds aux questions en anglais.
1 Why did M. Dugrand telephone Louis Laloupe?
2 What clue did Louis Laloupe find in the shop?
3 Did Louis Laloupe and his dog stay in the town?
4 Where did the dog stop?
5 What did Louis Laloupe do next?
6 What did the burglar do when he saw Louis Laloupe?
7 How did the dog help?
8 What happened in the end?

b Dans le texte, trouve les mots qui veulent dire le contraire.
1 tard
2 derrière
3 à gauche
4 lentement
5 il est entré
6 il s'est levé

Le service Eurostar

Eurostar relie trois capitales: Londres (gare de Saint-Pancras International), Paris (gare du Nord) et Bruxelles (gare du Midi).

Il y a des correspondances dans les gares françaises avec d'autres destinations en France et en Europe.

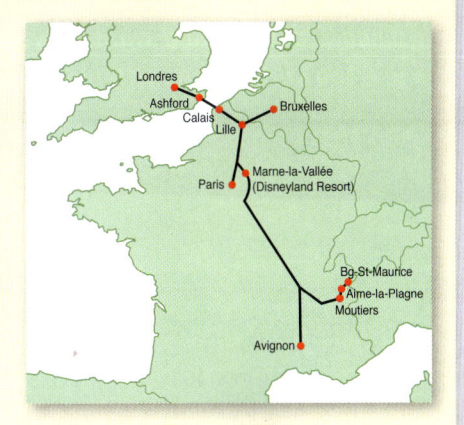

Gare	heure
Londres (gare de Saint-Pancras International)	0h00
Ebbsfleet International	0h15
Ashford International	0h30
Frontière France–Royaume-Uni (le tunnel sous la Manche)	
Calais-Fréthun	0h54
Lille-Europe	1h20
Frontière France–Belgique	
Bruxelles (gare du Midi)	1h51
Paris (gare du Nord)	2h15
Marne-la-Vallée – Chessy (Disneyland)	2h33
Avignon Centre	5h40
Moûtiers (pour le ski)	6h27
Aime-la-Plagne (pour le ski)	6h59
Bourg-Saint-Maurice (pour le ski)	7h17

Les trains peuvent rouler à 300 km à l'heure (186 mph) sur une LGV (ligne à grande vitesse). Dans les tunnels, ils roulent moins vite, par exemple ils roulent à 160 km/h (100mph) dans le tunnel sous la Manche. On met seulement 2h15 en moyenne pour faire Londres–Paris en Eurostar.

a Trouve les paires.

1 la frontière
2 rouler
3 une correspondance
4 moins vite
5 en moyenne
6 la vitesse

a on average
b the border
c less fast
d connection
e speed
f to move, roll

b Tu as bien compris?
1 Which three capitals does Eurostar serve?
2 What is the top speed?
3 Do the trains travel faster or slower when they go through the tunnels?
4 About how long does it take to travel from London to Paris?

Les sigles (abbreviations)

French people often use the initials to refer to long names. Can you match these up with the correct definition?

Exemple: 1a

1 la SNCF 2 l'EPS 3 GB
4 un TGV 5 une BD

a les chemins de fer français
b un pays qui comprend l'Écosse, l'Angleterre et le pays de Galles
c une histoire en images et en texte
d une matière scolaire énergique
e un train rapide

The groups of letters below make words when pronounced in French. Can you work them out?
• NRJ • ID

Chantez! Paris–Genève

Complète la chanson avec un mot de la case.

1 Moi, j'y vais en TGV,
J'ai mon billet, faut le ___.
Départ pour Genève à dix heures trente,
Encore cinq minutes dans la salle ___.
(Paris–Genève, Paris–Genève)
J'ai juste le temps d'aller aux toilettes,
On arrive bientôt à Bourg-en-Bresse.

2 Moi, j'y vais en TGV,
J'ai mon billet, faut le composter.
Départ pour Genève à douze heures vingt,
Pardon monsieur, de quel quai part le ___?
(Paris–Genève, Paris–Genève)
Je prends du pain, bois une ___,
Le train est rapide, voilà Bellegarde!

3 Moi, j'y vais en TGV,
Rendre visite à mon cher Pépé,
À treize heures trente, départ pour la Suisse,
Oh ben, dis donc! Où est ma ___?
(Paris–Genève, Paris–Genève)
J'ai presque fini mon magazine,
La fille en face – c'est une ___!

4 Nous y allons en ___,
Nos billets, ils sont compostés.
Nous arrivons à Genève en ___.
Quelle heure est-il?
Quatorze heures six.

Suisse composter copine d'attente
limonade TGV valise train

unité 7 Ça va?

7A Qu'est-ce qu'on met?

- discuss clothes and what to wear
- use the verb *mettre* with clothing

1 Je n'ai rien à me mettre!

1 Ce soir, il y a une fête au club des jeunes. Chloé regarde ses vêtements.
Qu'est-ce que je mets?

2 *Ma (1) ___ verte avec mon (2) ___ bleu? Non.*

3 *Ma (3) ___ noire avec mon (4) ___ jaune? Oh non, pas ça!*

4 *Mes (5) ___ blanches? Non.*

5 *Qu'est-ce que je mets? Je n'ai rien à me mettre.*

6 Chloé va chez Manon.
Je vais à la fête ce soir et je n'ai rien à me mettre.
Regardons mes vêtements.

7 Elles regardent les vêtements de Manon.
Tu aimes mon (6) ___ rouge avec la (7) ___ noire?
Oui, il est fantastique. J'adore!

8 *Voici mon nouveau (8) ___ .*
Ah, c'est joli.

9 *J'ai des (9) ___ noires.*
Chic! Elles sont formidables.

10 *Voici ma (10) ___ grise. Tu veux mettre ça aussi?*
Oui oui. J'aime bien ça!

11 Manon donne tous ses vêtements à Chloé.

12 *Manon, tu vas à la fête ce soir?*
Euh, non.
Pourquoi pas?
Moi, je n'ai rien à me mettre!

a Regarde les images et complète le texte avec les mots de la case.

Les mots masculins		Les mots féminins		
pull	jean	jupe	ceinture	sandales
tee-shirt	pantalon	veste	chemise	chaussures

Dossier-langue — Grammaire 4.1

Possessive adjectives (*mon, ma, mes*)

Remember the word for 'my' agrees with the noun which follows it.

mon pull, ma jupe, mes bottes

b Écoute et vérifie.

2 Qu'est-ce que tu vas mettre?

À deux, choisissez quatre nombres et inventez des conversations.

Exemple: (A1, B3, C5, D2)

– Qu'est-ce que tu vas mettre pour la fête?
– Je vais mettre <u>un pantalon jaune</u> avec <u>des bottes noires</u>.

	A	B	C	D
1	un pantalon	bleu(e)	des chaussures (f)	blanches
2	un pull	vert(e)	des chaussettes (f)	noires
3	un tee-shirt	jaune	des baskets (f)	bleues
4	un sweat	rouge	des tennis (f)	roses
5	un jean	marron	des bottes (f)	vertes
6	une chemise	noir(e)	des sandales (f)	grises

104 cent-quatre

7 Ça va?

3 Forum des jeunes: Mes vêtements favoris

a Lis la discussion et regarde les images. Trouve les bonnes images pour chaque personne et écris une liste de vêtements.

Exemple: Laura: 7 (une chemise noire), 8 (une veste rouge), …

La mode, c'est important ou pas?
Tu aimes les vêtements de marque?
Quels sont tes vêtements favoris?

Moi, je m'intéresse beaucoup à la mode. En ce moment, ma tenue préférée, c'est une jupe blanche avec une chemise noire. Pour sortir le weekend, je mets ça avec mes chaussures blanches. S'il fait un peu froid, je mets ma veste rouge – elle est très chic! Mais le mois prochain, pour rester à la mode, je vais m'acheter de nouveaux vêtements. Des vêtements de marque, bien sûr!
Laura

Je ne m'intéresse pas du tout à la mode! Moi, j'aime surtout les vêtements sportifs parce que j'adore faire du skate. Je mets un casque et des gants pour la sécurité, et puis mon pantalon noir favori et un tee-shirt vert avec le logo de mon club de skate. C'est très pratique. Et la marque? Ça n'a pas d'importance.
Hassan

Les vêtements de marque, c'est bien, mais c'est le confort qui est le plus important. Mes amis et moi, nous mettons surtout des vêtements décontractés, des baskets par exemple, et un sweat. Quand il fait chaud, je mets un short et une casquette.
Noé

La mode, ça va, mais ce n'est pas pour moi. Je préfère un look un peu différent. Si vous mettez seulement des vêtements à la mode, vous êtes comme tous les autres. Hier, j'ai mis une robe noire avec une chemise pourpre, un collier orange et des bottes noires. C'est ma tenue favorite. En plus, elle ne coûte pas cher.
Leila

b Regarde ta liste (exercice 3a) et écoute. Décide qui parle (1–8).

Exemple: 1 Noé

c Écris les vêtements de l'exercice 3a.

Exemple: 1 une casquette

4 À discuter

a À deux, posez des questions et répondez.

b Écris tes réponses.

Qu'est-ce que tu mets	pour aller à la piscine?
	quand il fait chaud/froid?
	quand il pleut?
Qu'est-ce que tu as mis	pour aller au collège?
	hier matin/soir?
	samedi dernier?
	pour aller à la fête?
Pour aller au collège	je mets/j'ai mis …

les vêtements de marque *designer clothes*

Dossier-langue — Grammaire 12.5

The irregular verb *mettre*

With clothing, **mettre** means 'to put on' or 'to wear'. How is it slightly different from regular **-re** verbs (e.g. **vendre**) in the present tense? (You can check in *Grammaire* 12.5.)

1 je met____   nous mettons
2 tu met____   vous mett____
3 il/elle/on met   ils/elles mett____

The past participle (perfect tense) is irregular:

j'ai mis, tu as mis, etc.

Look at these sentences using the verb **mettre**. How would you translate them?

Il met du beurre sur le sandwich.
Il a mis le livre dans le sac.
Je vais mettre la table pour le dîner.

cent-cinq 105

7B Comment sont-ils?

- describe people's appearance
- use a wider selection of adjectives

1 C'est moi

a Regarde les images et les descriptions. Il y a des erreurs! Écris la bonne description pour chaque personne.

Exemple: Arthur – J'ai les cheveux <u>bruns</u>, …

Rabiah: Je suis très petite. J'ai les cheveux blonds et frisés en queue de cheval. J'ai les yeux bleus. Je porte des lunettes et j'ai mis un tee-shirt jaune.

Arthur: J'ai les cheveux noirs, courts et raides. J'ai les yeux marron et je porte des lunettes. Je suis assez grand. Je porte un pull vert.

Gabriel: Je suis de taille moyenne. J'ai les cheveux courts et frisés, en queue de cheval, et j'ai les yeux verts. Je porte un sweat blanc avec le logo de mon club de VTT. Je ne porte pas de lunettes.

b Relis les descriptions et regarde Théa. Complète sa description.

Théa: Je suis ___. J'ai les cheveux ___ et ___ en ___. Je ne porte pas de ___. J'ai mis ___.

Stratégies

Translating into English (2)

Use the context, common sense and previous knowledge to help translate new words and phrases.

You know that **cheval** means 'horse' and you could look up the meaning of **queue** (tail), but 'horse tail' is not used in English for a hair style. Find a synonym for 'horse' to work out a correct translation of **en queue de cheval**.

2 Les mots en images

a Tu comprends ces adjectifs? Non? Devine (ou cherche les mots dans le dictionnaire)!

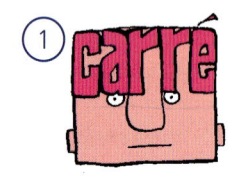

1 carré
2 mince
3 petit
4 rond
5 gros

b Invente des dessins comme ça pour illustrer ces mots.

1 grand/grande
2 jeune
3 fort/forte
4 long/longue
5 vieux/vieille

Dossier-langue — Grammaire 2.1

Adjectival agreement

The descriptions contain a lot of adjectives (describing words). In French, adjectives agree with the nouns they describe: they must be masculine, feminine, singular or plural to match the noun.

Many adjectives follow this pattern:

singulier		pluriel	
masculin	féminin	masculin	féminin
grand	grande	grands	grandes

Some exceptions:

1 adjectives which end in **-e** stay the same for masculine and feminine:

   Claire est **jeune** et Thomas est **jeune** aussi.

2 adjectives which end in **-s** stay the same for masculine singular and plural:

   M. Dupont a les cheveux **gris** et il porte un pull **gris**.

3 a few adjectives are 'invariable', which means they do not change to agree with the noun:

   Elle a les yeux **marron** et les cheveux **châtain clair**.

From pages 104–106 find two adjectives which are …

- masculine singular
- masculine plural
- feminine singular
- feminine plural

106 cent-six

7 Ça va?

3 Au voleur!

a Lis le texte et les descriptions. Choisis le bon mot.

Exemple: 1 Il *est grand*.

Le voleur
1 Il est grand/petit/de taille moyenne.
2 Il a les yeux verts/gris/bleus.
3 Il a les cheveux courts/frisés/longs.
4 Il a un visage rond/long/carré.
5 Il porte un imper brun/blanc/noir.

La voleuse
6 Elle est grosse/mince/de taille moyenne.
7 Elle a les yeux marron/gris/verts.
8 Elle porte une tenue blanche/noire/rouge.
9 Elle a les cheveux blonds/noirs/bruns.
10 Elle porte des chaussures brunes/blanches/rouges.

> Un homme et une femme entrent dans une banque sur les Champs-Élysées à Paris. L'homme est grand et mince. Il a le visage carré, les cheveux courts et blonds, et les yeux bleus. Il porte un imperméable blanc.
>
> La femme n'est pas grande, mais elle n'est pas petite, elle est de taille moyenne. Elle a le visage rond avec les yeux gris et les cheveux noirs et frisés. Elle porte une tenue noire et des chaussures rouges.
>
> Ils s'approchent de la caisse, l'homme sort un revolver et crie au caissier: «Donnez-moi l'argent! Et vite!»
>
> Il prend l'argent et les deux voleurs sortent à toute vitesse de la banque.
>
> Mais, dans la rue, voilà le célèbre détective Louis Laloupe. Il téléphone à la police. Quand la police arrive, il fait la description des deux voleurs.

b Dessine une affiche pour rechercher un voleur ou une voleuse.

Exemple:

RECHERCHÉ
Le voleur est …

4 Vous allez me reconnaître?

On va arriver à la gare. Écoute les trois conversations et complète les descriptions.

Exemple: a *blonds*

1 **Anne-Marie** a les cheveux (**a**)___ et (**b**)___ et les yeux (**c**)___. Elle va mettre un pantalon (**d**)___, un pull (**e**)___ et un imper (**f**)___.
2 **Charlotte** porte une robe (**g**)___ et un chapeau (**h**)___.
3 **David** porte un jean, un (**i**)___ bleu et un anorak (**j**)___.

Phonétique

> **Sounds at the end of words**
>
> When '**-d**', '**-t**' or '**-s**' are at the end of a word, they are not usually sounded.
>
> **gran**d, **ver**t, **gri**s
>
> If you hear the consonant at the end of a word, it means there is probably an **e** after it – check to see if it is feminine to confirm this.
>
> **grande**, **verte**, **grise**
>
> You cannot hear a difference between *grand/grands*, *verte/vertes*, so you need to use your knowledge of grammar to spell the words correctly.

5 Des descriptions

a À deux: la personne A décrit quelqu'un des pages 104–106. La personne B devine qui c'est.

Exemple:

A La personne a les cheveux bruns.
B C'est Rabiah?
A Non. C'est un garçon. Il porte …

b Écris la description d'un(e) ami(e) ou d'un membre de ta famille.

Exemple:

Mon amie s'appelle Lauren. Elle a les cheveux courts, bruns et raides et les yeux …

			assez très	mince/grand(e)/petit(e).
Mon	ami(e)	est		
	frère père	n'est pas	de taille moyenne.	
Ma	mère sœur			
Il Elle		a	les cheveux	courts/longs/frisés/raides en queue de cheval noirs/roux/blonds bruns (*dark brown*) châtain clair (*light brown*)
			les yeux	verts/bleus/gris marron (*brown*)
Il Elle		porte des ne porte pas de	lunettes.	

cent-sept 107

7C Tu le sais?

- **talk about your possessions**
- **understand direct object pronouns** (*le, la, l', les*)
- **revise some prepositions**

1 C'est dans le sac

Trouve les réponses dans le sac.

Exemple: 1 un maillot de bain, …

un maillot de bain, des chaussettes, une cravate, un imper(méable), des bottes, une ceinture, une casquette, des lunettes de soleil

1 On le met quand on va à la piscine.
2 Beaucoup de personnes le mettent quand il pleut.
3 On les achète en paires, mais ce ne sont pas des chaussures.
4 On l'achète souvent comme cadeau d'anniversaire pour son père ou son oncle. Ça existe dans toutes les couleurs.
5 C'est une sorte de chapeau. Mon frère la met souvent.
6 On les met aux pieds, surtout quand il fait froid, mais ce ne sont pas des chaussettes.
7 On la met avec un jean et quelquefois avec une jupe ou un pantalon.
8 On les met quand il y a du soleil, même si on ne porte pas de lunettes normalement.

Dossier-langue Grammaire 3.3

The pronouns *le, la, l', les*

In the definitions in task 1, **le, la, l'** and **les** are used without a noun. Can you work out their meaning?

Here are some more definitions to help you.

1 C'est <u>un vêtement</u>. On **le** met sur la tête.
2 C'est <u>une boisson</u> froide. On **la** trouve dans tous les cafés de France.
3 C'est <u>une chose</u> qu'on mange quand il fait chaud. On **l'**achète souvent en été.
4 Ce sont <u>des légumes</u> verts et ronds. On **les** mange au déjeuner ou au dîner.

Le, la and **l'** mean 'it'; **les** means 'them'.

When used on their own in this way, **le, la, l'** and **les** are pronouns. They have replaced the underlined nouns in each pair of sentences.

Pronouns are used a lot in conversation and save you having to repeat the same words. Look at the examples below and on the left. What is the rule for the position of these pronouns?

– Tu aimes <u>cette musique</u>?
– Oui, je **l'**aime beaucoup.
– Tu aimes <u>mes nouvelles baskets</u>?
– Non, je ne **les** aime pas beaucoup.

Stratégies

Memorising grammar – genders

To get the pronouns right, you need to know the gender of a noun (masculine or feminine) and the number (singular or plural). Work with a partner to make a list of words that change according to gender and number. Complete the grid and add any other words you can think of.

	singular		plural	
	masc.	fem.	masc.	fem.
the	le / l'	la / l'	les	
my				
a/some				
this/these				
adjective	grand			

2 Mes affaires

Trouve les paires.

Exemple: 1d

1 C'est ma casquette.
2 Voici mon maillot de bain.
3 J'adore les bandes dessinées.
4 Tu aimes le coca?
5 Je cherche mes baskets.
6 Je n'aime pas le poisson.

a Je ne les trouve pas!
b Je les lis souvent.
c Non, je ne l'aime pas beaucoup.
d Je la porte tout le temps.
e Je le mange rarement.
f Je le mets quand je fais de la natation.

108 cent-huit

7 Ça va?

3 C'est quelle valise?

🔊 Ces jeunes partent en vacances, mais avec quelle valise? Écoute les conversations et trouve les paires.

Exemple: 1D

1 **Patrick** part demain à Nice, au bord de la mer.
2 **Claire** part à la montagne.
3 **Roxane** va chez sa tante et son oncle aux États-Unis.
4 **Thomas** part chez son correspondant anglais à Manchester.
5 **Mathieu** va à un stage d'informatique.

4 Où sont mes affaires?

💬 Hier soir, Dani est allé à une fête. Ce matin, il ne trouve pas ses affaires. Travaillez à deux. Une personne est Dani. L'autre personne l'aide à trouver ses affaires. Changez de rôle toutes les deux questions.

Exemple: 1 – Où est mon jean?
– Le voilà, sous le lit.

1 Où est mon jean?
2 Où est mon tee-shirt?
3 Où est ma montre?
4 Où est ma ceinture?
5 Où sont mes chaussettes?
6 Où est mon sweat?
7 Où sont mes baskets?
8 Où est ma casquette?
9 Où est mon portable?
10 Et où sont mes lunettes de soleil?

| Le La Les | voilà, | sous sur devant dans derrière | le lit. la porte. la table. la chaise. l'ordinateur. la poche. |

7D Le corps

- talk about parts of the body
- understand a longer reading text

1 Les parties du corps

a Lis les listes et prononce les mots.

b Écoute et écris le numéro des parties du corps.

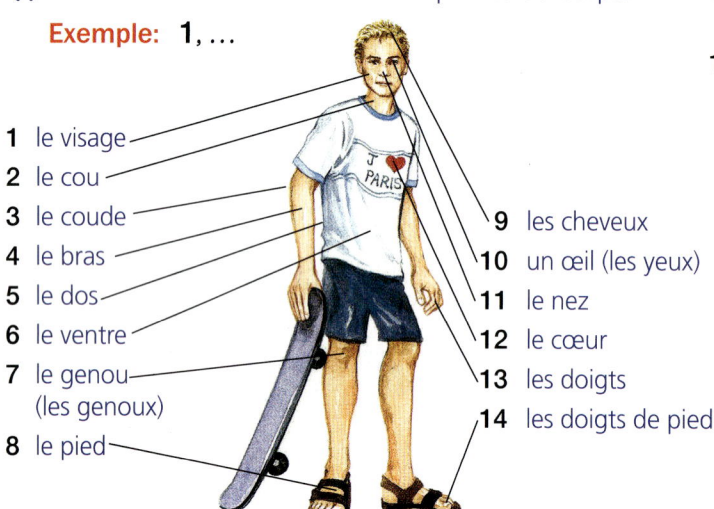

Exemple: 1, …

1 le visage
2 le cou
3 le coude
4 le bras
5 le dos
6 le ventre
7 le genou (les genoux)
8 le pied
9 les cheveux
10 un œil (les yeux)
11 le nez
12 le cœur
13 les doigts
14 les doigts de pied

15 la tête
16 la bouche
17 une épaule (les épaules)
18 la jambe
19 une oreille (les oreilles)
20 les dents
21 la gorge
22 la main

Enzo

Camille

2 Qu'est-ce que c'est?

Trouve les mots qui manquent.

Exemple: 1 les jambes

1 On marche avec les ___ et les pieds.
2 On mange avec les ___ .
3 On parle avec la ___ .
4 On regarde la télé avec ___ .
5 On écoute de la musique avec ___ .
6 On joue du piano avec ___ .
7 La tête est sur ___ .
8 Le cou est sur ___ .

3 Au zoo «fantaisie»

Dans ce zoo, il y a des animaux vraiment extraordinaires. Lis et complète les descriptions.

1 un élé-chat

L'élé-chat a le nez d'un éléphant, mais les oreilles d'un chat. Il a la bouche d'un éléphant, mais les yeux d'un chat. Il a les pattes* d'un éléphant, mais le dos d'un chat. (*Une personne a des jambes, mais un animal ou un oiseau a des pattes.)

2 un lap-chien

Il a la ___ et les ___ d'un lapin, et le corps, la queue et les ___ d'un chien.

3 une pois-souris

Peux-tu décrire une pois-souris?

4 le monstre Tricolore

Et voici la description d'un animal plus étrange que tous les autres. C'est le «monstre Tricolore». Peux-tu le dessiner?

Il a une grande tête hexagonale, et un visage blanc avec un nez blanc. Il a un œil rouge et une oreille rouge, un œil bleu et une oreille bleue. Il a un ventre énorme: c'est parce qu'il mange beaucoup de plats français avec ses grandes dents blanches. Il a beaucoup de pattes pour marcher dans toute la France – c'est un grand pays!

4 Un animal étrange

Invente un animal très étrange. Écris la description de ton animal, puis échange la description avec un(e) partenaire. Chaque personne doit dessiner l'animal inventé par l'autre.

7 Ça va?

5 Deux animaux un peu différents

La girafe et le zèbre sont jolis tous les deux, mais un peu extraordinaires.
Leur corps est bien adapté à la vie dans la savane africaine.

À quoi sert le cou de la girafe?

La girafe a le cou le plus long de tous les animaux du monde. Son cou peut mesurer deux mètres, donc avec ses longues pattes, une girafe mesure environ cinq mètres.

Son cou est très utile:

- La girafe peut toujours trouver des feuilles à manger parce qu'elle est aussi grande que les arbres, mais plus grande que les autres animaux.
- Son cou aide la girafe à rester en équilibre. Quand elle marche, elle baisse et relève la tête.
- Les girafes peuvent facilement voir les ennemis qui approchent et elles peuvent s'échapper!

Pourquoi les zèbres sont-ils rayés?

On ne le sait pas exactement, mais les spécialistes ont plusieurs théories:

- Les rayures servent de camouflage dans la savane africaine.
- Les rayures noires et blanches brouillent la vue des lions. Cet effet optique aide à protéger les zèbres.
- Les rayures sur le cou et les épaules permettent aux zèbres de se reconnaître. Les zèbres, comme les chevaux, ne voient pas bien, mais ils distinguent bien les contrastes. Donc, un petit zèbre peut reconnaître sa mère selon ses rayures.

a Complète les phrases avec les bons mots.

rester en équilibre to keep [its] balance
brouiller to blur

Exemple: 1 long

1 Le cou de la girafe est très ___ .
2 Les girafes mangent des ___ .
3 Une girafe est plus ___ que les autres animaux.
4 Quand la girafe marche, son ___ l'aide à rester en équilibre.
5 Avec son long cou, il est ___ de voir ses ennemis.

b Réponds aux questions en anglais.

1 Are scientists certain why zebras have stripes?
2 What effect do the stripes have on lions' vision?
3 What do you know about zebras' eyesight?
4 What makes it possible for a baby zebra to recognise its mother?

c À tour de rôle, lisez les articles à haute voix. Faites attention à la prononciation.

d Écris quelques phrases sur un autre animal un peu différent. Regarde les images pour trouver des idées.

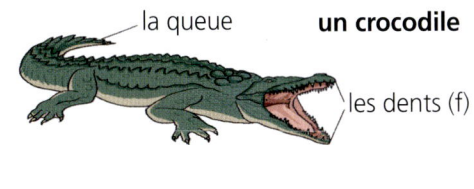

un tigre
les rayures (f)
la queue
un crocodile
les dents (f)
les piquants (m)
un porc-épic

Phonétique

Rhyming words

You have learnt several word endings that are spelt differently but which sound the same or very similar.

Find the words that rhyme with these animals and parts of the body, then listen to check.

1 oiseau   4 nez
2 éléphant 5 pied
3 cou   6 bras

chat dos dents
thé genoux rayé

Try to make up other rhyming pairs.

cent-onze 111

7E Ça fait mal!

- say how you feel and describe what hurts
- use expressions with *avoir*

1 Un match amical!

Regarde l'image des joueurs blessés après un match 'amical'. Complète la description.

Exemple: a Didier a mal au <u>pied</u>.

Un match AMICAL!

Dimanche-Loisirs   SPORT   page **24**

Le weekend dernier, l'équipe de rugby «les Papes» a joué un match amical contre «les Rois», l'équipe du village voisin. Malheureusement, à la fin de ce match amical, il y a douze blessés!
Maxime (1) a mal à la jambe.
Léon (2) a mal aux dents.
Marius (3) a très mal au dos.
Didier (4) a mal au (**a**)___.
Sébastien (5) a mal au (**b**)___.
Mathieu (6) a mal à l'(**c**)___ droit.
Malik (7) a mal à la (**d**)___ droite.
Arthur (8) a mal à l'(**e**)___ gauche.
Clément (9) a mal au (**f**)___.
Fabien (10) a mal au (**g**)___ – il a un nez aussi gros que le ballon de rugby!
Même la mascotte, Mêlée (11), a mal à la (**h**)___!
Et l'arbitre (12)? Il a mal à la tête, à la (**i**)___, aux bras, à la main et au (**j**)___.
C'était seulement un match amical; imaginez le résultat si c'était un match sérieux!
Et le résultat du match amical? Match nul!

2 Après le match

a Complète les phrases.

Exemple: 1 Sébastien <u>a mal</u> au genou.

1 Sébastien ___ au genou.
2 Léon ___ aux dents.
3 Clément et l'arbitre ___ au bras.
4 Malik et l'arbitre ___ à la main.
5 Maxime dit: «Aïe, j'___ à la jambe.»
6 Mêlée, la chienne, ___ à la queue.

b Tous les joueurs blessés sont allés chez le médecin. Qu'est-ce qu'ils lui ont dit?

Exemple: 1 Didier a dit: «J'ai mal au pied.»

1 Didier a dit: «J'ai mal ___ .»
2 Arthur a dit: «J'ai mal ___ .»
3 Fabien a dit: «___ .»
Et Mathieu (**4**), et Marius (**5**), et l'arbitre (**6**)?

Dossier-langue   Grammaire 11.3

Saying something hurts

To say what hurts, use part of the verb **avoir** + **mal** + **au/à la/à l'/aux** + the part of the body which hurts.

j'ai tu as il/elle/on a nous avons vous avez ils/elles ont	mal	au	genou nez	**masculine**
		à la	tête jambe	**feminine**
		à l'	œil oreille	**before a vowel**
		aux	dents yeux	**plural**

c À deux: la personne A dit une phrase, la personne B devine qui parle.

Exemple:
A J'ai mal <u>au dos</u>.
B Tu es <u>Marius</u>?
A Oui, c'est ça/Oui, je suis <u>Marius</u>.

112 cent-douze

7 Ça va?

3 Quelle description?

Choisis la bonne description pour chaque image.

Exemple: 1d

- a Elles ont chaud.
- b Il a soif.
- c Il a froid.
- d Il a faim.
- e Ils ont soif.
- f Il a de la fièvre.

Dossier-langue — Grammaire 11.3

Expressions with avoir

The verb **avoir** is very useful. Just by adding the right word to it, you can say you're hungry, thirsty, hot, cold, or that you have a temperature. You also use it to say your age.

j'ai	faim (*hungry*)
tu as	soif (*thirsty*)
il/elle/on a	chaud (*hot*)
nous avons	froid (*cold*)
vous avez	de la fièvre
ils/elles ont	(*a temperature*)

The verb **avoir** usually means 'to have', but how are some of these expressions translated into English? Always remember to look at the whole phrase.

4 Qu'est-ce qu'ils disent?

Écris les phrases.

Exemple: 1 J'ai faim!

5 Des problèmes

a Écoute (1–8) et note la bonne image.

b Quel est le problème? Écris une phrase.

Exemple: 1A Il a faim.

c Écoute encore une fois et note la solution à chaque problème.

Exemple: 1 Il mange du gâteau.

6 Quel est le problème?

À deux, choisissez deux nombres (1–6) et inventez des conversations.

Exemple: (A3, B5)

A Quel est le problème?
B Elle a mal à la tête.

A		B	
1 je	4 nous	1 faim	4 froid
2 tu	5 vous	2 soif	5 mal à la tête
3 elle	6 ils	3 chaud	6 mal aux pieds

cent-treize 113

7F Qu'est-ce qu'il y a?

- talk about going to the doctor's
- use the imperative (commands)

1 Ça ne va pas!

Charles passe une semaine chez son ami Mathieu. Un jour, Charles ne va pas très bien.

a Écoute et lis la conversation.

– Bonjour, Charles, ça va?

– Bonjour, madame. Non, ce matin, je ne vais pas très bien.

– Qu'est-ce qui ne va pas?

– J'ai mal à la tête et j'ai mal à la gorge aussi.

– Quand tu es chez toi, est-ce que tu prends de l'aspirine?

– Oui, madame.

– Alors, bois ce verre d'eau et prends cette aspirine. Repose-toi un peu et si tu ne vas pas mieux, je vais téléphoner au médecin.

– Merci, madame.

Plus tard …

– Ça va mieux, Charles?

– Ah, non. J'ai toujours mal à la tête et maintenant, j'ai mal aux oreilles aussi et je crois que j'ai de la fièvre.

– Alors, je vais demander un rendez-vous chez le médecin.

b Complète le résumé avec des mots de la case.

Exemple: **1f** *ne va pas*

Ce matin, Charles (**1**) ___ très bien. Il a mal (**2**) ___ et il a mal (**3**) ___ . Alors, il boit (**4**) ___ et il prend (**5**) ___ . Plus tard, il a mal (**6**) ___ aussi et il croit qu'il a (**7**) ___ .

a	un verre d'eau
b	à la gorge
c	de l'aspirine
d	de la fièvre
e	aux oreilles
f	ne va pas
g	à la tête

mieux *better*

2 Tout le monde est malade

Écoute les dialogues et note l'ordre des expressions (1–12).

Exemple: 2, …

Les jeunes (Hélène, Martin, Alain)

1 ça ne va pas très bien (*I'm not very well*)
2 je ne vais pas très bien (*I'm not very well*)
3 ça ne va pas mieux (*I'm no better*)
4 je suis asthmatique
5 j'ai mal au cœur (*I feel sick*)
6 je suis allergique au poisson

Les adultes

7 bois ce verre d'eau
8 ne mange rien
9 prends ton inhalateur
10 prends ce médicament
11 repose-toi
12 reste au lit

3 Il y a un problème?

Complète avec un verbe à l'impératif.

Exemple: **1** *mange*

1 – Maman, j'ai faim.
  – Alors (*manger*) ces sandwichs.
  – Maintenant j'ai soif.
  – Alors (*boire*) cette limonade.

2 – Pfff! J'ai chaud!
  – Alors (*ouvrir*) la fenêtre.
  – Brrr! Maintenant j'ai froid.
  – Si tu as froid, (*mettre*) ton sweat.

3 – Maman, je suis malade, j'ai de la fièvre.
  – Alors ne (*aller*) pas à l'école, (*rester*) à la maison.
  – Zut! Il y a une fête ce soir et je veux y aller!
  – Alors, (*aller*) au collège ce matin!

Dossier-langue | **Grammaire 10.5**

Commands (l'impératif)

To give someone a command or instruction in French, just use the 2nd person of the verb (but without the words **tu** or **vous**), e.g.

singular (tu)   **plural (vous)**
Prend**s** de l'aspirine.   Ouvr**ez** la fenêtre.
Met**s** ton pull.   Retourn**ez** à la maison.

Note that for the imperative of **-er** verbs (including **aller**), you drop the **-s** from the 2nd person singular (**tu**), e.g.

Tu parle**s** vite. Parle plus lentement.
Tu ne va**s** pas bien? Va chez le médecin.

7 Ça va?

4 Chez le médecin

🔊 **a** Écoute et lis la conversation de Seyni chez le médecin.

💬 **b** À deux, inventez d'autres conversations.

M Bonjour! Qu'est-ce qui ne va pas?
S J'ai mal aux oreilles et à la gorge, Docteur, et je ne peux pas dormir.
M Ouvrez la bouche. Ah, oui. Je vois. Ça vous fait mal là?
S Aïe! Oui, un peu!
M Voici une ordonnance. Prenez ce médicament. Et téléphonez si ça ne va pas mieux.
S Merci, Docteur.

Le client/La cliente

J'ai (un peu) mal	à la bouche/ gorge/ jambe/ main/tête	au bras/cœur/ cou/dos/ pied/ventre	aux yeux/ dents/ oreilles
	à l'œil/l'oreille		

J'ai de la fièvre.   Je n'ai pas faim.
Je ne peux pas dormir.   J'ai tout le temps soif.
J'ai très chaud/froid.

Le médecin

Ouvrez la bouche.   Prenez ce médicament.
Montrez-moi votre bras/   Prenez de l'aspirine.
  votre jambe/vos pieds.   Buvez beaucoup d'eau.
Mettez-vous là.   Restez au lit.

Stratégies

Irregular verb patterns

The verb **dormir** (to sleep) is irregular but it follows a similar pattern to **partir** and **sortir**. Write out each part of this verb from your knowledge of **partir** or **sortir**, then check it in task 5 or in the verb table (*Grammaire* 12.5).

5 Tout le monde dort

Il est deux heures de l'après-midi. Le docteur est en retard. Il fait très chaud.
Dans la salle d'attente, presque tout le monde dort. Léna parle à sa mère.
– Est-ce que tu dors?
– Non, je ne dors pas.
– Et ce monsieur-là, est-ce qu'il dort?
– Je ne sais pas. Vous dormez, monsieur?
– Zzz.
– Oui, il dort.
– Ça alors! Tous les clients dorment.
– Oui, mais nous, comme nous ne dormons pas, entrons vite voir le docteur!

Lis l'histoire et les phrases. Écris **vrai** ou **faux**.

Exemple: 1 faux

1 Il est onze heures du matin.
2 Le docteur dort.
3 Il fait chaud.
4 Dans la salle d'attente, presque tout le monde parle.
5 La fille et sa mère dorment.

6 Bonne santé

a Voici une affiche dans la salle d'attente du médecin. Complète les conseils avec des verbes à l'impératif.

Exemple: 1 Mangez

➕ **b** Invente une affiche avec des conseils différents. Ça peut être amusant … mais pas dangereux!

1 (*Manger*) bien …
  … mais ne (*manger*) pas trop!
2 (*Boire*) beaucoup d'eau …
  … mais pas trop de boissons sucrées!
3 (*Dormir*) bien …
  … pour être en forme!
4 N'(*oublier*) pas de bien vous brosser les dents!
  Voici une bonne idée: (*écouter*) votre chanson favorite et (*brosser*)-vous les dents le temps qu'elle dure.
5 Tous les jours, (*marcher*) un peu en plein air …
  … assez vite, mais pas trop!
6 Chaque weekend, (*faire*) un peu de «vrai» exercice!
  … la natation est bonne pour la santé
  … ou les promenades
  … même la danse!
7 Ne (*fumer*) pas!
  Fumer, ce n'est pas bon pour la santé! Arrêter de fumer est très difficile, alors ne (*commencer*) pas!
8 Ne (*rester*) pas trop longtemps à la maison!
  S'il fait beau, ne (*regarder*) pas la télé, ne (*jouer*) pas sur l'ordinateur, (*faire*) une randonnée à la campagne.

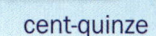

7G C'est extra!

■ *learn a traditional French song*

1 Chantez! Alouette

🔊 Écoute et lis la chanson, puis chantez.

le bec
les ailes
la queue
les pattes

Elle plume un oiseau

une plume

Alouette, gentille alouette,
Alouette, je te plumerai.
Je te plumerai la tête,
Je te plumerai la tête,
Et la tête, et la tête,
Alouette, Alouette,
Oh …

Alouette, gentille alouette,
Alouette, je te plumerai.
Je te plumerai le bec,
Je te plumerai le bec,
Et le bec, et le bec,
Et la tête, et la tête,
Alouette, Alouette,
Oh …

Je te plumerai le cou …
Je te plumerai le dos …
Je te plumerai les ailes …
Je te plumerai la queue …
Je te plumerai les pattes …
Alouette, gentille alouette,
Alouette, je te plumerai.

| plumer (je plumerai) | to pluck (I will pluck) |

2 Origine de la chanson

Lis le texte et réponds aux questions en anglais.

Quelle est l'origine de la chanson *Alouette*? C'est une comptine canadienne populaire, mais elle vient de France. On avait l'habitude de manger des alouettes au 19ème siècle et quand on veut manger un oiseau, on le plume.

Plumer un oiseau comme l'alouette, ce n'est pas gentil! L'alouette est un oiseau qui chante très bien, mais son chant est peut-être trop fort pour les gens qui aiment rester au lit le matin!

La chanson est associée aux voyageurs canadiens-français de la traite des fourrures – elle était utile pour garder le rythme des pagaies et pour passer le temps. Maintenant, elle sert pour apprendre aux enfants des parties du corps … et pour les amuser.

1 In which country is *Alouette* popular?
2 Which country did it come from originally?
3 Which people might not enjoy the lark's singing?
4 Why did the fur traders sing the song? (2 reasons)
5 What is the purpose of the song now? (2 reasons)

la comptine	nursery rhyme
avait	had
la traite	trade
était	was
la pagaie	paddle

3 Encore une chanson

💬 En groupe, faites cette chanson. Touchez la partie du corps à chaque fois. Amusez-vous!

La tête, les épaules, les genoux et les pieds.
La tête, les épaules, les genoux et les pieds.
Les yeux, les oreilles, la bouche et le nez,
La tête, les épaules, les genoux et les pieds.

Sommaire

7 Ça va?

Now I can ...

■ talk about clothes and what to wear

un anorak	anorak
des baskets (f pl)	trainers
des bottes (f pl)	boots
un casque	helmet (for cycling, etc.)
une casquette	baseball hat, cap
des chaussettes (f pl)	sock
des chaussures (f pl)	shoe
une chemise	shirt
une cravate	tie
un jean	jeans
un jogging	track suit
un imper(méable)	mac(intosh), raincoat
une jupe	skirt
un logo	logo
des lunettes de soleil (f pl)	sunglasses
un maillot de bain	swimming costume
un pantalon	trousers
un pull	jumper
un pyjama	pyjamas
une robe	dress
des sandales (f pl)	sandals
un short	shorts
un sweat	sweatshirt
un tee-shirt	T-shirt
une tenue	outfit
une veste	jacket
la mode	fashion
Je n'ai rien à me mettre.	I have nothing to wear.

■ describe people and things

carré(e)	square-shaped
content(e)	happy
court(e)	short
décontracté(e)	casual (clothes, etc.)
fort(e)	strong
grand(e)	big, tall
gros(se)	big, fat
haut(e)	high
jeune	young
long(ue)	long
lourd(e)	heavy
mince	slim
pauvre	poor
petit(e)	small
riche	rich
triste	sad
vieux (viel m before a vowel, vieille f)	old
de taille moyenne	medium height/build

- **describe appearance (see pages 106–107)**
- **describe parts of the body (see page 110)**

■ say that you feel ill

Je ne vais pas très bien.	I'm not very well.
Ça ne va pas très bien.	I'm not very well.
Ça ne va pas mieux.	I'm no better.
Je suis (un peu) malade.	I am ill (I am not very well).

■ explain what's wrong

J'ai mal au cœur.	I feel sick.
Je suis asthmatique.	I have asthma.
Je suis allergique à ...	I am allergic to ...
Je ne peux pas dormir.	I can't sleep.
J'ai mal à la tête.*	I have a headache./ My head hurts.
Il a mal au dos.*	He has backache./ His back hurts.
Elle a mal aux oreilles.*	She has earache.

*use a similar pattern for other parts of the body (see page 110)

J'ai chaud.	I'm hot.
J'ai froid.	I'm cold.
J'ai de la fièvre.	I have a temperature.
J'ai faim.	I'm hungry.
J'ai soif.	I'm thirsty.

■ understand what the doctor asks you ...

Qu'est-ce qui ne va pas?	What's wrong?
Qu'est-ce qu'il y a?	What's the matter?
Ça vous fait mal là?	Does it hurt you there?

■ ... and what you are told

Ouvrez la bouche.	Open your mouth.
Montrez-moi votre jambe.	Show me your leg.
Montrez-moi vos pieds.	Show me your feet.
Restez au lit.	Stay in bed.
Prenez ce médicament.	Take this medicine.
Prenez votre inhalateur.	Take your inhaler.
Voici une ordonnance.	Here's a prescription.

■ use direct object pronouns to avoid repetition (see page 108–109)

Où est mon sac?	Where's my bag?
Le voilà.	There it is.
Où est ma montre?	Where's my watch?
La voilà.	There it is.
Où sont mes baskets?	Where are my trainers?
Les voilà.	There they are.

■ use the imperative to give commands (see page 114)

Rappel 4 Unités 6–7

1 À la gare
Complète les mots avec des voyelles, puis écris l'équivalent en anglais.

Exemple: 1 la gare – station

1 l_ g_r_
2 l_ q___
3 l_ g__ch_t
4 l_ b_ll_t
5 l'h_r__r_
6 l_ c_ns_gn_
7 l_ d_p_rt
8 l_ k__sq__

2 Au contraire
Trouve les contraires.

Exemple: 1c

1 bonjour
2 occupé
3 la sortie
4 l'arrivée
5 à l'heure
6 un aller simple
7 ensemble
8 devant

a en retard
b le départ
c au revoir
d derrière
e séparé
f l'entrée
g libre
h un aller-retour

3 Deux conversations
a Complète les conversations avec les bonnes phrases (a–h).

Exemple: 1e

b À deux, lisez les conversations.

À la gare
– On peut vous aider?
– (1 ___)
– Voilà.
– (2 ___)
– À onze heures trente-cinq.
– (3 ___)
– Quai numéro deux.

Samedi dernier
– Tu es sortie à quelle heure, Alice?
– (4 ___)
– Où es-tu allée?
– (5 ___)
– Tu es rentrée comment?
– (6 ___)
– Et toi, Léo, où es-tu allé?
– (7 ___)
– Tu es rentré comment?
– (8 ___)

a Je suis rentrée en bus.
b Et c'est quel quai?
c Je suis rentré en voiture.
d Merci. Le train part à quelle heure?
e Un aller simple pour Calais, s'il vous plaît.
f Je suis allé à la piscine.
g Je suis sortie à deux heures.
h Je suis allée au centre sportif.

4 Une carte postale de Londres
Choisis le bon mot pour compléter la carte postale.

Exemple: 1 nous avons passé

Salut d'Angleterre!

Hier, nous avons (**1** passé / passez / passer) la journée à Londres. Le matin, nous avons (**2** vois / voir / vu) les principaux monuments. À midi, nous avons (**3** fais / fait / faire) un piquenique dans un parc. L'après-midi, nous sommes (**4** aller / allés / allez) à la Tour de Londres en (**5** baguette / bateau / beurre). Puis nous sommes (**6** rentrés / rentrez / rentrer) à Canterbury en (**7** café / carte / car).
Le soir, j'ai (**8** jouent / jouons / joué) sur l'ordinateur.

À bientôt, Alex

5 Ils sont allés où?
Complète les phrases. Écris la bonne forme du verbe **aller** au passé composé et le moyen de transport.

Exemple: 1 Julie <u>est allée</u> à la plage <u>à vélo</u>.

1 Julie ___ à la plage .
2 David ___ au cinéma .
3 Martine, tu ___ au marché ?
4 Nous ___ au stade .
5 Ma copine ___ au match de tennis .
6 Max et Léa, vous ___ aux magasins ?
7 Mes parents ___ à la gare .
8 Les filles ___ au théâtre .

cent-dix-huit

6 Le weekend

Ce weekend, tout le monde fait quelque chose de différent.
Qu'est-ce qu'ils mettent? Trouve les paires.

Exemple: 1b

1 Luc et Yannick jouent au football. Ils …
2 Mireille et Sika jouent au tennis. Elles …
3 Roseline va à la montagne. Elle …
4 Hasan va à la piscine. Il …
5 Samedi, c'est le mariage de ma nièce. Alors, je …
6 Et toi, Albert, tu …

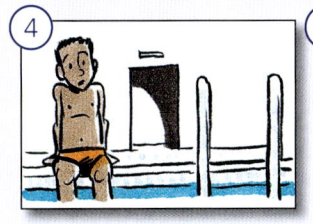

a … met un jogging, un bonnet et des gants.
b … mettent un short, un tee-shirt et des chaussures de football.
c … mets ma robe très chic et un grand chapeau.
d … met son maillot de bain.
e … mettent une jupe blanche, un tee-shirt, des chaussettes blanches et des tennis blanches.
f … mets de nouveaux vêtements – et une fleur, bien sûr!

7 Chasse à l'intrus

Quel mot ne va pas avec les autres?

Exemple: 1 matière (ce n'est pas un adjectif)

1 mince, moderne, moyenne, matière
2 français, gris, choisis, anglais
3 thé, fatigué, frisé, carré
4 rond, vend, grand, blond
5 bleus, yeux, bruns, roux
6 billet, baskets, casquettes, chaussettes

8 Laura va en vacances

Complète les phrases pour répondre aux questions. Utilise **le**, **la**, **l'** ou **les**.

Exemple: 1 Oui, elle _le_ prend.

1 – Est-ce que Laura prend son jean?
 – Oui, elle ___ prend.
2 – Est-ce qu'elle prend ses lunettes de soleil?
 – Oui, elle ___ prend.
3 – Elle prend sa robe noire?
 – Non, elle ne ___ prend pas.
4 – Laura, tu prends ton maillot de bain?
 – Bien sûr, je ___ prends!
5 – Est-ce que tu prends ton tee-shirt bleu?
 – Oui, je ___ aime bien, mon tee-shirt bleu.
6 – Tu prends ta casquette rouge?
 – Oui/Non, je ___ .
7 – Est-ce que tu prends tes baskets blanches?
 – ___ .
8 – Et s'il fait mauvais, tu prends ton imperméable?
 – ___ .

9 Trouve la réponse!

Trouve la bonne réponse et écris la bonne forme de l'impératif.

Exemple: 1d _Mets_ ton pull, alors!

1 Brrr! J'ai froid, Maman!
2 J'ai soif!
3 J'ai vraiment trop chaud ici. Qu'est-ce que je peux faire?
4 J'ai faim, Jeannette.
5 J'ai mal à la tête et je crois que j'ai de la fièvre!
6 Est-ce qu'il y a des fruits, Maman? J'ai faim.

a (boire) ce verre de limonade!
b Voilà, Martin, (manger) un de mes sandwichs!
c (prendre) de l'aspirine!
d (mettre) ton pull, alors!
e Voilà, (choisir) une pomme!
f Ne (rester) pas au soleil, va dans la maison!

unité 8 On va s'amuser

8A À ne pas manquer

- **learn about Nîmes**
- **find out what's on and discuss plans**
- **use the verb** voir

1 Nîmes – la ville avec un accent

Sophie et son frère, Bruno, visitent Nîmes, une ville dans le sud-est de la France. Ils font une visite guidée.

1 Bonjour et bienvenue à Nîmes. C'est une ville historique, avec des ruines romaines très importantes. Nous voyons ici les arènes de Nîmes. À l'époque romaine, il y avait des combats d'animaux et de gladiateurs dans ce grand amphithéâtre. De nos jours, on organise des spectacles et des concerts de musique ici.

2 Vous voyez là-bas les jardins de la Fontaine. Dans les jardins il y a une grande tour, la tour Magne. De son sommet, on voit tout Nîmes.

3 Maintenant vous voyez la Maison Carrée. Autrefois, c'était un temple romain et maintenant c'est un musée. On peut y voir un film qui raconte l'histoire de la ville.

4 – Bruno, tu vois ce bâtiment en verre?
– Ah oui, c'est très moderne.

Ça, c'est le Carré d'Art, construit par l'architecte britannique, Norman Foster. C'est un complexe d'art avec un musée d'art contemporain et une librairie.

5 – Sophie, tu vois le crocodile?
– Aïe, un crocodile! Où ça? Je ne le vois pas.
– Calme-toi. C'est une statue, pas un vrai crocodile.

Le crocodile est le symbole de la ville qui commémore la conquête de l'Égypte par les Romains. On voit un crocodile enchaîné à un palmier partout dans la ville.

Les footballeurs du club de football de Nîmes (Nîmes Olympique) sont surnommés «les crocodiles».

6 À 25 km de la ville, vous pouvez voir le célèbre pont du Gard. C'est un énorme aqueduc à trois niveaux construit par les Romains. Les touristes viennent de loin pour le voir. C'est vraiment spectaculaire.

a Écoute et lis les textes (1–6). Trouve la bonne photo (A–F).

Exemple: **1C**

b Que sais-tu de Nîmes?

1 Où est la ville?
2 Quels bâtiments datent de l'époque romaine?
3 Le Carré d'Art, qu'est-ce que c'est?
4 Quel animal est le symbole de la ville?
5 Est-ce qu'il y a un club de football?
6 Comment s'appelle l'aqueduc qui se trouve près de Nîmes?

c Écris une annonce pour encourager les touristes à visiter Nîmes.

Exemple: **Vous aimez l'histoire? Venez voir les monuments romains à Nîmes!**

le niveau — level

8 On va s'amuser

Dossier-langue — **Grammaire 12.5**

The present tense of *voir* (to see)
The text about Nîmes contains several parts of the present tense of *voir*. Copy and complete this table.

voir – to see		
1	je vois	nous …
2	tu …	vous …
3	il/elle/on …	ils/elles voient

Voir is irregular but look at the endings.
Are they similar to endings for regular verbs?

2 Des phrases

Choisis la bonne forme du verbe.

Exemple: **1** Tu *vois*

1 Tu (vois/voit/voient) le bâtiment blanc là-bas?
2 Non, je ne le (voyons/voyez/vois) pas.
3 Vous (voyons/voyez/voient) les autres?
4 Oui, je (voit/voient/vois) Luc et Zac là-bas.
5 De la tour Magne ils (voyons/voyez/voient) toute la ville de Nîmes.
6 On (vois/voit/voyez) bien d'ici.

3 Sortir à Nîmes

a Lis les publicités. **Vrai**, **faux** ou **pas mentionné**?

b Corrige les phrases fausses.

Exemple: **1** *pas mentionné*

1 L'entrée à la piscine, c'est dix euros.
2 La piscine est ouverte tous les jours à midi.
3 Le match de football est le seize mai.
4 Ça commence à huit heures du soir.
5 Pendant la nuit des musées, tous les musées sont ouverts toute la nuit.
6 L'entrée est gratuite cette nuit-là.
7 Il y a un feu d'artifice le quatorze juillet.
8 Ça finit à minuit.

4 Des phrases utiles

Trouve les paires. **Exemple:** 1*b*

1 Qu'est-ce qu'on va faire?
2 On y va?
3 Ça commence quand?
4 Ça ouvre quand?
5 Ça ferme à quelle heure?
6 Qu'est-ce qu'il y a d'autre à faire?

a When does it start?
b What shall we do?
c What time does it close?
d What else is there to do?
e When does it open?
f Shall we go?

5 Des conversations

a Écoute et choisis le bon mot.

1 – Qu'est-ce qu'on va faire aujourd'hui? On va visiter ___ (**a** un musée **b** un château)?
– Ah non, il fait trop ___ (**a** froid **b** chaud). Qu'est-ce qu'il y a d'autre à faire?
– Alors, il y a la piscine Aquatropic. On y va?
– Bonne idée! J'aime bien (**a** la natation **b** le sport).

2 – Ça commence à quelle heure, ___ (**a** le feu d'artifice **b** le film)?
– Ça commence à ___ (**a** 10h30 **b** 8h30).
– C'est bien. On y va?
– Oui, d'accord. Et avant, on peut manger ___ (**a** une pizza **b** une glace).

3 – Tu veux aller (**a** au musée du Vieux Nîmes **b** au pont du Gard) demain?
– Oui, je veux bien. Ça ouvre à quelle heure?
– Ça ouvre à ___ (**a** 9h00 **b** 10h00) et ça ferme à ___ (**a** 18h00 **b** 20h00).
– Et c'est ouvert tous les jours?
– Tous les jours sauf (**a** le lundi **b** le mardi).

b À deux, inventez d'autres conversations.

Piscine Aquatropic

- Bassins intérieurs et extérieurs
- Eau à 29°C
- Rivière rapide
- Canons à eau
- Bain bouillonnant géant

Horaires: 9h00 à 21h00
jours fériés 11h00 à 19h00

La nuit des musées
Les musées de la ville de Nîmes sont gratuits et ouverts à tous, le samedi 17 mai, de 20 heures à minuit. De nombreuses animations sont prévues.

Feu d'artifice
Feu d'artifice traditionnel, le 13 juillet au soir. Trente minutes de magie pyrotechnique pour célébrer la fête nationale. Un spectacle pour émerveiller toute la famille.

Les jardins de la Fontaine
Vendredi 13 juillet à 22h30
Tarif: Gratuit

Football
Nîmes Olympique reçoit Laval
- Stade des Costières
- 16 mai, 20h

cent-vingt-et-un 121

8B Tu aimes sortir?

- talk about going out
- use the verb *sortir* (present and perfect tenses)

1 Isabelle ne sort jamais!

a Lis l'histoire d'Isabelle.

1. Je vous présente une nouvelle élève, Isabelle Lenoir.
2. Tu es contente ici? Tu sors souvent en ville?
   — Ça va. Mais je n'ai pas d'amis ici, donc je ne sors jamais.
3. La pauvre Isabelle ne sort jamais. Il faut l'inviter.
4. Salut, Isabelle. Ici Jean-Claude. Tu es libre samedi soir? Nous sortons en groupe à la nouvelle boîte. Tu viens avec nous?
5. mardi soir
6. mercredi après-midi — Bonjour, Isabelle. C'est Sophie. Tu viens à la piscine demain soir?
   — C'est Guy à l'appareil. On va à la campagne mercredi après-midi. Tu viens?
   — Salut! Ici Magali. Jeudi soir, on va jouer au tennis. Tu viens?
   — C'est moi, Alexandre. Vendredi, j'organise une fête chez moi. Je t'invite!
7. jeudi soir
8. vendredi soir
9. Mais vous êtes tous fatigués! Vous sortez trop dans cette classe.
   samedi matin
10. samedi soir — Isabelle, Jean-Claude et ses amis sortent. Ils vont à la nouvelle boîte.
11. dimanche — Bonjour, madame. C'est David, un copain d'Isabelle. Est-ce qu'elle est libre ce soir? Nous allons sortir …
12. C'est très gentil, David, mais le dimanche, elle ne sort jamais!

b Cette semaine, Isabelle sort beaucoup. Complète le résumé de la semaine d'Isabelle.

Exemple: 1 *Sophie*

1 Mardi soir, elle sort avec ___ .
2 Mercredi après-midi, elle sort avec ___ .
3 Jeudi soir, elle sort avec ___ .
4 Vendredi soir, elle sort avec ___ .
5 Samedi soir, elle sort avec ___ .
6 Mais le ___ , elle ne sort pas. Elle reste à la maison!

c Regarde les images et le texte. Écris 1–6 et écoute. Qui parle?

Exemple: 1 *C'est la mère d'Isabelle.*

Dossier-langue   Grammaire 12.5

The present tense of *sortir* (to go out)

The story about Isabelle contains several parts of the verb **sortir**. Copy and complete the verb in full.

sortir – to go out	
1 je sors	nous sortons
2 tu …	vous …
3 il/elle/on sort	ils/elles …

The verb **sortir** is similar to **partir** (to leave).

Alexandre   Guy   Isabelle   Jean-Claude
la mère d'Isabelle   le professeur

8 On va s'amuser

2 Vous sortez souvent?
🔊 Écoute les jeunes et choisis les bonnes réponses.

1 Sophie …
   a sort souvent.
   b sort une ou deux fois par semaine.
   c ne sort jamais.
2 Elle va au cinéma ou …
   a au théâtre.
   b au centre sportif.
   c à la piscine.
3 Jean-Claude fait …
   a peu de sport.
   b beaucoup de sport.
   c de la musique.
4 Il sort …
   a peu.
   b de temps en temps.
   c très souvent.
5 Pendant les vacances, Magali et Chantal sortent …
   a une fois par semaine.
   b assez souvent.
   c très peu.
6 Elles aiment …
   a le sport.
   b la musique.
   c l'informatique.
7 Guy et Stéphanie …
   a ne sortent pas souvent.
   b sortent assez souvent.
   c sortent très souvent.
8 Ils aiment …
   a le sport.
   b la musique.
   c l'informatique.

3 À discuter

a À deux, posez des questions et répondez.
1 Est-ce que tu sors souvent en famille ou avec des amis?
2 Où vas-tu normalement? (Normalement/Quelquefois, nous allons …)
3 Pour sortir le soir avec tes amis, qu'est-ce que tu mets?
4 Pendant la récréation, est-ce que vous sortez dans la cour? (toujours/quand il fait beau/pas souvent)
5 Qu'est-ce que tu fais quand il fait mauvais/chaud/très froid?

b Écris tes réponses.

Exemple: 1 *Je sors en famille le samedi.*

Je sors Je ne sors pas Nous sortons Nous ne sortons pas	(assez) souvent quelquefois le weekend seulement trop très souvent pendant les vacances une/deux fois par semaine
Je fais Nous faisons	de la natation/du vélo du judo/de l'informatique
Je mets	un jean et un sweat/une jolie robe un pantalon et un pull
Je vais Nous allons	au cinéma/au club des jeunes à un concert
Je joue Nous jouons	du violon/de la guitare au basket/aux cartes

4 Isabelle écrit à sa cousine
Lis le message et trouve le français.
1 all is well
2 I went out every night.
3 all my friends went out together
4 I slept all day.

> Chère Leila,
> Tout va bien ici au nouveau collège. J'ai beaucoup d'amis et la semaine dernière, je suis sortie tous les soirs.
> Mercredi après-midi aussi, nous sommes sortis, des copains et moi. Nous sommes allés à la campagne. Puis samedi soir, tous mes amis sont sortis ensemble – et moi aussi, bien sûr! Nous sommes allés à la nouvelle boîte, c'était fantastique! Dimanche, je ne suis pas sortie, j'ai dormi toute la journée!
> À bientôt!
> Isabelle

Dossier-langue — Grammaire 12.5

The perfect tense of *sortir* (to go out)
Look at the verb **sortir** in Isabelle's message.
- Which auxiliary verb is used with **sortir**?
- What is the past participle?
- What is the rule about the past participle for the verb **sortir**?
- Find some examples in the message.

8C Rendez-vous

- exchange contact details
- arrange to go out with someone (or not)

1 Quel est ton numéro de téléphone?

🔊 Sophie et Bruno sont allés à une soirée. Écoute et complète les conversations.

1 – Sophie, je peux prendre ton numéro de téléphone?
– Oui, bien sûr. C'est le ___ .
– Tu as un portable?
– Oui, mon numéro de portable, c'est le ___ .
– Et ton adresse e-mail?
– C'est soph12@franadoo.fr.

2 – Bruno, quelle est ton adresse ici à Nîmes?
– J'habite chez mon oncle, alors c'est ___ rue ___ .
– Et ton numéro de portable?
– Mon numéro de portable, c'est le ___ .
– Et ton adresse e-mail?
– C'est brunod14@chaudoo.fr

> To revise numbers, look at page 154 (*Vocabulaire par thèmes*).
> The symbol @ c'est **arobase** en français.
> Websites in France have the suffix **.fr** (*point f r*)

2 Es-tu libre ce soir?

🔊 Écris 1–8. Écoute les conversations et note la lettre pour chaque réponse.

Exemple: **1A**

A Tu veux accepter.
Oui, avec plaisir!
Oui, je veux bien.
OK, super!
Bonne idée!
Oh oui – génial!
Oui, d'accord.

B Tu n'es pas sûr(e).
Je ne sais pas encore.
Peut-être, je vais voir.
Ça dépend.

C Tu ne veux pas ou tu ne peux pas accepter.
Je regrette,   je ne peux pas.
Désolé(e),   mais   je ne suis pas libre.
C'est très gentil,   ce n'est pas possible.

Phonétique

▶ The endings '-sion' and '-tion'

invita**tion**, fic**tion**, excur**sion**

These endings often sound the same, so choose '-sion' or '-tion' according to the English spelling, as this usually works.

na**tation**

The endings '-cial', '-ciel', '-tiel'

spé**cial**, offi**ciel**, essen**tiel**

ciel

3 D'accord ou pas d'accord?

a À deux, lisez les conversations.

b Faites deux conversations différentes.

1 **A:** Tu es libre demain? Tu veux aller au cinéma avec moi?
B: C'est très gentil, mais demain, ce n'est pas possible.
A: Alors, samedi soir, il y a un feu d'artifice. Ça t'intéresse?
B: Oui, je veux bien. Je suis libre samedi soir. C'est une bonne idée.

2 **B:** On peut se revoir ce weekend?
A: Peut-être, je vais voir.
B: Il y a un match de foot dimanche prochain, on y va?
A: Merci, mais je regrette, je ne suis pas libre.

4 Chantez! Est-ce que tu veux sortir avec moi?

🔊 Écoute la chanson. On donne des excuses pour ne pas sortir. Note les excuses en anglais.

8 On va s'amuser

5 Sophie et Bruno sont sortis

Sophie et Bruno ont rencontré d'autres jeunes et ils sont sortis hier. Sophie a accepté une invitation de Charles. Bruno est sorti avec Amélie. Ils écrivent un message à des amis.

a Lis le message de Sophie et choisis les cinq phrases correctes. Traduis ces phrases en anglais.

1 Hier, je suis sortie avec un garçon qui s'appelle Charles.
2 Je vais sortir avec Charles.
3 On a décidé d'aller au cinéma.
4 Hier, je suis restée à la maison.
5 Nous allons voir un film de science-fiction.
6 Nous avons vu un film de science-fiction.
7 J'ai aimé le film, mais Charles l'a trouvé un peu stupide.
8 Nous n'avons pas aimé le match.
9 Après le film, on va manger une pizza.
10 Après le film, on a mangé une pizza.

Sophie

b Complète le message de Bruno avec la bonne forme des verbes.

Salut!

Hier, je (**1** *sortir*) avec une fille qui s'appelle Amélie. Elle est gentille, mais nous (**2** *passer*) un après-midi ennuyeux, à mon avis!

D'abord, nous (**3** *aller*) dans un petit café. Moi, j'(**4** *prendre*) un chocolat chaud et j'(**5** *manger*) un croissant, mais elle (**6** *lire*) son magazine de mode.

Après ça, nous (**7** *entrer*) dans un grand magasin à trois heures et nous (**8** *sortir*) du magasin à quatre heures et demie! Pendant tout ce temps, elle (**9** *acheter*) seulement une paire de chaussettes et elle (**10** *répondre*) à ses copines sur son portable. Le weekend prochain, je vais jouer au foot!

Bruno

6 Hier

a Tu as accepté une invitation d'une fille ou d'un garçon et tu es sorti(e) hier. Écris un message à un(e) ami(e).

Exemple:
Hier, je suis sorti(e) avec …
Nous sommes allés …
Le concert (etc.) a commencé à …
J'ai rencontré … (où?) (quand?) (qui?)

b Si tu es une fille, écris un message de la part de Charles.

Si tu es un garçon, écris un message de la part d'Amélie.

7 Rendez-vous

a Écoute la conversation et lis le texte.
b À deux, inventez d'autres conversations.

– Qu'est-ce qu'on va faire cet après-midi? **(1)**
– Moi, je voudrais aller à la piscine. **(2)**
– Ah non! Je ne veux pas faire ça. **(3)**
– Qu'est-ce qu'il y a d'autre à faire?
– Il y a un concert de rock au stade. **(4)** On y va?
– Bonne idée! Ça commence à quelle heure?
– À deux heures et demie. **(5)**
– Alors, rendez-vous devant le stade **(6)** à deux heures. **(5)**
– D'accord. À tout à l'heure.

On achète les tickets …

– Deux tickets **(7)**, s'il vous plaît, et est-ce qu'il y a un tarif réduit pour étudiants?
– Oui. Pour les étudiants, c'est six euros. **(8)** Vous avez vos cartes?
– Oui, voilà.
– Alors deux tickets tarif réduit… douze euros **(8)**, s'il vous plaît.

1 Quand?
aujourd'hui   ce soir
ce matin   demain

2 Où?
au parc d'attractions
à la patinoire

3 Pourquoi pas?
on fait toujours ça
il fait trop chaud/froid
ce n'est pas amusant

4 Qu'est-ce qu'il y a d'autre à faire?

Il y a	un concert	au club
	un match	au stade
	un spectacle	en ville
	un bon film	au cinéma

5 À quelle heure?
à une heure et demie
à six heures et quart, etc.

6 Rendez-vous où?

devant	la patinoire/la piscine
	le cinéma/le stade, etc.
en face	de la gare/
	de l'hôtel de ville

7 Combien de places ?
une/deux, etc. entrée(s)/place(s)
un/deux, etc. ticket(s)

8 Ça coûte combien?
6€   7,50€, etc.

cent-vingt-cinq **125**

8D On parle du sport

- talk about a match
- discuss sport at school
- learn more about the comparative

1 Le match de foot

a Bruno et Sophie sont allés au match de foot avec leur oncle. Bruno parle avec un ami au téléphone. Écoute la conversation et note le score à la mi-temps et à la fin du match.

– Tu as vu le match hier soir?
– Non, c'était bien?
– Oui, très bien. C'était Nîmes contre Laval. C'était vraiment passionnant. D'abord, l'équipe de Laval a marqué un but. Mais cinq minutes plus tard, Nîmes a marqué un but, puis un deuxième. Alors à la mi-temps, le score était ___ .
– Et Laval? Ils ont marqué des buts dans la deuxième partie?
– Non, mais à la dernière minute, Nîmes a marqué un troisième but, alors Nîmes a gagné le match, ___ .
– Bravo les Crocos!
– Oui, ils ont très bien joué.

b Lis le texte et trouve l'équivalent en français.

Exemple: 1 un but

1 a goal
2 against
3 the team
4 at half-time
5 second half
6 they played very well

c Réponds aux questions en français.

1 Nîmes a joué contre quelle équipe?
2 Quelle équipe a marqué le premier but?
3 Nîmes a marqué combien de buts dans la première partie?
4 Qui a marqué un but dans la deuxième partie?
5 Qui a gagné le match?
6 C'était un bon match?

2 C'est quoi en anglais?

Voici d'autres mots pour parler d'un match. Devine le sens en anglais, puis vérifie dans le dictionnaire.

1 le gardien de but
2 match nul
3 passer le ballon
4 arrêter un but
5 un championnat
6 la Coupe du monde
7 un joueur
8 un tournoi
9 un carton jaune
10 un carton rouge

Phonétique

Écoute, copie et complète les noms des clubs de football.
1 N_ _tes, 2 Toul_ _se, 3 LOSC L_lle

3 Des footballeurs célèbres

a Regarde la table et réponds aux questions.

1 Qui est la personne la plus jeune?
2 Qui est le plus grand, Ribéry ou Renard?
3 Qui est né(e) au printemps au bord de la mer?
4 Qui n'est pas né(e) en Europe?

b Fais des recherches.

Choisis un footballeur ou une footballeuse et trouve d'autres renseignements:
- Il/Elle joue pour quel club professionnel?
- Il/Elle joue pour l'équipe de France? Depuis quand?

Nom	Franck Ribéry	Olivier Giroud	Wendie Renard	Marie-Laure Delie
Nationalité	français	français	française	française
Date et lieu de naissance	7 avril 1983 Boulogne-sur-Mer	30 septembre 1986 Chambéry	20 juillet 1990 Schœlcher, Martinique	29 janvier 1988 Villiers-le-Bel
Taille	1.70m	1.92m	1.85m	1.72m
Poste	Milieu offensif	Attaquant pivot	Défenseur droit ou centre	Attaquante

4 Une fiche d'identité

a Prépare une fiche d'identité pour une personnalité que tu admires.

b À deux, posez des questions pour identifier la personnalité.

126 cent-vingt-six

8 On va s'amuser

5 Forum des jeunes

Racontez-nous! Le sport au collége

Au collège en France, on a environ trois heures de sport obligatoires par semaine. À ton avis, c'est trop ou pas assez?

Sportif+++: À mon avis, ce n'est pas assez. Toute la journée, on travaille dans une salle de classe, c'est très fatigant et on risque de s'endormir. Mais si on sort un peu pour faire de l'exercice, ça fait du bien. Après les cours d'EPS, on a plus d'énergie, on peut se concentrer plus facilement.

Lis-tout: Moi, je trouve que c'est trop. Si on aime pratiquer un sport, on peut faire ça après les cours, le weekend ou pendant les vacances. C'est aussi facile de faire du sport dans un club qu'au collège.

Fou-de-fraises: À mon avis, c'est une bonne idée d'essayer de différents sports. Si on a plus de cours, on peut avoir un meilleur choix d'activités sportives.

Techno5: En été, d'accord, sortir un peu en plein air quand il fait beau, ça va, mais en hiver ce n'est pas si amusant! Quand il fait froid, moi, je ne veux pas sortir! J'ai horreur de ça!

Mélomane_99: Je ne suis pas contre le sport, mais je préfère regarder les matchs à la télé. C'est plus facile et c'est moins fatigant!

a Trouve les paires.
b C'est l'avis de quelle personne?

Exemple: 1c – Fou-de-fraises

À ton avis, quel est le sport le plus pratiqué en France? (Réponse à la page 149.)

1 Il faut essayer de différents sports …
2 Quand il fait mauvais, moi, …
3 Si on travaille tout le temps dans une salle de classe, …
4 Si vous faites de l'exercice en plein air, …

a on risque de s'endormir.
b je déteste faire du sport en plein air.
c quand on est au collège.
d ça vous aide à vous concentrer plus tard.

Dossier-langue — Grammaire 2.4

Making comparisons

In Unit 3 (page 43), you learnt about the **comparative** by using **plus** + adjective/adverb to say 'more …'.

You can also use **moins** (less), **aussi** (as) and **pas si** (not as). Look at these expressions.

| c'est moins fatigant (it's less tiring) | ce n'est pas si amusant (it's not as much fun) | c'est aussi facile (it's as easy) |

Relis les détails des footballeurs célèbres (p126).
Franck est plus âgé qu'Olivier. (m sing.)
Wendie est moins âgée que Franck. (f sing.)
Franck et Olivier sont plus âgés que Wendie. (m pl)
Wendie et Marie-Laure sont moins âgées que Franck. (f pl)
À mon avis, le football est aussi populaire en France qu'en Angleterre.

The adjectives have to be masculine or feminine, singular or plural, to agree with the person/thing being described.

Which word is used to say 'than' when comparing two different people or things?

An important exception:
- The comparative of **bon/bonne/bons/bonnes** (good) is irregular.
- The word for 'better' is **meilleur/meilleure/meilleurs/meilleures**.
  un bon choix (a good choice)
  un meilleur choix (a better choice)

6 Faites la comparaison

a Complète ces phrases avec **plus**, **moins** ou **aussi**.
b Invente cinq autres phrases avec **plus**, **moins** ou **aussi**.

Les loisirs: Pour moi, …
1 le sport est ___ important que les autres activités.
2 le football est ___ fatigant que la gymnastique.
3 les randonnées sont ___ agréables que les sports d'équipe.
4 les films de science-fiction sont ___ passionnants que les films historiques.

Au collège: À mon avis …
5 l'informatique est ___ difficile que la technologie.
6 l'histoire est ___ intéressante que la géographie.
7 l'allemand est ___ utile que le français.
8 les langues sont ___ faciles que les sciences.

cent-vingt-sept 127

8E Hier, aujourd'hui, demain

- practise using different tenses
- describe holiday and leisure activities

1 Salut de Nîmes

Lis le message de Sophie à sa copine.

a Quelles phrases sont au passé composé?

b Quelles phrases parlent du futur?

Toile de Nîmes

The word 'denim' comes from the cloth produced in Nîmes for workers' overalls. There are samples of the original 'toile **de Nîm**es' in the *musée du Vieux Nîmes*.

1. Bonjour de Nîmes, où nous passons une semaine chez mon oncle.
2. Nîmes est une ville intéressante avec beaucoup de monuments historiques.
3. Jeudi dernier nous avons dîné dans un restaurant espagnol.
4. Bruno a pris du poulet, et moi, j'ai choisi de la paella – c'était délicieux.
5. Hier matin, Bruno et moi, nous sommes allés au musée du Vieux Nîmes.
6. Aujourd'hui il pleut, alors nous restons à la maison et en ce moment, j'écris des messages.
7. Demain, nous allons partir tôt pour rentrer à La Rochelle.
8. Ça va être un long voyage, mais on va faire un piquenique en route.
9. Qu'est-ce que tu vas faire vendredi prochain? On peut aller au cinéma peut-être.
10. Maintenant je m'arrête parce que le déjeuner est prêt.

2 Des questions et des réponses

Voici des questions (1–4) qu'on va peut-être te poser en France.

a Quelle question parle du passé?
  Quelle question parle du futur?

1 Tu viens d'où?
2 Tu aimes le sport?
3 Est-ce que tu es sorti(e) hier?
4 Tu vas sortir demain?

b Lis les réponses (A–H) et trouve deux réponses possibles pour chaque question.

Exemple: 1C + …

A Demain nous allons sortir en voiture. Nous allons voir le pont du Gard et nous allons faire un piquenique.
B J'adore le sport. Je joue au football et j'aime aussi regarder le sport à la télé.
C Je suis de Cardiff, au pays de Galles.
D Demain soir nous allons voir un spectacle en ville.
E Je viens de Londres, en Angleterre.
F Le matin je suis sorti(e) avec mes amis. Nous sommes allés aux magasins. L'après-midi je suis resté(e) à la maison. J'ai lu un magazine et j'ai envoyé des textos à mes amis.
G Le sport, ça va. Je joue quelquefois au badminton et je vais à la piscine, mais je préfère la lecture. Je lis les livres de Harry Potter en ce moment.
H Non, je ne suis pas sorti(e), je suis resté(e) à la maison.

c Écoute les conversations et note la réponse.
  Exemple: 1C

d Et toi? Réponds aux questions.

Dossier-langue

Understanding and using the correct tense

You have now learnt to talk about the present, the past and the future, so when you are hearing and reading French, make sure you understand which tense is used.

Check you can translate the following **time marker** words.

Past	Present	Future
hier	aujourd'hui	demain
la semaine dernière	en ce moment maintenant	le weekend prochain
samedi dernier		lundi prochain

Can you work out what **avant-hier** and **après-demain** mean? Have a guess, then check in the *Glossaire*.

Check that you can recognise **the tense of a verb**.

For the perfect tense (*passé composé*), there are two parts: **avoir** or **être** + a past participle.

Find three examples of verbs in the **passé composé** on this page and translate them into English.

For the present tense, there is normally only one part.

Find two examples of verbs in the present tense and translate them.

One way of talking about the future is to use the verb **aller** + a second verb in the infinitive.

Find one example of this and translate it.

8 On va s'amuser

3 Le weekend dernier

À deux, posez des questions et répondez.

Exemple:

A Qu'est-ce que tu as fait?
B Je suis allé(e) au bowling. Et toi? Qu'est-ce que tu as fait?
A Je suis allé(e) au parc d'attractions.
B Tu y es allé(e) avec qui?
A Avec la famille de mon ami, Marc. Et toi? Tu y es allé(e) avec qui?
B Avec mes parents.
A C'était bien?
B Oui, c'était excellent. Et toi? C'était bien?
A Oui, c'était très bien.

Phonétique

Liaison

You rarely hear the final '-s' in a word:
des textos, mes parents, Nîmes, les monuments, nous

But if the following word begins with a vowel, there may be a 'z' sound. This is called a liaison.
nous_allons; mes_amis; sommes_arrivés; moins_âgé; des_oiseaux; les_étudiants; mais_ils; plus_amusants

Sometimes, a liaison is made with other consonants, like d, n, m, t, x and z. You will then hear the consonant at the beginning of the next word.
un_examen
petit_ami

Qu'est-ce que tu as fait?
Je suis allé(e) …
1 à la piscine
2 au concert de musique classique
3 au parc d'attractions
4 au feu d'artifice
5 au bowling
6 au cinéma

Tu y es allé(e) avec qui?
Avec …
1 mes parents
2 mes amis
3 le club des jeunes
4 la famille de mon ami(e)
5 ma classe au collège
6 mon (ma) meilleur(e) ami(e)

C'était bien?
Oui, c'était …
Non, c'était …
1 excellent
2 très bien
3 intéressant
4 amusant
5 ennuyeux
6 nul

4 Des cartes postales

a Complète la carte avec la bonne forme des verbes.

Exemple: **1 Nous sommes arrivés**

b Écris une carte postale.
- Écris deux phrases au **passé composé**.
- Écris deux phrases avec **aller + infinitif**.

Nîmes, le 17 mai

Nous (**1** *arriver*) ici samedi dernier. Un jour, nous (**2** *faire*) une visite guidée de la ville. Nous (**3** *voir*) beaucoup de monuments romains.

Hier soir, nous (**4** *aller*) au match de football. C'était Nîmes contre Laval. Nîmes (**5** *gagner*) 3 à 1. Bravo, Nîmes!

Demain matin, nous (**6** *visiter*) les arènes, et l'après-midi on (**7** *aller*) au pont du Gard.

Bises,
Sophie et Bruno

cent-vingt-neuf 129

8F C'est extra!

talk about reading

1 Forum des jeunes

a Lis les messages au forum et réponds aux questions.

1 Qui aime les histoires de magicien?
2 Qui lit un livre qui raconte une histoire vraie qui se passe pendant la guerre?
3 **FanadeBD**, quand est-ce qu'il lit normalement?
4 Qu'est-ce qu'il préfère comme livres?
5 **Techno5**, qu'est-ce qu'il aime comme magazines?
6 Qu'est-ce qu'on trouve dans le magazine Okapi?
7 **Sportif3**, qu'est-ce qu'il lit principalement?

La lecture
• *Est-ce que tu aimes lire?* • *Quels sont tes livres préférés?*

Moi, j'adore lire et pour mon anniversaire, on m'a offert une liseuse. C'est très pratique parce que je peux télécharger des «e-books» et comme ça j'ai toujours quelque chose à lire. **Clavier (13 ans)**

Moi, normalement, je déteste lire, mais J'ADORE Harry Potter. J'ai lu les trois premiers livres et ils sont incroyables! Il y a de l'émotion, du suspense et de l'humour. Je vais tout de suite commencer à lire le prochain livre. J'adore!!!!!!!
Harry-héros (14 ans)

J'ai lu *Le journal d'Anne Frank* et je l'ai trouvé triste mais très émouvant. Ça se passe en 1942 quand l'Allemagne nazie a envahi l'Europe. À Amsterdam, une jeune fille juive de 13 ans, Anne Frank, se cache avec sa famille. **Lis-tout (14 ans)**

Moi, je lis surtout pendant les vacances quand j'ai plus de temps. J'aime beaucoup les BD, comme par exemple les livres de Tintin et d'Astérix.
fanadeBD (13 ans)

Je ne lis pas de livres, mais je regarde des magazines de temps en temps, par exemple des magazines sur le football ou sur l'informatique. **techno5 (13 ans)**

Moi aussi, je lis des magazines. Je suis abonnée au magazine Okapi. Ça sort deux fois par mois et c'est plein d'articles intéressants, de jeux-tests, de BD, de dossiers, etc. **Fou-de-fraises (13 ans)**

Moi, je lis surtout des articles sur le sport et des blogs sur Internet. **Sportif3 (14 ans)**

b Comment ça se dit en français?

1 an e-reader
2 straightaway
3 very moving
4 it takes place
5 when I have more time
6 from time to time
7 it comes out twice a month
8 above all

c Trouve le site d'un magazine en français pour les jeunes. Qu'est-ce qu'il y a comme articles dans le numéro actuel?

2 Les livres bien connus

Les meilleurs livres sont traduits dans beaucoup de langues.
Jean-François Ménard est un écrivain français qui a traduit des livres écrits en langue anglaise, comme *Le Bon Gros Géant* (BGG) de Roald Dahl et la série Harry Potter.
Quels sont ces titres en anglais?

1 James et la grosse pêche
2 Alice au pays des merveilles
3 Le Seigneur des Anneaux
4 Charlie et la Chocolaterie
5 Les Royaumes du Nord

Stratégies

Developing a conversation

Now that you have completed **Tricolore 2**, you have learnt a lot of French and can talk about things in the past, the present and the future. To keep up your language skills, use every opportunity to practise your French. Here are some tips.

Question words
Make sure you understand the main question words. (See *Grammaire*, 7.1)

Answer in the same tense
Listen for the tense used in a question (present, past, etc.) and any time marker words (**hier**, **demain**). It usually makes more sense if you answer in the same tense, but there can be exceptions.

Give detailed answers
– Tu aimes le sport?
– Non, je ne suis pas très sportif, mais j'aime l'informatique. J'ai une tablette et j'aime beaucoup regarder les sites sur la musique et le sport.

Use connectives
These can make sentences longer and more interesting. (See *Grammaire*, 8)

Give opinions
C'est …   It is …
C'était …   It was …
À mon avis   In my opinion

Give reasons
Je ne vais pas souvent à la piscine parce que je n'aime pas la natation.
I don't go to the swimming pool much because I don't like swimming.

130 cent-trente

Sommaire

8 On va s'amuser

Now I can …

- **understand information about events**

une entrée	entrance (ticket)
fermé	closed
un feu d'artifice	firework display
gratuit	free of charge
un horaire	schedule, opening hours
les jours fériés	public holidays
ouvert	open
une place	place, seat
sauf	except
un spectacle	show
tous les jours	every day

- **make plans**

Qu'est-ce qu'on va faire?	What are we going to do?
On y va?	Shall we go?
Ça commence à quelle heure?	What time does it start?
Qu'est-ce qu'il y a d'autre à faire?	What else is there to do?
Il y a un match au stade.	There's a match at the stadium.
Tu veux faire ça?	Do you want to do that?

- **discuss what's on**

Qu'est-ce qu'il y a à faire ce weekend?	What is there to do this weekend?
Qu'est-ce qu'il y a au cinéma?	What's on at the cinema?
C'est à quelle heure, le match?	What time is the match?

- **exchange contact details**

Quel est ton numéro de téléphone?	What's your phone number?
Tu as un portable?	Do you have a mobile?
Quelle est ton adresse e-mail?	What's your email address?
Je n'ai pas d'adresse e-mail.	I don't have email.
l'arobase (m)	@ (e.g. in an email address)

- **accept or decline invitations (see page 124)**
- **buy tickets**

Ça coûte combien?	How much is it?
Deux tickets, s'il vous plaît.	Two tickets, please.
Deux entrées/places, s'il vous plaît.	Two places, please.
Il y a un tarif réduit pour les étudiants?	Is there a reduction for students?

- **talk about football and other sports**

un but	goal
le championnat	championship
la Coupe du monde	World Cup
une équipe	team
un(e) gardien(ne) de but	goalkeeper
un(e) joueur (joueuse)	player
marquer un but	to score a goal
un match	match
match nul	a draw
la mi-temps	half-time
passer le ballon	to pass the ball
première/deuxième partie	first/second half
arrêter un but	to save a goal
le tournoi	tournament

- **make comparisons**

plus + adjective/adverb que	more than
moins + adjective/adverb que	less than
aussi + adjective/adverb que	as … as
pas si + adjective/adverb que	not as … as
meilleur(e) (s)	better

- **describe a recent weekend (see page 129)**

Qu'est-ce que tu as fait?	What did you do?
Je suis allé(e) …	I went to …
C'était bien?	Was it good?
Oui, c'était cool.	Yes, it was cool.
Non, c'était nul.	No, it was rubbish.

- **use different tenses and time marker words (see page 128)**

- **talk about reading**

un article	article
un auteur	author
une BD (bande dessinée)	cartoon strip
un blog	blog
de temps en temps	now and again
J'ai lu …	I've read …
Je suis abonné(e) au …	I'm a subscriber to …
un journal	diary, newspaper
la lecture	reading
lire	to read
un livre	book
un magazine	magazine
une série	series
le titre	title

- **use the verb voir (to see) (see page 121)**
- **use the verb sortir (to go out) (see page 122)**

unité 1   Au choix

1 C'est quel magasin?

Où est-ce qu'on vend tout ça?

Exemple: 1 à la boulangerie

1. un croissant
2. une quiche aux champignons
3. du poulet
4. des livres et des magazines
5. une baguette
6. de l'eau minérale
7. une glace à la vanille et au chocolat
8. des chocolats et des pâtisseries

2 Tu fais des courses

Tu fais du camping en France et chaque jour, tu fais des courses. Voici tes listes. Complète les listes avec **du**, **de la**, **de l'** ou **des** et dis où tu vas.

Exemple: Mardi, je vais à l'épicerie et à la boulangerie. J'achète du beurre et des baguettes.

mardi   d___ beurre, d___ baguettes
mercredi ___ jambon, ___ limonade, ___ carottes
jeudi   ___ viande, ___ timbres
vendredi ___ salade de tomates, ___ livres
samedi   ___ poulet, ___ fraises, ___ eau minérale gazeuse
dimanche ___ croissants, ___ glace à la vanille
lundi   Les magasins sont fermés!

3 J'aime ça!

Trouve les paires.

Exemple: 1b

1 Comme fruit, je …
2 Quand nous sommes en vacances, nous …
3 Qu'est-ce que tu …
4 Qu'est-ce que vous …
5 Mes amis …
6 Pour la récré, j'…
7 Ma sœur n'aime pas les fruits ni les gâteaux. Elle …

a achetons beaucoup de glaces.
b préfère une banane ou une pomme.
c achètent souvent des frites, ils aiment ça!
d préférez pour la récré, des fruits ou des chips?
e préfère les chips ou les bonbons.
f achète souvent un pain au chocolat.
g préfères comme boisson?

4 Des listes à faire

a Complète les listes.

Exemple: 250 grammes de fromage

b Après chaque liste, écris le nom du magasin où on peut acheter ces choses. Attention! Le supermarché est fermé aujourd'hui.

1
250 grammes ___ fromage
une b___ de thon
un k___ de pêches
un d___-k___ de haricots verts
100 g___ de bonbons
un pot ___ confiture
un paquet ___ chips
un l___ de lait
une bouteille ___ vin rouge

Le magasin = ___

2
200 g___ de pâté
6 tranches ___ jambon
une p___ de salade de tomates
deux portions ___ quiche

Le magasin = ___

132 cent-trente-deux

5 Invente des listes

Maintenant, à toi d'écrire des listes.

a Tu vas acheter …
- une chose à la boulangerie
- une portion de quelque chose à la charcuterie
- une chose à la librairie-papeterie.
- une boîte, un paquet ou une bouteille de quelque chose à l'épicerie.

b Tu prépares un repas pour deux amis. Le garçon ne mange pas de viande et la fille n'aime pas les haricots verts et les petits pois. Écris une liste des magasins où tu vas aller et tout ce que tu vas acheter, par exemple:
- quelque chose pour commencer
- un plat principal et des légumes
- quelque chose pour le dessert
- des boissons et du pain.

6 Je n'ai pas de lait

a Choisis la bonne phrase pour chaque bulle.

Exemple: 1 c

a Ils n'ont pas de pêches, alors je prends des pommes.
b Voilà, c'est tout. C'est combien?
c Je n'ai pas de lait.
d Je ne trouve pas de magazines sur l'informatique, alors je prends ce magazine sur le sport.
e Zut alors, je n'ai pas de lait!
f Voilà le supermarché.
g Ils n'ont pas de pains au chocolat, alors je prends une baguette.
h Ici, on vend de tout.

b Complète le résumé.

Exemple: 1 pas de lait

Dani regarde dans le frigo, mais il n'y a (**1**) ___ .
Alors, il va au (**2**) ___ .
Dani aime les fruits, mais il n'y a (**3**) ___ p___ .
Il achète un magazine, mais il n'y a (**4**) ___ m___ sur l'informatique.
Il ne trouve (**5**) ___ p___ , mais il achète une baguette.
Quand il rentre à la maison, il n'a toujours (**6**) ___ l___ .

Au marché

💬 À deux: la personne B regarde cette page, la personne A regarde la page 14, exercice 3.

1 Chez le marchand de légumes

Tu vas chez le/la marchand(e) de légumes, mais il est 16h00. Tu trouves seulement deux des choses qui sont sur ta liste. Demande ces choses, puis écris ce que tu as acheté.

Exemple:

B Avez-vous …?
A Désolé(e), je n'ai pas de … Voilà un/une/des …

Tu écris: **J'ai acheté …**
Je n'ai pas acheté de …

1 kg carottes
1 concombre
1 kg haricots verts
2 kg pommes de terre
500g champignons
un chou-fleur

2 Chez la marchande de fruits

Changez de rôle. Tu es le/la marchand(e) de fruits. Il est 16h00. Il ne reste pas beaucoup de fruits, mais il y a encore des clients. Réponds au client/à la cliente.

Exemple:

A Je voudrais …
B Désolé(e), il n'y a pas de … Voilà un/une/des …

cent-trente-trois

unité 2   Au choix

1 Où vont-ils en vacances?

Trouve la bonne destination pour chaque personne.

Exemple: **1** *M. et Mme Citron vont à Montréal au Canada.*

1 M. et Mme Citron
2 Julie et Lucie Lambert
3 Hugo Denise
4 Sophie Martin
5 Sébastien et Lucien Bonnard
6 La famille Renard

Madrid, Espagne
Londres, Angleterre
Vienne, Autriche
Marrakech, Maroc
Montréal, Canada
Dakar, Sénégal

2 C'est dans quel pays?

Complète les phrases avec le nom des pays. Pour t'aider, regarde la carte à la page 24.

Exemple: **1** *J'habite à Cardiff, au pays de Galles.*

1 J'habite à Cardiff, au ___ . (Wales)
2 Mes grands-parents vont à Glasgow, en ___ . (Scotland)
3 Mon frère travaille à Dublin, en ___ . (Ireland)
4 Le collège organise un voyage à Paris, en ___ . (France)
5 Mon père va à Genève, en ___ . (Switzerland)
6 Notre prof d'espagnol vient de Barcelone, en ___ . (Spain)

3 On y va comment?

Complète les phrases avec la bonne forme du verbe **aller**, la destination et le moyen de transport. (Pour t'aider, regarde la page 26.)

Exemple: **1** *Lucie va au cinéma en bus.*

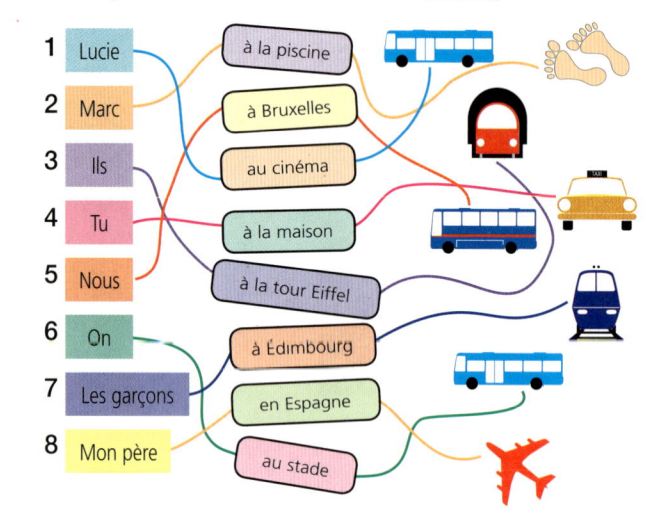

1 Lucie
2 Marc
3 Ils
4 Tu
5 Nous
6 On
7 Les garçons
8 Mon père

à la piscine
à Bruxelles
au cinéma
à la maison
à la tour Eiffel
à Édimbourg
en Espagne
au stade

4 Des phrases complètes

Trouve les paires.

1 Comment viens-…
2 Normalement, je …
3 Ta sœur, comment vient-…
4 Elle …
5 Est-ce que vous …
6 Nous …
7 Les garçons là-bas, d'où viennent-…
8 Ils …

a vient à scooter.
b viennent de Québec.
c viens en bus.
d venez souvent en France?
e ils?
f tu au collège?
g venons assez souvent pour voir des amis.
h elle en ville?

5 Les vacances idéales

a Complète les phrases avec la bonne forme du verbe **pouvoir**.

Exemple: **1** *on peut*

1 Il y a des monuments qu'on ___ visiter.
2 Il y a un snack ou un restaurant fast-food où nous ___ manger.
3 Il y a beaucoup de boîtes où les jeunes ___ aller le soir.
4 Il y a des activités où on ___ retrouver d'autres jeunes.
5 Il y a un grand choix d'excursions que les visiteurs ___ faire.
6 Vous ___ faire beaucoup de sports différents, par exemple de l'équitation et de la planche à voile.
7 La mer est tout près et nous ___ aller directement sur la plage.
8 On mange bien et on ___ choisir des plats au restaurant.

b Choisis les trois phrases qui sont les plus importantes pour tes vacances idéales.

134   cent-trente-quatre

6 Ça dépend du temps

Regarde le temps et propose une activité intérieure ou de plein air.

Exemple: 1 *Il fait mauvais, alors on peut jouer sur l'ordinateur.*

1 il fait mauvais
2 il pleut
3 il neige
4 il fait beau
5 il fait chaud
6 il y a du soleil
7 il fait très froid
8 il y a du brouillard

Les activités de plein air
1 (golf) 3 (tennis) 5 (boot)
2 (bike) 4 (castle) 6 (fishing)

Les activités intérieures
1 (cinema) 3 (museum) 5 (music)
2 (swimming) 4 (computer) 6 (TV)

jouer au golf/au tennis
faire du vélo/de l'équitation/une promenade
travailler dans le jardin
aller à la piscine/au cinéma
rendre visite à mes grands-parents
préparer le dîner
écouter de la musique
regarder la télé/un film

7 Désolé

Invente des excuses.

Exemple: 1 *Je ne peux pas aller au cinéma avec toi parce que je vais jouer au tennis.*

1 Je ne peux pas aller au cinéma avec toi parce que je …
2 Je ne peux pas aller au concert parce que je …
3 Mon frère ne peut pas sortir parce qu'il …
4 Ma mère ne peut pas aller en ville parce qu'elle …
5 Nous ne pouvons pas venir au collège parce que nous …
6 Mes amis ne peuvent pas jouer le match parce qu'ils …

8 Trouve l'infinitif

a regular **-er** verbs

Exemple: 1 *jouer*

1 je joue
2 tu écoutes
3 il chante
4 nous regardons
5 vous demandez
6 elles visitent

b regular **-ir** verbs

Exemple: 1 *choisir*

1 je choisis
2 tu finis
3 elle réussit
4 nous remplissons
5 vous choisissez
6 ils obéissent

c regular **-re** verbs

Exemple: 1 *vendre*

1 je vends
2 tu réponds
3 elle rend
4 nous attendons
5 vous entendez
6 ils vendent

d irregular verbs

Exemple: 1 *aller*

1 je vais
2 tu es
3 on va
4 nous avons
5 vous venez
6 ils font

Qu'est-ce qu'on peut faire?

Sancerre et Amboise sont deux villes dans le Val de Loire.

À deux: la personne A regarde la page 32, la personne B regarde cette page. La personne A pose des questions sur Sancerre. La personne B consulte le guide pour répondre. Puis changez de rôle pour parler d'Amboise.

Exemple:

A Est-ce qu'on peut faire de la voile à Sancerre?
B Oui, on peut faire de la voile.

Oui, on peut	faire du camping/de la voile/de l'équitation
	visiter un château/un musée
	aller à la piscine/au parc
	jouer au tennis/golf/football

Non, ce n'est pas possible./On ne peut pas faire ça.

Guide touristique

Sancerre
Amboise

cent-trente-cinq 135

unité 3   Au choix

1 Trouve les paires

Exemple: **1d**

1 Il y a environ …
2 On ne porte pas …
3 Les cours commencent …
4 Pour les sciences, …
5 Dans la salle de technologie, …
6 Les demi-pensionnaires …
7 Pour l'EPS, on va …
8 Les cours finissent …

a on va dans un laboratoire.
b mangent à la cantine à midi.
c d'uniforme scolaire.
d 700 élèves dans notre collège.
e à huit heures.
f dans le gymnase.
g à cinq heures.
h il y a des ordinateurs.

2 Des questions et des réponses

a Complète les questions avec la bonne forme du verbe **apprendre** ou **comprendre**.

Exemple: **1 Est-ce que tous les élèves comprennent le français?**

1 Est-ce que tous les élèves c___ le français?
2 Est-ce que ta sœur a___ à jouer du piano?
3 Est-ce que ton grand-père c___ l'italien?
4 Tu a___ à jouer de quel instrument de musique?
5 Qu'est-ce que vous a___ comme langues au collège?

b Complète les réponses.

Exemple: **a Moi, j'apprends à jouer du violon.**

a Moi, j'a___ à jouer du violon.
b Non, mon grand-père ne c___ pas l'italien.
c Nous a___ le français, l'allemand et l'espagnol.
d Oui, tous les élèves de notre classe c___ le français.
e Non, elle a___ à jouer du violon.

c Trouve les paires.

Exemple: **1d**

3 Ça commence mal

Complète les phrases.

Exemple: **1 Claude se lève**

1 Claude ___ souvent tard et il arrive au bureau en retard. Son chef n'est pas content. (*se lever*)

2 Alors, aujourd'hui, Claude ___ à six heures. (*se réveiller*)

3 Il ___ tout de suite. (*se lever*)

4 Il ___ très vite. (*s'habiller*)

5 Il prend sa moto, mais le moteur ___ . (*s'arrêter*)

6 Il voit un autobus qui arrive. Il ___ . (*se dépêcher*)

7 Hélas, le bus ne ___ pas. (*s'arrêter*)

8 Enfin, il arrive, mais c'est un jour de congé!

136   cent-trente-six

4 Aujourd'hui, c'est différent

Écris les phrases 1 à 8 à la forme négative.

Exemple: **1** *Je ne me réveille pas avant sept heures.*

1 Je me réveille avant sept heures.
2 Je me lève tout de suite.
3 Je m'habille très vite.
4 Mon frère se lave.
5 Nous nous dépêchons.
6 Le bus s'arrête au coin de la rue.
7 Mes parents s'occupent de leur travail.
8 On se couche tôt.

Pourquoi on ne fait pas tout ça? C'est les vacances!

5 Qu'est-ce qu'ils veulent?

a Complète les questions avec la bonne forme du verbe **vouloir**.

Exemple: **1** *vous voulez*

1 Qu'est-ce que vous ___ faire aujourd'hui?
2 Est-ce que tu ___ du fromage?
3 Tu ___ venir ici ce matin?
4 Qu'est-ce que les autres ___ faire cet après-midi?
5 Qu'est-ce que ta sœur ___ surtout faire à Paris?
6 Où est-ce que ton frère ___ aller?

b Complète les réponses.

Exemple: **a** *je veux*

a Oui, je ___ bien aller chez toi.
b Elle ___ surtout monter à la tour Eiffel.
c Nous ___ aller à la piscine ce matin et visiter la ville cet après-midi.
d Il ___ aller en Allemagne.
e Les adultes ___ visiter le jardin botanique et les enfants ___ aller à l'aquarium.
f Oui, je ___ bien. J'aime beaucoup le camembert.

c Trouve les paires.

Exemple: **1***c*

6 Inventez des conversations

💬 Travaillez à deux pour faire des conversations.

Exemple: **1** – *Est-ce que tu veux visiter le château cet après-midi?*
– *Merci, mais je ne peux pas parce que je vais aller à la piscine.*

1 – Est-ce que tu veux 🏰 cet après-midi?
– Merci, mais je ne peux pas parce que je vais 🏊 .

2 – Vous voulez 🎥 ce soir?
– Merci, mais nous ne pouvons pas parce que nous allons 🍴 .

3 – Est-ce que vos amis veulent 🎾 ?
– Non, ils ne peuvent pas parce qu'ils vont ⚽ .

4 – Tu veux ♟️ après les cours?
– Non, je ne peux pas parce que je vais 🛍️ .

aller … à la piscine/au cinéma
faire des courses
manger au restaurant
jouer … au tennis/football
       aux échecs
visiter le château

7 Des conversations

Complète les conversations avec la bonne forme des verbes.

1 lire

A Qu'est-ce que tu (**a**) ___?
B Je (**b**) ___ une bande dessinée. C'est très amusant.
A Et tes amis, qu'est-ce qu'ils (**c**) ___?
B Hasan (**d**) ___ un livre de Tintin et Magali (**e**) ___ une lettre de sa correspondante.

2 écrire

A Est-ce que tu (**a**) ___ souvent des messages à tes amis?
B Bof! J'(**b**) ___ des messages ou des textos quand j'ai le temps.
A Et ton ami français, il (**c**) ___ en anglais?
B Oui, et moi, j'(**d**) ___ en français.

3 dire

A Il y a un nouveau prof de biologie.
B Qu'est-ce que tu (**a**) ___?
A Il y a un nouveau prof de biologie. On (**b**) ___ qu'il est assez sévère. Les élèves de cinquième (**c**) ___ qu'il donne beaucoup de devoirs.

cent-trente-sept 137

unité 4   Au choix

1 Une description

Choisis une fille et un garçon et écris une petite description.

> Il/Elle est (assez) grand(e)/petit(e)/de taille moyenne.
> Il/Elle a les cheveux … Il/Elle porte …

2 J'adore ranger ma chambre!

a Écris des phrases complètes.

Exemple: 1 *J'adore ranger ma chambre. C'est intéressant.*

1 J'adore _____. C'est intéressant.

2 Je n'aime pas _____. C'est ennuyeux.

3 J'aime _____. C'est amusant.

4 Je déteste _____. C'est fatigant.

5 Je n'aime pas beaucoup _____, mais ça va.

6 J'aime beaucoup _____, mais ce n'est pas facile.

b Qu'est-ce que tu aimes (ou n'aimes pas) faire pour aider à la maison? Pourquoi? Écris des phrases.

Exemple: *Le samedi après-midi, je n'aime pas ranger ma chambre. C'est fatigant!*

3 Hier

Mets les verbes au passé composé (**avoir** + participe passé) et écris les phrases.

Exemple: 1 *j'ai aidé*

1 Le matin, moi, j'___ à la cuisine. (*aider*)
2 Et toi, tu ___ de la musique. (*écouter*)
3 Puis moi, j'___ ma chambre. (*ranger*)
4 Et toi, tu ___ sur l'ordinateur. (*jouer*)
5 L'après-midi, moi, j'___ l'aspirateur. (*passer*)
6 Et toi, tu ___ la télé. (*regarder*)
7 Puis moi, j'___ la voiture. (*laver*)
8 Et toi, tu ___ à des amis. (*téléphoner*)
9 Enfin, moi, j'___ dans ma chambre. (*travailler*)
10 Et toi, tu ___ une bonne journée! (*passer*)

4 Des questions et des réponses

a Complète les questions avec le bon participe passé de **finir** ou **choisir**.

Exemple: 1 Tu as fini …

1 Tu as ___ tes devoirs de français?
2 Elles ont ___ de manger?
3 Il a ___ une carte pour Thomas?
4 Vous avez ___ le jeu?
5 Qu'est-ce que tu as ___ comme film?
6 Le match a ___ à quelle heure?

b Complète les réponses avec la bonne forme d'**avoir**.

Exemple: 1 Il a fini …

a Il ___ fini à quatre heures.
b Oui, il ___ choisi une carte amusante.
c Non, je n'___ pas encore fini.
d Oui, elles ___ fini de manger.
e Oui, nous ___ fini.
f J'___ choisi un film d'Astérix.

c Trouve les paires.

Exemple: 1c

5 Un e-mail

Voici le début d'un message. Écris au moins trois autres phrases.

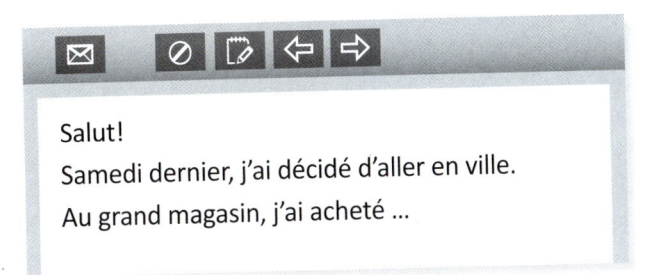

Salut!
Samedi dernier, j'ai décidé d'aller en ville.
Au grand magasin, j'ai acheté …

Voici des idées:

acheter – des chaussures/un magazine/…
midi – déjeuner au café/dans un fastfood/…
choisir – une pizza/un sandwich au fromage/…
rencontrer – le prof/un ami/ma grand-mère/…

6 Une journée récente

a Le matin: complète le texte avec le participe passé du verbe.

Exemple: 1 j'ai quitté

Lundi dernier, j'ai (**1** *quitter*) la maison à sept heures et demie. J'ai (**2** *attendre*) l'autobus pendant dix minutes. Au collège, les cours ont (**3** *commencer*) à huit heures dix. Nous avons bien (**4** *travailler*). Pendant la récréation, on a (**5** *vendre*) des pains au chocolat. J'ai (**6** *retrouver*) mes copains dans la cour.

b L'après-midi et le soir: complète le texte avec la bonne forme d'**avoir** + le participe passé.

Exemple: 1 j'ai mangé

À midi, j'(**1** *manger*) à la cantine. J'(**2** *choisir*) du poulet et des frites. L'après-midi, les cours (**3** *finir*) à cinq heures. Le soir, j'(**4** *travailler*) pendant une heure. Puis, j'(**5** *regarder*) la télé. Et à sept heures et demie, nous (**6** *dîner*).

7 Un message

a Complète le message avec des mots de la case. Attention! Il y a des mots en trop.

b Avec les mots supplémentaires, fais une phrase complète.

attendu   beaucoup   bons   cher   dormi
l'histoire   la montagne   les légumes
merci   passé   pour   la santé   sœur
sont   super   voyage

(**1**) ___ Luc,
Merci pour tout. J'ai (**2**) ___ une semaine (**3**) ___ en France. J'ai (**4**) ___ aimé l'excursion à (**5**) ___ .
Ma (**6**) ___ a bien aimé le livre sur les rois de France. Elle adore (**7**) ___ .
J'ai fait très bon (**8**) ___ . Je n'ai pas (**9**) ___ longtemps à la gare. Pendant le voyage, j'ai (**10**) ___ dans le train, alors le temps a passé vite.
(**11**) ___ encore,
Alex

unité 5   Au choix

1 Qu'est-ce qu'on boit?

Trouve les paires.

Exemple: **1b**

1 Au goûter, Jean …
2 Les enfants …
3 Est-ce que vous …
4 Le dimanche, nous …
5 Qu'est-ce que tu …
6 Au petit déjeuner, je …
7 Ma sœur adore la menthe. Au café, elle …

a boivent de l'Orangina.
b boit du chocolat chaud.
c buvons du vin au déjeuner.
d bois un bol de café au lait.
e buvez du vin aux repas?
f boit toujours une menthe à l'eau.
g bois au petit déjeuner?

2 Conversations au choix

À deux, jetez un dé (ou choisissez des nombres entre 1 et 6) pour faire des conversations.

Exemple:

A Qu'est-ce que tu bois normalement **(A1)** au petit déjeuner?
B Je bois souvent **(B1)** du jus de fruit. J'adore ça! Et toi, qu'est-ce que tu bois **(A3)** le soir?
A Je bois surtout **(B3)** de l'eau minérale.
B Ah bon, et **(A6)** à une fête, qu'est-ce que vous buvez, tes amis et toi?
A Ça dépend, mais nous buvons souvent **(B6)** du coca ou de la limonade.

A Quand?
1 au petit déjeuner
2 au café
3 le soir
4 quand il fait froid
5 quand il fait chaud
6 à une fête

B Quelle boisson?
1 du jus de fruit
2 de l'Orangina
3 de l'eau minérale
4 du café, du thé ou du chocolat chaud
5 du champagne
6 du coca ou de la limonade

3 On a mangé ça

Regarde la liste des spécialités. Qu'est-ce qu'ils ont commandé?

Exemple: **1 Marc a commandé une omelette aux champignons.**

1 Marc est végétarien, mais il adore les œufs.
2 Claire adore les saucisses et elle aime aussi le pain.
3 Élise adore le fromage et le jambon.
4 Jean-Pierre préfère les choses sucrées.
5 Paul a choisi un sandwich, mais pas au jambon.
6 Toi. (Moi, j'ai …)

Nos spécialités
Sandwichs (au jambon, au pâté)
Croque-monsieur
Omelettes aux champignons
Hot-dogs
Frites
Crêpes

4 Fais des phrases

Combien de phrases peux-tu faire?

| Hier, Hier matin/ soir, Lundi dernier, Vendredi matin, Samedi soir, Samedi dernier, | j'ai il a elle a on a ils ont elles ont | écrit découvert vu reçu lu fait | un livre de cuisine. une nouvelle page web. un nouveau jeu vidéo. une nouvelle recette. un magazine intéressant. une BD fantastique. |

une recette   *a recipe*

5 M. Corot – un résumé

Mets les phrases dans l'ordre pour faire un résumé de l'histoire à la page 78.

Exemple: b, …

a Elle a téléphoné à M. Corot.
b Lundi soir, les Corot ont préparé des sandwichs.
c Le chat a mangé des sardines.
d Comme il a mangé ses sandwichs aux sardines, M. Corot a décidé de téléphoner à son médecin.
e Plus tard, Mme Corot a découvert que le chat était malade.
f Le médecin a envoyé M. Corot à l'hôpital.
g Finalement, l'épicier a tout expliqué.

6 Réponds sans dire 'oui' ou 'non'

À deux, posez cinq questions à l'autre personne. On peut répondre par des phrases vraies ou fausses, mais il ne faut pas dire **oui** ou **non**. Puis changez de rôle.

Voici des idées:
- Est-ce que tu as passé tes vacances en France?

Exemple: *J'ai passé mes vacances à Skegness.* ou
Je n'ai pas passé mes vacances en France.

- Est-ce que tu as passé des vacances à Paris?
- Est-ce que tu as visité l'Espagne ou l'Italie?
- Est-ce que tu as regardé la télévision hier?
- Qu'est-ce que tu as mangé à midi? Tu as aimé ça?
- Est-ce que tu as joué au tennis samedi?
- Tu as acheté quelque chose aux magasins?
- Est-ce que tu as joué sur l'ordinateur?

7 Voici le menu

Complète le menu avec les bonnes voyelles.

Exemple: 1 *du pâté*

Comme *hors-d'œuvre*, il y a …
1 d_ p_t_
2 d_ m_l_n

Comme *plats principaux*, il y a …
3 d_ p__l_t
4 d_ p__ss_n

Comme *légumes*, il y a …
5 d_s p_t_ts p__s
6 d_s fr_t_s

Comme *desserts*, il y a …
7 d_s gl_c_s
8 d_s y___rts

Comme *boissons*, il y a …
9 d_ l'_r_ng_n_
10 d_ l'___ m_n_r_l_

8 M. Lemaître a choisi …

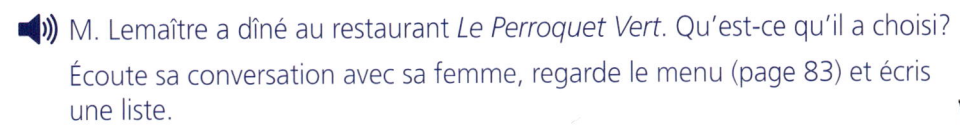

🔊 M. Lemaître a dîné au restaurant *Le Perroquet Vert*. Qu'est-ce qu'il a choisi?

Écoute sa conversation avec sa femme, regarde le menu (page 83) et écris une liste.

Exemple:
Pour commencer, il a commandé …
Comme plat principal, il a choisi …

9 On a mangé à la cantine

Ces cinq élèves ont mangé à la cantine aujourd'hui. Ils ont choisi des boissons et des plats différents.

Copie et complète la grille pour faire ce jeu de logique. Décide ce que chaque personne a choisi comme plat principal et comme boisson.

1 Marc n'aime pas beaucoup la viande et il préfère un repas froid, mais avec une boisson chaude.
2 Laura et Safiya aiment le steak haché, mais Safiya préfère le poulet.
3 Malik est végétarien. Il ne mange pas de poisson et de viande mais il adore le lait.
4 Élise adore le poulet, comme Sika, mais aujourd'hui, elle a décidé de manger du poisson. Elle n'aime pas l'Orangina.
5 Safiya et Laura aiment les boissons sucrées. Safiya adore surtout la limonade.

	de l'omelette	du poisson	du steak haché	du poulet	de la salade	de l'Orangina	de la limonade	du café	du coca	du lait
Marc	✗	✗	✗	✗	✓	✗	✗	✓	✗	✗
Laura										
Élise										
Malik										
Safiya										

cent-quarante-et-un 141

unité 6 Au choix

1 Des questions et des réponses

Complète les phrases avec la bonne forme du verbe **partir**, puis trouve les paires.

Exemple:
1 tu <u>pars</u> … b Je <u>pars</u> …

Des questions
1 Quand est-ce que tu ____ pour le Canada?
2 Est-ce que vous ____ en vacances cet été?
3 Quand est-ce que les garçons ____ au match de football?
4 Le bus pour la gare ____ à quelle heure?
5 Quand est-ce que Nicole et Sophie ____ à Paris?

Des réponses
a Elles ____ jeudi à midi.
b Je ____ le 18 mai.
c Oui, nous ____ le 7 juillet pour la Belgique.
d Le prochain bus ____ à quatorze heures.
e Ils ____ après le déjeuner.

2 Voyager sans problème

Choisis la bonne réponse.

1 Pour aller de la France au Canada, il faut traverser …
  a la rue.
  b l'Atlantique.
  c la Seine.
2 Pour aller de Paris à Montréal, il faut prendre …
  a l'avion.
  b le vélo.
  c la voiture.
3 Pour prendre l'avion, il faut aller …
  a à la gare.
  b à la piscine.
  c à l'aéroport.
4 Pour connaître l'heure de départ, il faut consulter …
  a un médecin.
  b l'horaire.
  c l'hôpital.
5 Pour aller de la France en Angleterre, il faut traverser …
  a les Alpes.
  b le pont.
  c la Manche.
6 Pour aller dans un autre pays, il ne faut pas oublier …
  a son livre.
  b son passeport.
  c son chapeau.

3 Qu'est-ce qu'il faut faire?

Complète les phrases avec **il faut** ou **il ne faut pas**.

Exemple: 1 …, <u>il faut</u> aller à la <u>gare</u>.

1 Pour prendre le train, ____ aller à la gare.
2 Pour laisser sa valise à la gare, ____ chercher la consigne.
3 Pour connaître l'heure du départ d'un train, ____ consulter l'horaire.
4 ____ mettre les pieds (*feet*) sur le siège.
5 Avant de monter dans le train, ____ composter son billet.
6 Pour être sûr d'avoir une place, ____ faire une réservation.
7 Pour acheter un billet,
  a ____ aller au restaurant.
  b ____ aller au guichet.
8 Pour prendre le train qu'on veut,
  a ____ arriver à l'heure.
  b ____ arriver en retard.

4 Au grand magasin

Ce matin, Luc est allé à un grand magasin. Mets les phrases dans le bon ordre (1–10).

Exemple: 1c, … 10f

a Au sixième étage, il est allé au café.
b Il est sorti du magasin à neuf heures et demie.
c Luc est parti à neuf heures.
d À neuf heures dix, il est entré dans le magasin.
e Il est resté dix minutes au café.
f À dix heures moins vingt, Luc est rentré à la maison.
g Il est arrivé au magasin à neuf heures cinq.
h Il est tombé dans la rue à dix heures moins vingt-cinq.
i À neuf heures et quart, Luc est monté au sixième étage.
j À neuf heures vingt-cinq, il est descendu du café.

5 Je suis enfin arrivé(e)

Écris ce résumé pour toi.

a Complète les phrases avec le bon participe passé des verbes.

Exemples:

Si tu es un garçon: **1 Je suis sorti de la maison à midi.**
Si tu es une fille: **1 Je suis sortie de la maison à midi.**

1 Je suis (*sortir*) de la maison à midi.
2 Je suis (*aller*) à l'arrêt d'autobus.
3 Après trente minutes, le bus est (*arriver*).
4 Je suis (*monter*) dans le bus.
5 Vingt minutes après, le bus est (*tomber*) en panne.

b Complète les phrases avec le verbe au passé composé.

Exemple: **6 Je suis resté(e) …**

6 Je ___ ___ (*rester*) dans le bus pendant dix minutes.
7 Puis le bus ___ ___ (*repartir*).
8 Après vingt minutes, il ___ ___ (*arriver*) au terminus.
9 Je ___ ___ (*descendre*) du bus.
10 Je ___ ___ (*entrer*) dans la patinoire où j'ai retrouvé mes amis.

6 Ils sont allés en ville

Écris la bonne forme du verbe **aller** au passé composé, puis suis les lignes pour compléter les phrases. C'est Nathalie qui parle.

Exemple: **1 Moi, je suis allée au marché.**

1 Moi, je ___ ___   à la patinoire.
2 Toi, Pierre, tu ___ ___   au magasin de sports.
3 Thomas ___ ___   à la campagne.
4 Cécile, elle ___ ___   au marché.
5 Hélène et moi, nous ___ ___   au bowling, non?
6 Paul et Luc, vous ___ ___   au café.
7 Les garçons ___ ___   au match de tennis.
8 Anne et Sophie ___ ___   au théâtre?

7 Un coup de téléphone

🔊 André téléphone à Bruno, un copain en France. Écoute la conversation et choisis les bons mots pour compléter les phrases.

1 L'autre soir, André et Daniel sont (**a** tombés dans la rue **b** restés à la maison **c** sortis avec Claire et Katy).
2 Ils sont allés au (**a** musée **b** cinéma **c** bowling).
3 Emma, une fille qui est venue à la soirée, est (**a** la cousine **b** la nièce **c** la sœur) de Daniel.
4 Elle est (**a** assez gentille **b** pas très gentille **c** très gentille).
5 La soirée a fini à (**a** dix heures **b** dix heures et demie **c** onze heures).
6 Après la soirée, ils sont rentrés en (**a** bus **b** voiture **c** train)

8 Un message

Tu as visité une ville récemment, par exemple Paris, Londres ou Cardiff. Écris un message à un(e) ami(e) français(e).

Pour t'aider, relis **Deux messages** (exercice 2), à la page 94.

cent-quarante-trois **143**

unité 7   Au choix

1 Choisis tes vêtements!

Complète les phrases avec la bonne forme du verbe et le nom des vêtements.

Exemple: 1 Pour jouer au tennis, on met un tee-shirt et un short.

1 Pour jouer au tennis, on m___ un ___ et un short.
2 Pour faire du skate, mon frère m___ ___ .
3 Pour aller au mariage de ma sœur, mes parents et moi, nous m___ nos vêtements de fête.
4 Il fait froid, les enfants. Est-ce que vous ___ ___ ?
5 Pour aller à la plage, les enfants ___ ___ .
6 Quand il pleut, on ___ ___ .

2 Qui est le voleur?

Samedi, Mme Maigreton a vu un voleur quitter une boutique. Voilà sa description de l'homme.

> Il a environ quarante ans. Il est assez grand, mais pas très grand. Il a les cheveux noirs et frisés et les yeux gris. Il a une petite barbe, mais il n'a pas de moustache. Il porte des lunettes.

la barbe   beard

Michel Malheur   Pierre Poison   Claude Cruel   Daniel Désastre   Victor Voleur

Voilà cinq hommes, mais qui est le voleur? Que dit Mme Maigreton?

Exemple:

Ce n'est pas Michel Malheur. Il est trop petit et il n'a pas de barbe.

3 Mots et images

Écris le bon mot pour chaque image.

Exemple: 1 le bras

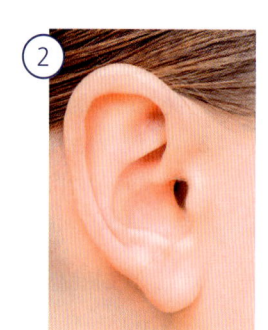

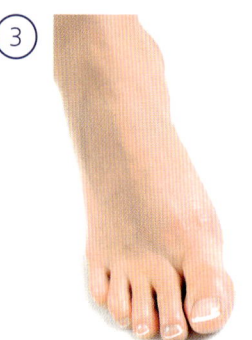

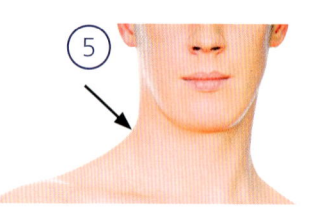

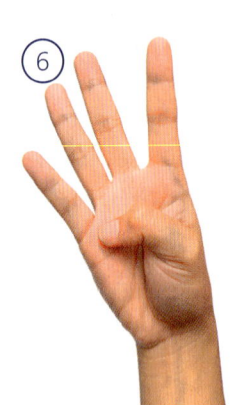

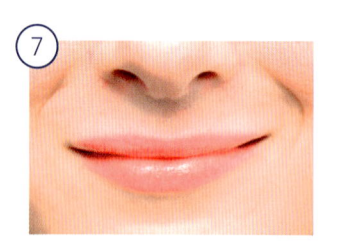

le bras   les dents   la bouche   les épaules
les doigts   une oreille   le cou   le pied

cent-quarante-quatre

4 Ils sont malades!

Toutes ces personnes (et le petit chat aussi) sont malades, mais qu'est-ce qu'elles ont? Trouve les paires.

Exemple: 1h

a Elle a mal au dos.
b Elle a mal aux oreilles.
c Il a mal à l'œil.
d Il a mal à la jambe.
e Le bébé et sa maman ont mal à la main.
f Ils ont mal à la tête.
g Il a mal à la queue.
h Il a mal au ventre.
i Ils ont mal aux pieds.
j Elle a mal au cœur.

la langue   tongue

5 La girafe

Lis l'article et complète les phrases.

1 La girafe a une ___ extensible.
2 La girafe peut ___ 50 litres d'eau.
3 La girafe ne ___ pas très souvent.
4 La girafe ___ pendant la moitié de la journée.
5 La girafe peut ___ très vite.

boire   dort   mange   courir   langue

La girafe

- La girafe a une langue extensible qu'elle peut enrouler autour d'une branche pour la tirer vers sa bouche.
- La girafe peut vivre avec très peu d'eau qu'elle trouve sur les feuilles. Mais quand elle a soif, elle boit entre 40 et 50 litres d'eau.
- La girafe dort très rarement. Elle dort profondément pendant environ 20 minutes toutes les 24 heures.
- La girafe passe environ 12 heures chaque jour à manger.
- La girafe peut courir à 60 km/heure – comme ça, elle peut échapper à ses ennemis, les hyènes, par exemple.

6 Mamie va voir le médecin

Choisis des mots dans la case pour compléter le texte.

allez   prenez   restez   ouvrez   demandez   venez

A Vous avez mal à la tête?
Oui, quelquefois, mais …

B Ça vous fait mal là?

C (1) ___ la bouche. Ah, oui, ce n'est pas grave.

D Voilà une ordonnance. (2) ___ à la pharmacie. (3) ___ de l'aspirine.

E (4) ___ au lit demain et (5) ___ me voir vendredi. (6) ___ un rendez-vous à la réception.

F Merci beaucoup, docteur, mais …
…je voudrais mon chat, s'il vous plaît!

unité 8   Au choix

1 Un article sur les chiens

Lis l'article et écris **V** (vrai) ou **F** (faux).

1 Quand il y a du soleil, les chiens voient bien les couleurs.
2 Les chiens voient facilement le mouvement.
3 Un chien peut voir les choses devant et derrière lui.
4 La nuit, les chiens voient moins bien que les humains.
5 Pour un berger, avoir un bon chien, c'est très important.

Les chiens, est-ce qu'ils voient bien?

Oui et non! Pendant la journée, ils ne voient pas bien les couleurs, mais le soir, quand il commence à faire noir, les yeux des chiens sont plus forts que nos yeux humains.

Les chiens voient bien quelque chose qui bouge, même à une grande distance. Par exemple, quand un berger fait signe à son chien, le chien peut voir son maître à une distance d'un kilomètre.

Une chose amusante – comme les yeux d'un chien sont sur les côtés de la tête, il peut voir devant, à côté et derrière lui!

bouger   *to move*
un berger   *shepherd*

2 On sort

Trouve les paires.

Exemple: 1d

1 Le weekend, je …
2 Est-ce que vous …
3 Quelquefois, nous …
4 Mon frère adore le sport; il …
5 Ma grand-mère déteste le temps froid. En hiver, elle …
6 Mes amis …

a sortons en famille.
b ne sort jamais.
c sortent tous les samedis.
d sors, normalement.
e sortez souvent?
f sort souvent.

3 Isabelle et sa mère

Complète les conversations entre Isabelle et sa mère avec la bonne forme du verbe **sortir**.

Exemple: 1 *je sors*

– Maman, ce soir je (**1**) ___ .
– Tu (**2**) ___ encore ce soir? Mais non, Isabelle. Tu (**3**) ___ trop. Ça fait quatre fois que tu (**4**) ___ cette semaine.
– Mais maman, ce soir je (**5**) ___ avec Jean-Claude. Nous allons à la nouvelle discothèque.
– Eh bien, d'accord. Mais demain, tu restes à la maison!

Une semaine plus tard …
– Isabelle, ce soir, papa et moi, nous (**6**) ___ .
– Vous (**7**) ___ ? Où allez-vous?
– Nous allons au nouveau restaurant italien en ville.
– Alors, comme vous (**8**) ___ , est-ce que je peux inviter Magali ou Sophie à la maison?
– Bon, d'accord.

Au téléphone …
– Écoute, Magali, papa et maman (**9**) ___ ce soir. Alors, est-ce que tu veux venir à la maison?

4 La semaine d'Isabelle

Tu as une bonne mémoire? Isabelle est beaucoup sortie mais où, et avec qui? Complète les phrases. (Pour t'aider, regarde la page 122.)

1 Mardi soir, elle est ___ avec ___ .
2 Elles ___ ___ à la ___ . (*aller*)
3 Mercredi après-midi, elle ___ ___ avec ___ et ses amis.
4 Ils ___ ___ à la ___ . (*aller*)
5 Jeudi soir, elle ___ ___ avec ___ .
6 Elles ___ ___ au tennis. (*jouer*)
7 Vendredi soir, elle ___ ___ chez Alexandre. (*aller*)
8 Samedi soir, elle ___ ___ avec ___ .
9 Dimanche, David ___ ___ à Isabelle. (*téléphoner*)
10 Mais le dimanche, elle n'___ pas ___ .

146 cent-quarante-six

5 Trois élèves

Lis les descriptions et écris **V** (vrai) ou **F** (faux).

Exemple: 1 faux

	Charles	Roxanne	Mohammed
âge	12 ans	13 ans	12 ans 6 mois
taille	1,40m	1,50m	1,40m
aime	tous les sports	le cinéma, la musique	la lecture, le football (surtout les Crocos)

1. Charles est plus âgé que Mohammed.
2. Roxanne est plus âgée que Charles et Mohammed.
3. Charles est moins sportif que Roxanne et Mohammed.
4. Charles est aussi grand que Mohammed.
5. Charles est plus jeune que Mohammed.
6. Roxanne est moins grande que Charles.
7. Mohammed est aussi grand que Roxanne.
8. Roxanne n'est pas si sportive que Charles.

6 L'hippo et le croco

Quel animal est le plus dangereux, l'hippopotame ou le crocodile?
(Réponse à la page 149.)

L'hippopotame est un mammifère énorme (1,5 tonnes). Il a une bouche gigantesque et des dents d'un mètre de long, mais il ne mange pas de viande. Il est herbivore – il mange seulement des plantes fraîches.

Au contraire, le crocodile – un très grand reptile – est très dangereux. Il est carnivore et il mange de la viande, des antilopes, par exemple, et du poisson – et même des hommes, s'ils tombent à l'eau!

Un grand crocodile peut mesurer cinq mètres, mais il se cache sous l'eau (à part ses petits yeux) et attend ses victimes avec patience.

Choisis le bon mot.

Exemple: 1 b

L'hippopotame

1. L'hippopotame est …
   a carnivore. b herbivore. c un reptile.
2. Il a des dents …
   a très longues. b très petites.
3. Il mange …
   a du poisson. b des plantes. c des antilopes.

Le crocodile

4. Le crocodile est …
   a un mammifère. b carnivore. c herbivore.
5. Il peut mesurer …
   a 1 mètre. b 5 mètres. c 1,5 mètres.
6. Ses yeux sont …
   a grands. b bleus. c petits.

7 Sport pour tous

Complète le message.

Exemple: 1 passé

Samedi dernier, j'ai (**1** *passer*) une excellente journée. J'ai (**2** *faire*) un stage au centre sportif près d'ici. Pour commencer, nous sommes (**3** *sortir*) dans le parc pour faire du jogging.

Puis il y avait le choix entre le volley, le basket et le hockey. Moi, j'ai (**4** *choisir*) le basket. Après la pause, on a (**5** *jouer*) au badminton.

Pour le déjeuner, nous sommes (**6** *aller*) à la cantine et j'ai (**7** *manger*) des raviolis et j'ai (**8** *boire*) un jus d'orange.

L'après-midi, on a (**9** *avoir*) un cours de gymnastique. Puis nous sommes (**10** *retourner*) au parc pour un tournoi de tennis.

Moi, j'ai (**11** *finir*) en troisième place et j'ai (**12** *gagner*) un tube de balles de tennis.

8 La semaine dernière

Complète les questions et écris tes réponses.

Exemple: 1 Est-ce que tu es sorti(e) pendant la semaine?

1. Est-ce que tu ___ ___ pendant la semaine? (*sortir*)
2. Où es-tu ___ ? (*aller*)
3. Tu ___ ___ avec ta famille samedi dernier? (*sortir*)
4. Est-ce que tu ___ ___ à la maison dimanche soir? (*rester*)

Pour 5–8, utilise **avoir** comme verbe auxiliaire.

5. Qu'est-ce que tu ___ ___ à la télé? (*regarder*)
6. Est-ce que tu ___ ___ à la maison? (*aider*)
7. Est-ce que tu ___ ___ du sport? (*faire*)
8. Est-ce que tu ___ ___ des textos? (*envoyer*)

Au choix extra: Perfect tense practice

The perfect tense with *avoir*

une crêpe
une glace au chocolat
un hot-dog
un sandwich au jambon
une portion de frites
une glace à la fraise

1 Quelque chose à manger

Six jeunes ont commandé quelque chose à manger.
Qu'est-ce qu'ils ont commandé?

Exemple: 1 Marc a commandé une glace au chocolat.

1 Marc a commandé
2 Claire a commandé
3 Jean-Pierre a mangé
4 Tiffaine a choisi
5 Paul a mangé
6 Élise a choisi

2 Hier au café

Suis les lignes pour faire des phrases.

Exemple: Marc a mangé un sandwich.

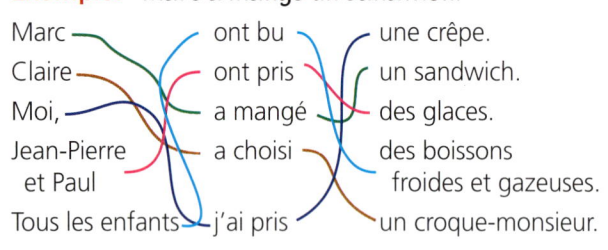

Marc — ont bu — une crêpe.
Claire — ont pris — un sandwich.
Moi, — a mangé — des glaces.
Jean-Pierre et Paul — a choisi — des boissons froides et gazeuses.
Tous les enfants — j'ai pris — un croque-monsieur.

3 Huit phrases sur M. Corot

Relis l'histoire de M. Corot à la page 78.

a Complète les phrases avec le verbe au passé composé.

b Mets les phrases dans l'ordre de l'histoire.

Exemple: 3 Lundi soir, les Corot ont préparé …

1 M. Corot ___ (*faire*) des sandwichs aux sardines et il ___ (*donner*) des sardines au chat.
2 Mardi matin, M. et Mme Corot ___ (*quitter*) la maison à huit heures et quart.
3 Lundi soir, les Corot ___ (*préparer*) des sandwichs.
4 À son retour, Mme Corot ___ (*trouver*) le chat dans le garage. Il était malade et Mme Corot ___ (*penser*) qu'il avait été empoisonné par les sardines.
5 Mais mercredi matin, l'épicier ___ tout ___ . (*expliquer*)
6 Pendant leur absence, l'épicier ___ (*apporter*) des provisions à la maison.
7 M. Corot ___ (*manger*) ses sandwichs aux sardines, alors le médecin, par précaution, ___ (*envoyer*) M. Corot à l'hôpital.
8 M. Corot ___ très bien ___ (*dormir*) à l'hôpital.

4 En classe

Trouve les paires.

Exemple: 1f

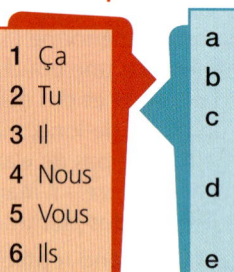

1 Ça
2 Tu
3 Il
4 Nous
5 Vous
6 Ils
7 Je

a n'as pas entendu?
b n'avons pas fini.
c n'ont pas fait leurs devoirs.
d n'ai pas compris la question.
e n'a pas trouvé son stylo.
f n'a pas marché.
g n'avez pas vérifié ça?

5 Présent ou passé?

a Est-ce que ces questions sont au présent ou au passé composé (*perfect tense*)? Écris **PR** (présent) ou **P** (passé).

Exemple: 1 PR

1 Tu fais des courses le samedi normalement?
2 Est-ce que tu as fait des courses samedi dernier?
3 Est-ce que tu joues au football?
4 Est-ce que tu as joué au football le weekend dernier?
5 Tu manges des sandwichs à midi?
6 Tu as mangé des sandwichs hier?
7 As-tu fait tes devoirs sur l'ordinateur récemment?
8 Fais-tu quelquefois tes devoirs sur l'ordinateur?
9 Est-ce que tu lis des magazines sur l'informatique?
10 As-tu lu un magazine sur l'informatique cette semaine?

b Écris tes réponses. Attention! Si la question est au présent, réponds au présent.

Exemple: 1 Je fais (Je ne fais pas) …

Si la question est au passé composé, réponds au passé composé.

Exemple: 2 J'ai fait (Je n'ai pas fait) …

The perfect tense with *être* and both auxiliary verbs

6 En ville

Trouve les paires.

Exemple: **1h** *Je suis allé à la piscine.*

1 Je
2 Toi, Léa, tu
3 Mon père
4 Ma mère
5 Nous
6 Est-ce que vous
7 Mes amis
8 Les filles

a sommes allés à la plage.
b es allée au cinéma.
c est allée au match de football.
d est allé au supermarché.
e êtes allés au parc?
f sont allées aux magasins.
g sont allés au musée.
h suis allé à la piscine.

7 Un long voyage

Jacques et Suzanne sont allés au Québec. Complète la description de leur voyage.

Exemple: **1 sortis**

1 Ils sont ___ de la maison à huit heures. (*sortir*)
2 Ils sont ___ à la gare routière en taxi. (*aller*)
3 Ils sont ___ en car à huit heures et demie. (*partir*)
4 Ils sont ___ à l'aéroport à dix heures. (*arriver*)
5 Ils sont ___ dans l'avion à midi. (*monter*)
6 Ils sont ___ de l'avion six heures plus tard. (*descendre*)
7 Ils sont ___ au centre-ville en bus. (*aller*)
8 Ils sont ___ à leur hôtel à Montréal à quatorze heures, heure locale. (*arriver*)

8 À la campagne

André raconte une journée à la campagne. Trouve la bonne phrase pour chaque image.

Exemple: **1d** *Nous sommes partis à la campagne à vélo.*

a Après une heure, nous sommes arrivés dans une forêt.
b Le lendemain matin, nous sommes descendus tard pour le petit déjeuner.
c Nous sommes montés dans les arbres.
d Nous sommes partis à la campagne à vélo.
e Nous sommes rentrés à la maison assez tard.
f Nous sommes restés à la campagne tout l'après-midi.

9 Au bord de la mer

Complète les conversations.

Exemple: **1 je suis allé**

a Utilise le passé composé avec **être**.

– Tu as passé un bon weekend?
– Oui, je (**1** *aller*) au bord de la mer avec ma famille.
– Ah bon? Vous (**2** *partir*) très tôt?
– Oui, nous (**3** *partir*) à sept heures.
– Et vous (**4** *aller*) où exactement?
– Nous (**5** *aller*) à Saint-Pierre.
– Qu'est-ce que vous avez fait?
– Mon frère et moi, nous (**6** *aller*) à la plage. Mes parents (**7** *aller*) en ville.
– Et ta soeur?
– Elle (**8** *rester*) à la maison.
– Vous (**9** *sortir*) le soir?
– Oui, nous (**10** *aller*) au restaurant.
– Et vous (**11** *rentrer*) à quelle heure?
– Nous (**12** *rentrer*) tard, vers dix heures du soir.

b Utilise le passé composé avec **être** ou **avoir**.

– Et toi, qu'est-ce que tu (**1** *faire*)?
– Je (**2** *aller*) chez mes grands-parents en Normandie. Nous (**3** *aller*) aussi à la plage. Nous (**4** *jouer*) au volley et après, nous (**5** *acheter*) une glace.
– Et vous (**6** *sortir*) le soir?
– Non, le soir, nous (**7** *rester*) à la maison et nous (**8** *jouer*) aux cartes.

Réponses (page 127, activité 5):
Le sport le plus pratiqué en France est la natation.
(page 147, activité 6):
Le crocodile est le plus dangereux.

Tu comprends?

1 Où vont-ils?

🔊 **a** Où vont-ils? Écoute (1–7) et note les bonnes lettres.

Exemple: 1B

A LIBRAIRIE
B BOULANGERIE PÂTISSERIE
C BOUCHERIE
D ÉPICERIE
E (marché fruits/légumes)
F (poissonnerie)
G CAFÉ

➕ **b** Écoute encore une fois. Qu'est-ce qu'ils vont acheter (1–7)?

Exemple: 1 *du pain, une glace*

3 Une journée de vacances

🔊 **a** Écoute (1–8), regarde les images et écris la bonne lettre.

Exemple: 1C

A, B, C, D, E, F, G, H

➕ **b** Écoute encore une fois (1–2) et écris le texte.

Exemple: *C'est les vacances, …*

2 Quand vont-ils rentrer?

🔊 **a** Marion et Sébastien parlent de leurs amis qui sont en vacances. Écoute leur conversation et trouve les paires.

Exemple: 1d

1 André et Lucie	a demain
2 Jean-Pierre	b mardi matin
3 Alice	c mercredi après-midi
4 les Simon	d jeudi prochain
5 Luc	e vendredi soir
6 Magali	f samedi prochain
7 Daniel	g dimanche prochain
8 Sophie et Claire	h la semaine prochaine

➕ **b** Écoute encore une fois (1–7). Où sont les personnes?

Exemple: 1 *Ils sont en Espagne.*

4 Hier matin

🔊 Écoute (1–8) et trouve les paires.

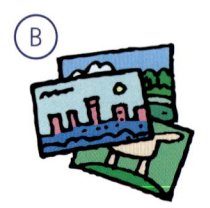

Exemple: 1D

A, B, C, D, E, F, G, H

150 cent-cinquante

5 Vous avez choisi?

🔊 **a** Écoute (1–3) et note ce qu'on a commandé.

Exemple: **1** *b, …*

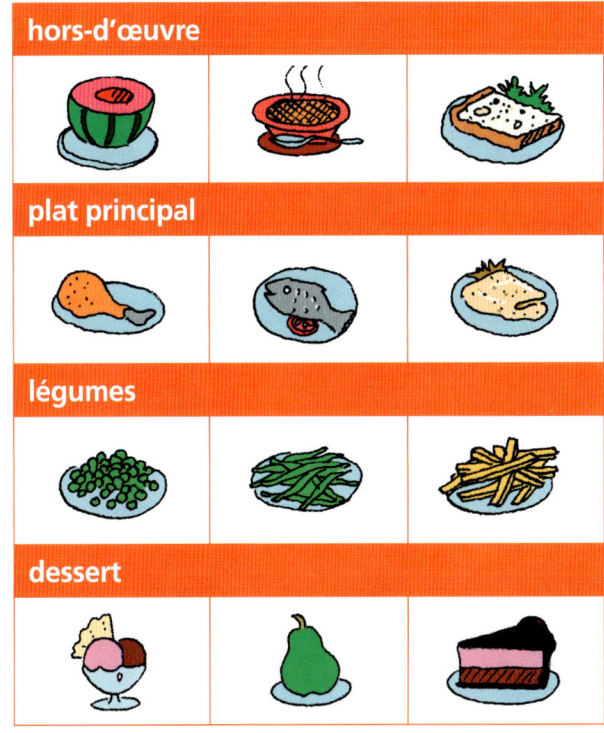

hors-d'œuvre

plat principal

légumes

dessert

➕ **b** Écoute encore une fois et écris le français.

Exemple: **1** *du potage, …*

7 Voici mes amis

🔊 **a** Écoute et identifie les six personnes.

Exemple: **1** *Kémi*

> Patrick   Kémi   Charles
> Lucie   Hélène   Élise

➕ **b** Écris la description de deux personnes sur l'image.

6 Des vacances en Normandie

🔊 **a** Écoute et complète le texte avec les mots de la case.

Exemple: **1** *Pâques*

Pendant les vacances de (**1**) ___ , je suis parti avec un groupe de jeunes en Normandie. Nous avons fait du camping. J'ai partagé une tente avec (**2**) ___ autres garçons.

Chaque jour, on a travaillé par équipe. Une équipe est allée à la (**3**) ___ pour acheter du pain, une équipe a cherché de l' (**4**) ___ , une équipe a préparé les sandwichs pour le piquenique et une équipe a fait la (**5**) ___ .

Un jour, nous sommes allés à la (**6**) ___ à vélo. Nous sommes partis à neuf heures et nous sommes arrivés à la plage à (**7**) ___ heures. Nous sommes restés là-bas un bon moment. Mais quand nous sommes (**8**) ___ , nous avons pris la mauvaise direction. Finalement, nous sommes arrivés au camping, très fatigués, à (**9**) ___ heures du soir.

> boulangerie   onze   Pâques   plage
> rentrés   sept   trois   vaisselle   eau

➕ **b** Traduis le dernier paragraphe en anglais.

Exemple: *One day, we …*

8 Tu veux sortir?

🔊 **a** Écoute les six conversations. Si on accepte, écris **A**. Si on refuse, écris **R**. Si on ne sait pas, écris **?**.

Exemple: **1** *R*

➕ **b** Écoute encore une fois (1–4). La personne propose d'aller où?

Exemple: **1** *au parc d'attractions*

cent-cinquante-et-un **151**

Vocabulaire par thèmes

This section lists the main topic vocabulary taught in **Tricolore 1**. Topic vocabulary taught in **Tricolore 2** is listed in the *Sommaire* for each unit, as shown below:

Unité 1 (page 21)		Unité 5 (page 85)	
les magasins	shops	*les boissons*	drinks
les quantités	quantities	*les casse-croûtes*	snacks
l'argent	money	*les glaces*	ice cream
Unité 2 (page 37)		*les plats d'un repas*	courses of a meal
les pays et les continents	countries and continents	*un repas au restaurant*	a meal in a restaurant
les transports	means of transport	**Unité 6 (page 101)**	
Unité 3 (page 53)		*à la gare*	at the station
les matières scolaires	school subjects	*en voyage*	travel in general
la vie au collège	school life	*une excursion*	a day out
la routine journalière	daily routine	**Unité 7 (page 117)**	
(à) mon avis	(in) my opinion	*les vêtements*	clothes
Unité 4 (page 69)		*les descriptions*	descriptions
la famille	the family	*la santé*	health
aider à la maison	helping at home	*les parties du corps*	parts of the body
chez une famille	staying with a family	**Unité 8 (page 131)**	
le temps passé	expressions of past time	*les distractions*	leisure events
		on sort	going out
		un match	a sports match
		la lecture	reading

When you look up a noun in a dictionary, you will notice some letters after the word:
- 'n.m.' tells you that it is a noun and it is masculine (**le** or **un**),
- 'n.f.' tells you that it is a noun and it is feminine (**la** or **une**).
The nouns on these pages have *m* (masculine) or *f* (feminine) after them and *pl* if they are plural.

■ **en classe** — **in school**

apprendre (par cœur)	to learn (by heart)
chercher dans le dictionnaire	to look up in a dictionary
choisir	to choose
commencer	to begin
corriger	to correct
dessiner	to draw, design
deviner	to guess
distribuer	to give out
écouter	to listen
écrire	to write
effacer	to rub out
encore une fois	once more
essayer	to try
expliquer	to explain
finir	to finish
gagner	to win
mettre dans le bon ordre	to put in the right order
noter	to make a note of
oublier	to forget
ouvrir	to open
parler	to speak
penser	to think
poser une question	to ask a question
ranger	to tidy up, clear up, put away
répéter	to repeat
répondre	to reply
savoir	to know
souligner	to underline
tourner	to turn
travailler (en équipes)	to work (in teams)
trouver	to find
vérifier	to check

■ **le matériel scolaire** — **school materials**

lecteur MP3 (m)	MP3 player
bic (m)	biro
cahier (m)	exercise book
calculatrice (f)	calculator
cartable (m)	school bag
carte (f)	card
chaise (f)	chair
classeur (m)	file
feutre (m)	felt-tip pen
gomme (f)	rubber
iPod (m)	iPod
lecteur CD (m)	CD player
ordinateur (m)	computer
règle (f)	ruler
sac à dos (m)	backpack
sac de sports (m)	sports bag
stylo à bille (m)	ball-point pen
surligneur (m)	highlighter
table (f)	table
tableau (m)	board
tableau interactif (m)	interactive white board
taille-crayon (m)	pencil sharpener
télévision (f)	television
trousse (f)	pencil case

■ **l'informatique (f)** — **ICT**

allumer	to switch on
brancher	to plug in
charger	to load
clavier (m)	keyboard
clé USB (f)	memory stick
cliquer sur la souris	to click on the mouse
couper-coller	to cut and paste
curseur (m)	cursor
écran (m)	screen
effacer	to delete
en ligne	on line
'envoi'	'return'
fermer	to shut down
fichier (m)	file
imprimante (f)	printer
lien (m)	link
marquer	to highlight
menu (m)	menu
message (m)	message
moniteur (m)	monitor
mot de passe (m)	password
ordinateur (m)	computer
ouvrir	to open

portable (m)	laptop	■ les saisons (f pl)	seasons	planche à voile (f)	windsurfing
sauvegarder	to save	en hiver (m)	in winter	roller (m)	rollerblading / skating
site web (m)	website	au printemps (m)	in spring		
souris (f)	mouse	en été (m)	in summer	rugby (m)	rugby
surfer sur Internet	to surf the net	en automne (m)	in autumn	skate (m)	skateboarding
surligner	to highlight	■ en ville	in town	ski (m)	skiing
tablette (f)	tablet	auberge de	youth hostel	tennis (m)	tennis
taper	to type	jeunesse (f)		voile (f)	sailing
touche (f)	key	banque (f)	bank	VTT (vélo tout	mountain biking
visualiser	to display	camping (m)	campsite	terrain) (m)	
■ à la maison	at home	centre-ville (m)	town centre	■ la musique	music
chambre (f)	bedroom	collège (m)	comprehensive school	batterie (f)	drums
cuisine (f)	kitchen			flûte (f)	flute
fenêtre (f)	window	école (f)	school (in general)	flûte à bec (f)	recorder
garage (m)	garage	gare (f)	station	guitare (f)	guitar
jardin (m)	garden	hôpital (m)	hospital	piano (m)	piano
lit (m)	bed	hôtel (m)	hotel	violon (m)	violin
porte (f)	door	hôtel de ville (m)	town hall	■ d'autres loisirs	other leisure activities
réfrigérateur (m)	fridge	marché (m)	market	concert (m)	concert
salle à manger (f)	dining room	musée (m)	museum	aller en discothèque/	to go to a disco/
salle de bains (f)	bathroom	office de tourisme (m)	tourist office	boîte (f)	club
salon (m)	lounge	parc (m)	park	exposition (f)	exhibition
■ la famille	the family	parking (m)	car park	fête (f)	party, festival
beau-frère (m)	brother-in-law	patinoire (f)	skating rink	fête foraine (f)	funfair
belle-sœur (f)	sister-in-law	piscine (f)	swimming pool	feu d'artifice (m)	firework display
cousin(e) (m/f)	cousin	place (f)	square	soirée (f)	party, celebration
demi-frère (m)	half-/stepbrother	poste (f)	post office	faire du dessin	to do drawing
demi-sœur (f)	half-/stepsister	restaurant (m)	restaurant	de la peinture	painting
fille (unique) (f)	(only) daughter	rue (principale) (f)	(high, main) street	du théâtre	drama
fils (unique) (m)	(only) son	stade (m)	stadium	des photos	to take photos
frère (m)	brother	■ des bâtiments	religious	jouer à l'ordinateur	to play on the computer
grand-mère (f)	grandmother	religieux (m pl)	buildings		
grand-père (m)	grandfather	cathédrale (f)	cathedral	aux cartes	cards
mère (f)	mother	église (f)	church	aux échecs	chess
oncle (m)	uncle	mosquée (f)	mosque	aux jeux vidéo	computer games
père (m)	father	synagogue (f)	synagogue	■ à mon avis	in my opinion
sœur (f)	sister	temple (m)	temple	C'est amusant	It's fun
tante (f)	aunt	■ À quelle	How far?	difficile	difficult
■ les animaux (m pl)	animals, pets	distance?		ennuyeux	boring
chat (m)	cat	loin de	far from	facile	easy
chatte (f)	female cat	près de	near	intéressant	interesting
cheval (m)	horse	près d'ici	near here	nul	useless, rubbish
chien (m)	dog	tout près	very close		
cochon d'Inde (m)	guinea pig	à ... kilomètres de	... kilometres from	super	great
hamster (m)	hamster	à ... milles de	... miles from	sympa	nice, good
lapin (m)	rabbit	■ Quelle direction?	Which direction?	utile	useful
oiseau (m)	bird	à droite	(on the) right	très	very
perroquet (m)	parrot	à gauche	(on the) left	assez	quite
perruche (f)	budgerigar	tout droit	straight ahead	un peu	a bit
poisson rouge (m)	goldfish	■ les points	points of the	je suis d'accord	I agree
serpent (m)	snake	cardinaux	compass	je ne suis pas d'accord	I disagree
souris (f)	mouse	le nord	north	je suis pour/contre	I'm for/against
tarentule (f)	tarantula	le sud	south	■ la nourriture	food
■ le temps	weather	l'est	east	fromage (m)	cheese
il fait beau	it's fine	l'ouest	west	jambon (m)	ham
il fait chaud	it's hot	■ les sports (m pl)	sport	omelette (f)	omelette
il fait froid	it's cold	athlétisme (m)	athletics	pâté (m)	pâté
il fait mauvais	it's bad weather	badminton (m)	badminton	pizza (f)	pizza
il y a du brouillard	it's foggy	cricket (m)	cricket	poisson (m)	fish
il y a du soleil	it's sunny	cyclisme (m)	cycling	potage (m)	soup
il y a du vent	it's windy	équitation (f)	horse riding	poulet (m)	chicken
il neige	it's snowing	football (m)	football	viande (f)	meat
il pleut	it's raining	golf (m)	golf		
		gymnastique (f)	gymnastics		

cent-cinquante-trois **153**

Vocabulaire par thèmes

■ des légumes (m pl)	**vegetables**
carottes (f pl)	carrots
champignon (m)	mushroom
chou (m)	cabbage
chou-fleur (m)	cauliflower
frites (f pl)	chips
haricots verts (m pl)	French beans
petits pois (m pl)	peas
pommes de terre (f pl)	potatoes
salade (f)	lettuce salad
tomate (f)	tomato
■ des fruits (m pl)	**fruit**
banane (f)	banana
citron (m)	lemon
fraise (f)	strawberry
kiwi (m)	kiwi fruit
melon (m)	melon
orange (f)	orange
pêche (f)	peach
poire (f)	pear
pomme (f)	apple
raisin (m)	grapes
■ des desserts (m pl)	**desserts**
gâteau (m)	cake
tarte aux pommes (f)	apple tart
yaourt (m)	yoghurt
■ des boissons chaudes (f pl)	**hot drinks**
café (m)	coffee
thé (m)	tea
chocolat chaud (m)	hot chocolate
■ des boissons froides (f pl)	**cold drinks**
eau (f)	water
eau minérale (f)	mineral water
limonade (f)	lemonade
jus de fruit (m)	fruit juice
lait (m)	milk
coca (m)	coke
vin (m)	wine
■ le petit déjeuner	**breakfast**
beurre (m)	butter
céréales (f pl)	cereal
confiture (f)	jam
confiture d'oranges (f)	marmalade
croissants (m pl)	croissants
œuf (m)	egg
œufs au bacon (m pl)	bacon and egg
pain (m)	bread
sucre (m)	sugar
toasts (m pl)	toast
■ les couleurs (f pl)	**colours**
blanc (blanche)	white
bleu	blue
blond	blond
brun	brown
châtain	(chestnut) brown
gris	grey
jaune	yellow
marron (inv)	brown
noir	black
orange (inv)	orange
rose	pink
rouge	red
roux	red (hair)
turquoise	turquoise
vert	green
(bleu) clair (inv)	light (blue)
(vert) foncé (inv)	dark (green)
■ les fêtes et les vœux	**festivals and greetings**
le jour de l'An	New Year's Day
la fête du 14 juillet/ la fête nationale	Bastille Day (14th July)
Pâques	Easter
Noël	Christmas
Mardi gras	Shrove Tuesday
Bonne année	Happy New Year
Joyeuses Pâques	Happy Easter
Joyeux Noël	Happy Christmas
Bon anniversaire	Happy birthday
Bonne fête	Best wishes on your Saint's Day
■ l'heure (f)	**time**

Il est une heure/deux heures/trois heures …
… moins cinq 11 12 1 … cinq
… moins dix 10 Quelle 2 … dix
… moins le quart 9 heure 3 … et quart
… moins vingt 8 est-il? 4 … vingt
… moins vingt-cinq 7 6 5 … vingt-cinq
… et demie

12:30 Il est midi et demi.
Il est minuit et demi.

■ les jours de la semaine	**days of the week**
lundi	Monday
mardi	Tuesday
mercredi	Wednesday
jeudi	Thursday
vendredi	Friday
samedi	Saturday
dimanche	Sunday
■ les mois de l'année	**months of the year**
janvier	January
février	February
mars	March
avril	April
mai	May
juin	June
juillet	July
août	August
septembre	September
octobre	October
novembre	November
décembre	December

■ les nombres (m pl)	**numbers**		
0	zéro	22	vingt-deux
1	un	23	vingt-trois
2	deux	30	trente
3	trois	31	trente-et-un
4	quatre	40	quarante
5	cinq	41	quarante-et-un
6	six	50	cinquante
7	sept	51	cinquante-et-un
8	huit	60	soixante
9	neuf	61	soixante-et-un
10	dix	70	soixante-dix
11	onze	71	soixante-et-onze
12	douze	72	soixante-douze
13	treize	80	quatre-vingts
14	quatorze	81	quatre-vingt-un
15	quinze	82	quatre-vingt-deux
16	seize	90	quatre-vingt-dix
17	dix-sept	91	quatre-vingt-onze
18	dix-huit	100	cent
19	dix-neuf	200	deux-cents
20	vingt	250	deux-cent-cinquante
21	vingt-et-un	1000	mille

■ dans l'ordre	**in order**
premier (première)	first
deuxième	second
troisième	third
quatrième	fourth
cinquième	fifth
vingtième	twentieth
vingt-et-unième	twenty-first
■ le passé	**past**
hier	yesterday
hier matin/ après-midi	yesterday morning/ afternoon
hier soir	last night
dimanche dernier	last Sunday
samedi matin	(on) Saturday morning
la semaine dernière	last week
le weekend dernier	last weekend
■ le présent	**present**
aujourd'hui	today
ce matin	this morning
en ce moment	at the moment
maintenant	now
■ l'avenir	**future**
demain	tomorrow
cet après-midi	this afternoon
ce soir	this evening
lundi prochain	next Monday
la semaine prochaine	next week
plus tard	later
bientôt	soon
■ des conjonctions	**connectives**
aussi	also
d'abord	first of all
donc	then, so
ensuite	next
et	and
mais	but
ou	or
puis	then
si	if

154 cent-cinquante-quatre

Grammaire

1 Nouns and articles

A **noun** is the name of someone or something or the word for a thing, e.g. Melanie, Mr James, a book, a pen, work.

The **definite article** is the word for 'the' (**le, la , l', les**) used with a noun, when referring to a particular person or thing.

The **indefinite article** is the word for 'a', 'an', 'some' (**un, une, des**) used with a noun.

In French, the article indicates whether the noun is **masculine** (**le, un**), **feminine** (**la, une**) or **plural** (**les, des**). Articles are often missed out in English, but not in French.

1.1 Masculine and feminine

All nouns in French are either masculine or feminine.

masculine singular	feminine singular
le garcon	la fille
un village	une ville
before a vowel	
l'appartement	l'épicerie

Nouns which refer to people often have a special feminine form, which usually ends in **-e**.

masculine feminine	feminine
un ami	une amie
un Français	une Française

But sometimes there is no special feminine form.

un touriste	une touriste
un élève	une élève
un enfant	une enfant

1.2 Is it masculine or feminine?

Sometimes the ending of a word can give you a clue as to whether it's masculine or feminine. Here are some guidelines:

endings normally masculine	exceptions	endings normally feminine	exceptions
-age	une image	-ade	
-aire		-ance	
-é		-tion	
-eau	l'eau (f)	-ée	un lycée, un musée
-eur		-ère	
-ier			
-in	la fin	-erie	
		-ette	un squelette
-ing			
-isme		-que	le plastique, un moustique, un kiosque
-ment			
-o	la météo		
		-rice	le dentifrice
		-sse	
		-te	
		-ure	

1.3 Singular and plural

Nouns can be singular (referring to just one thing or person) or plural (referring to more than one thing or person):

un chien   des chiens

Most nouns form the plural by adding an **-s**. This is not usually sounded, so the word may sound the same when you hear or say it.

The words **le, la** and **l'** become **les** in the plural and this does sound different. The words **un** and **une** become **des**.

singular	plural
le chat	les chats
la maison	les maisons
l'ami	les amis
un livre	des livres
une table	des tables

A few words have a plural ending in **-x**. This is not sounded either.

un cadeau	des cadeaux
un chou	des choux

Nouns which already end in **-s**, **-x** or **-z** don't change in the plural.

un repas	des repas
le prix	les prix

1.4 la, la, les (definite article)

The definite article is the word for 'the' which appears before a noun. It is often left out in English, but it must not be left out in French (except in a few cases).

singular			plural (all forms)
masculine	feminine	before a vowel	
le village	la ville	l'école	les touristes

It is used:
- to refer to a particular thing or person, in the same way we use 'the' in English.
- to make general statements about likes and dislikes (e.g. **j'adore le dessin**).
- with titles (e.g. **la Reine Elizabeth**).
- with days of the week to give the idea of 'every' (e.g. **Je joue au tennis le samedi matin**).
- with different times of day to mean 'in' or 'during' (e.g. **Le matin, je fais ...**).
- with prices, to refer to a specific quantity (e.g. **c'est 2 euros la pièce**).

1.5 un, une, des (indefinite article)

These are the words for 'a', 'an' or 'some' in French.

singular		plural (all forms)
masculine	feminine	
un appartement	une maison	des appartements, des maisons

Note: if there is an adjective before the noun, **des** changes to **de**.

1.6 'Some' or 'any' (the partitive article)

The word for 'some' or 'any' changes according to the noun it is used with.

singular	plural
du pain	des poires
de la viande	
de l'eau	

cent-cinquante-cinq **155**

Grammaire

To say 'isn't a, isn't any' and 'not a, not any' use **ne ... pas de**.

Il n'y a pas de piscine.   There isn't a swimming pool.
Je n'ai pas d'argent   I haven't any money

1.7 Ce, cet, cette, ces

The different forms of **ce** are used instead of **le, l', la, les** when you want to point out a particular thing or person.

singular			plural
masculine	before a vowel (masculine only)	feminine	all forms
ce chapeau	cet appareil	cette jupe	ces gants

Ce, **cet** or **cette** before a singular noun can mean either 'this' or 'that'.

Ce livre n'est pas cher.   This (That) book isn't expensive.
Cette carte postale est jolie.   This (That) postcard is pretty.

Ces before a plural noun can mean either 'these' or 'those'.

J'aime ces gants.   I like these gloves.

2 Adjectives

An adjective is a word which tells you more about a noun. In French, adjectives agree with the noun, which means that they are masculine, feminine, singular or plural to match the noun.

Look at the patterns in the tables below to see how adjectives agree.

2.1 Regular adjectives

singular		plural	
masculine	feminine	masculine	feminine

Many adjectives follow this pattern:

grand	grande	grands	grandes
petit	petite	petits	petites

Adjectives which end in **-u, -i** or **-é** follow this pattern, but although the spelling changes, they don't sound any different when you say them:

bleu	bleue	bleus	bleues
joli	jolie	jolis	jolies

Adjectives which already end in **-e** (with no accent) have no different feminine form:

jaune	jaune	jaunes	jaunes

Adjectives which already end in **-s** have no different masculine plural form:

français	française	français	françaises

Adjectives which end in **-er** follow this pattern:

cher	chère	chers	chères

Adjectives which end in **-eux** follow this pattern:

délicieux	délicieuse	délicieux	délicieuses

Some adjectives double the last letter before adding an **-e** for the feminine form:

mignon	mignonne	mignons	mignonnes
gros	grosse	gros	grosses
bon	bonne	bons	bonnes

2.2 Irregular adjectives

Many common adjectives are irregular, and you need to learn each one separately. Here are two common ones:

blanc	blanche	blancs	blanches
long	longue	longs	longues

A few adjectives do not change at all:

marron	marron	marron	marron

Words like this are known as 'invariable'.

2.3 Word order

Adjectives normally follow the noun.

Je lis un livre très intéressant.
I'm reading a very interesting book.

All colours, and adjectives describing nationality, follow the noun.

Regarde ce pull noir.   Look at this black jumper.
C'est un film français?   Is it a French film?

However, some common adjectives go before the noun. The most common ones are: **grand, petit, bon, mauvais, beau, jeune, vieux, joli, gros, premier, autre**.

C'est un petit chat noir.   It's a small black cat.
Il prend le premier train.   He's taking the first train.

2.4 Comparisons

To compare one person or thing with another, you use **plus** (more), **moins** (less) or **aussi** (as) before the adjective. You need to make the adjective agree in the usual way.

Il est plus âgé que sa sœur.   He is older than his sister.
Elle est plus âgée que son cousin.   She is older than her cousin.
Les jumeaux sont plus âgés que nous.   The twins are older than us.

There is a special comparative form for **bon** (good):

meilleur(e)   better
Ce livre est meilleur que l'autre.   This book is better than the other one.

3 Pronouns

A pronoun (e.g. 'he', 'she', 'it') is used in place of a noun.

3.1 Subject pronouns

These are used to replace a noun which is the subject of the verb (the person doing the action).

In French the subject pronouns are:

je	I
tu	you (to a young person, close friend or relative)
il	he, it
elle	she, it
on	one, you, we, they, people in general
nous	we
vous	you (plural; to an adult you don't know well)
ils	they (masculine or mixed group)
elles	they (feminine group)

Claire n'est pas à la maison.   Claire isn't at home.
Elle est au cinéma.   She's at the cinema.
Son père est coiffeur.   His father is a hairdresser.
Il travaille en ville.   He works in town.

Grammaire

3.2 *moi* (me), *toi* (you)

These words are used to add emphasis.

Moi, je préfère le badminton.   (**Me**,) I prefer badminton.

They are also used after prepositions.

Tu as ta raquette **avec toi**?   Do you have your racket with you?

3.3 Object pronouns

These pronouns replace a noun, or a phrase containing a noun which is not the subject of the verb.

– Tu prends **ton vélo**?	Are you taking your bike?
– Oui, je **le** prends.	Yes, I'm taking it.
– Vous prenez **votre écharpe**?	Are you taking your scarf?
– Oui, je **la** prends.	Yes, I'm taking it.
– N'oubliez pas **vos gants**!	Don't forget your gloves!
– Ça va, je **les** porte.	It's OK, I'm wearing them.
– Tu as vu **Yvan** en ville?	Did you see Yvan in town?
– Oui, je **l'**ai vu au café.	Yes, I saw him in the café.

Le, **la** (or **l'**) can mean 'it', 'him' or 'her'. **Les** means 'them'. The pronoun goes immediately before the verb, even when the sentence is a question or in the negative.

– Tu **le** vois?	Can you see him?
– Non, je ne **le** vois pas.	No, I can't see him.

If a verb is used with an infinitive, the pronoun goes before the infinitive.

Quand est-ce que vous allez **les** voir?	When are you going to see them?
Elle veut **l'**acheter.	She wants to buy it.

These pronouns can also be used with **voici** and **voilà**.

– Tu as **ta carte**?	Have you got your card?
– **La** voilà.	Here it is.
– Vous avez **votre billet**?	Have you got your ticket?
– **Le** voilà.	Here it is.
– Où sont **les autres**?	Where are the others?
– **Les** voilà.	There they are.

3.4 *Qui*

When talking about people, **qui** means 'who'.

Voici l'infirmière qui travaille à la clinique à La Rochelle.	Here's the nurse who works in the clinic in La Rochelle.

When talking about things or places, **qui** means 'which' or 'that'.

C'est une ville française qui est très célèbre.	It's a French town which is very famous.

It links two parts of a sentence together, or joins two short sentences into a longer one. It can never be shortened before a vowel.

4 Possession

4.1 Possessive adjectives

Possessive adjectives are words like 'my', 'your', 'his','her', 'its', 'our', 'their'. They show who something belongs to. In French the possessive adjective agrees with the noun that follows (the possession) and not with the owner. Be careful when using **son**, **sa** and **ses**. **Sa mère** can mean 'his mother', 'her mother' or 'its mother', depending on the context.

	singular			plural
	masculine	feminine	before a vowel	(all forms)
my	mon	ma	mon	mes
your	ton	ta	ton	tes
his/her/its	son	sa	son	ses
our	notre	notre	notre	nos
your	votre	votre	votre	vos
their	leur	leur	leur	leurs

Son, sa, ses can mean 'his', 'her' or 'its'.

Paul mange son déjeuner.	Paul is eating his lunch.
Marie mange son déjeuner.	Marie is eating her lunch.
Le chien mange son déjeuner.	The dog is eating its lunch.

Before a feminine noun beginning with a vowel, you use **mon, ton** or **son**:

Mon amie habite ici.	My (girl)friend lives here.
Où habite ton amie?	Where does your friend live?
Son école est fermé.	His/Her school is closed.

4.2 *de* + noun

There is no use of apostrophe 's' in French, so to say 'Léa's bag', or 'Nathan's book', you have to use **de** + the name of the owner.

C'est le sac de Léa.	It's Léa's bag.
C'est le cahier de Nathan.	It's Nathan's exercise book.

If you don't use a person's name, you have to use the correct form of **de**.

C'est le livre du professeur.	It's the teacher's book.
C'est la voiture de la famille française.	It's the French family's car.
Il est dans la salle des profs.	He is in the staffroom.

4.3 *à* + name

Another way of saying who something belongs to is to use **à** + the name of the owner or an emphatic pronoun (**moi**, **toi**, etc.).

C'est à qui, ce livre?	Whose book is this?
C'est à toi?	Is it yours?
Non, c'est à Théo.	No, it's Theo's.
Ah oui, c'est à moi.	Oh yes, it's mine.

5 Prepositions

A preposition is a word like 'to', 'at' or 'from'. It often tells you where a person or thing is located.

5.1 *à* (to, at)

The word **à** can mean 'to' or 'at'. When it is used with **le, la, l'** and **les** to mean 'to the …' or 'at the …', it takes the following forms:

	singular			plural
	masculine	feminine	before a vowel	(all forms)
	au parc	à la piscine	à l'hôtel à l'épicerie	aux magasins

On va au parc?	Shall we go to the park?
Enzo va à la piscine.	Enzo is going to the pool.
Ma mère va à l'hôtel.	My mother's going to the hotel.
Moi, je vais aux magasins.	I'm going to the shops.

cent-cinquante-sept 157

Grammaire

The word **à** can be used on its own with nouns which do not have an article (**le**, **la**, **les**):

Il va à Paris.   He is going to Paris.

5.2 *de* (of, from)

The word **de** can mean 'of' or 'from'. When it is used with **le**, **la**, **l'** and **les** to mean 'of the ...' or 'from the ...', it takes the same forms as when it means 'some' or 'any' (see section **1.6**).

singular			plural
masculine	feminine	before a vowel	(all forms)
du parc	de la piscine	de l'hôtel de l'épicerie	des magasins

The word **de** is often used together with other words, e.g. **en face de** (opposite), **à côté de** (next to), **près de** (near).

La poste est en face des magasins.	The post office is opposite the shops.
La piscine est près du camping.	The swimming pool is near the campsite.

The word **de** can be used on its own with nouns which do not have an article (**le**, **la**, **les**):

Il arrive de Paris.   He is arriving from Paris.

5.3 *en* (by, in, to, made of)

En is used with most means of transport:

en voiture   by car

You use **en** with dates, months and seasons (except **le printemps**)

en 1900	in 1900
en janvier	in January
en hiver	in winter (but **au printemps** – in spring)

5.4 *chez* (to, at the house of)

Rendez-vous chez moi à six heures.	Let's meet at 6.00 at my house.
On va chez mes grands-parents pendant les vacances.	We go to my grandparents' during the holidays.
Elle est chez Sophie.	She's at Sophie's house.

5.5 *pour* (for, in order to)

Pour mon anniversaire, j'ai reçu beaucoup de cadeaux.	For my birthday, I received lots of presents.
Il va au parc pour jouer au foot.	He's going to the park (in order) to play football.

5.6 *pendant* (during)

Qu'est-ce que tu fais pendant les vacances?	What do you do during the holidays?

5.7 *avec* (with); *sans* (without)

Je joue au tennis avec mes amis.	I play tennis with my friends.
Je vais prendre du poisson mais sans sauce.	I'll have fish but without the sauce.

5.8 Other prepositions

à côté de	beside	entre	between
dans	in	loin de	far from
derrière	behind	près de	near to
devant	in front of	sur	on
en face de	opposite	sous	underneath, below

La poste est à côté de la banque.	The post office is next to the bank.
La piscine est en face du parc.	The pool is opposite the park.
L'auberge de jeunesse est assez loin de la gare.	The youth hostel is quite a long way from the station.
Mon village est près de Dieppe.	My village is near Dieppe.

5.9 Prepositions with countries and towns

You use **à** (or **au**) with names of towns.

Je vais à Paris.	I go to Paris.
Je passe mes vacances au Havre.	I'm spending the holidays in Le Havre.

You use **en** (or **au** or **aux**) with names of countries.

Elle va en France (f).	She goes to France.
Il passe ses vacances au Canada (m).	He spends his holidays in Canada.
Je vais aux États-Unis (pl) en avion.	I'm flying to the USA.

To say which country someone or something comes from you use **de la**, **de l'**, **du** or **des**.

Ils viennent du Canada (m).	They're from Canada.
Elle vient des États-Unis (pl).	She's from the USA.

6 The negative

6.1 *ne ... pas*

To say what is **not** happening or **didn't** happen (in other words to make a sentence negative), you put **ne** (**n'** before a vowel) and **pas** round the verb.

Il n'y a pas de cinéma.	There's no cinema.
Je ne joue pas au badminton.	I don't play badminton.
Il n'aime pas le football.	He doesn't like football.
Elle ne mange pas de viande.	She doesn't eat meat.

In reflexive verbs, the **ne** goes before the reflexive pronoun.

Il ne se lève pas.   He's not getting up.

To tell someone not to do something, put **ne** and **pas** round the command.

N'oublie pas ton argent.	Don't forget your money.
Ne regardez pas!	Don't look!

If two verbs are used together, **ne** and **pas** usually go round the first verb.

Je ne veux pas faire ça.	I don't want to do that.
Nous ne pouvons pas partir ce soir.	We can't leave this evening.

In the perfect tense, **ne** and **pas** go round the auxiliary verb.

Elle n'a pas vu le film.   She didn't see the film.

Remember to use **de** after the negative instead of **du, de la, des, un** or **une** (except with the verb **être**):

– Avez-vous du lait?	Do you have any milk?
– Non, je ne vends pas de lait.	No, I don't sell milk.

6.2 Other negative expressions

Ne ... plus means 'no more', 'no longer' or 'none left'. This works in the same way as **ne ... pas**.

Je n'ai plus d'argent.	I have no money left.
Il n'y a plus de lait.	There's no more milk.

158   cent-cinquante-huit

Grammaire

7 Questions

7.1 Question words

Qui est-ce?	Who is it?
Quand arrivez-vous?	When are you arriving?
Comment est-il?	What is it/he like?
Comment ça va?	How are you?
Il y a combien d'élèves dans votre classe?	How many pupils are there in your class?
Qu'est-ce que c'est?	What is it?
C'est à quelle heure, le concert?	What time is the concert?
Où est le chat?	Where's the cat?
Qu'est-ce qu'il y a à la télé?	What's on TV?
De quelle couleur est ton sac?	What colour is your bag?
Quel temps fait-il?	What's the weather like?
Pourquoi?	Why?

7.2 Asking questions

There are several ways of asking a question in French.

- You can just raise your voice in a questioning way:

  Tu as des frères et sœurs? — Do you have brothers and sisters?

- You can add **Est-ce que** to the beginning of the sentence:

  Est-ce que tu as un animal? — Do you have a pet?

- You can turn the verb around:

  Allez-vous à la piscine? — Are you going to the pool?
  Jouez-vous au badminton? — Do you play badminton?

Notice that if the verb ends in a vowel in the third person you have to add **-t-** when you turn it round:

Joue-t-il au football? — Does he play football?
Lucie a-t-elle ton adresse? — Has Lucy got your address?

In the perfect tense you only turn the auxiliary verb round:

Avez-vous vu le film? — Did you see the film?
As-tu écrit à Paul? — Have you written to Paul?
Jean et Pierre, sont-ils allés au match hier? — Did Jean and Pierre go to the match yesterday?
Sophie, a-t-elle téléphoné? — Did Sophie phone?

- You can use:

  Qu'est-ce que (qu') …? — What …?
  Qu'est-ce qu'il fait? — What is he doing?

- You can use a question word, e.g.

  Qui? Who?   Où? Where?
  Quand? When?   Pourquoi? Why?

7.3 *Pourquoi? Parce que …*

The question **Pourquoi?** (Why?) is often answered by the phrase **parce que (qu')** … (because).

Ton frère ne va pas au match. Pourquoi? — Your brother isn't going to the match. Why?
Parce qu'il a trop de travail. — Because he's too much work.

8 Conjunctions

Conjunctions (or connectives) link two parts of a sentence and enable you to write more complex sentences.

et	and	mais	but
ou	or	parce que (qu')	because
où	where	quand	when
comme	as		

9 Adverbs

Adverbs are words which add more meaning to verbs. They usually tell you how, when, how often or where something happened or how much something is done.

There are different kinds of adverbs:

Adverbs of time:
aujourd'hui — today
ce matin — this morning
bientôt — soon

Adverbs of frequency:
de temps en temps — from time to time   quelquefois — sometimes
normalement — normally   souvent — often

Adverbs of place:
ici — here   loin — far
là-bas — over there   près — near

Adverbs of manner:
bien — well   mal — badly
lentement — slowly   vite — quickly

Adverbs of degree:
These are sometimes called qualifiers or intensifiers and tell you more about another adverb.

assez — quite   plus — more   très — very

Je joue **assez souvent** au tennis. — I play tennis **quite often**.
Parlez **plus lentement**, s'il vous plaît. — Speak **more slowly**, please.
Il fait **très froid** ici en hiver, et de temps en temps, il neige. — It's **very cold** here in winter, and from time to time it snows.

10 Verbs

Most verbs describe what people or things are doing or what is happening.

Je regarde un film. — I am watching a film.
Je passe le weekend chez ma grand-mère. — I'm spending the weekend at my grandmother's.

10.1 Infinitive

Some verbs are nearly always used with the infinitive of another verb e.g. **pouvoir**, **vouloir** and **savoir**.

Je peux vous **aider**? — Can I help you?
Voulez-vous **jouer** au tennis? — Do you want to play tennis?

10.2 Verb tenses

The **tense** of the verb tells you when something is happening. Each verb has several tenses. In this book, the present tense and the perfect tense are used. You can also use **aller** + the infinitive to talk about what is going to happen in the future.

Grammaire

10.3 The present tense

The present tense describes what is happening now, at the present time or what happens regularly.

Je travaille ce matin.	I am working this morning.
Elle joue au tennis.	She plays tennis.
On vend des glaces ici.	They (do) sell ice cream here.

There are three main types of regular verbs in French.

They are grouped according to the last two letters of the infinitive:

-er verbs, e.g. *jouer* – to play

-re verbs, e.g. *vendre* – to sell

-ir verbs, e.g. *choisir* – to choose.

However, many common French verbs are irregular. The regular and irregular verbs are listed in **Les verbes**, section **12**.

10.4 Reflexive verbs

Reflexive verbs are listed in a dictionary with the pronoun *se* in front of the infinitive, e.g. *se lever*. The *se* means 'self' and you use these when you want to talk about something you are doing to yourself, such as washing or getting dressed.

Many reflexive verbs are regular -*er* verbs:

se laver	to wash (oneself) (see section **12.4**)
s'amuser	to enjoy oneself
se coucher	to go to bed
s'habiller	to get dressed
se lever	to get up

10.5 Imperative

To tell someone to do something, you use the imperative or command form.

Attends!	Wait! (to someone you call *tu*)
Regardez ça!	Look at that! (to people you call *vous*)

It is often used in the negative.

Ne fais pas ça!	Don't do that!
N'effacez pas … !	Don't rub out … !

To suggest doing something, use the imperative form of *nous*.

Allons au cinéma!   Let's go to the cinema!

To form the imperative of regular verbs, leave out *tu*, *vous* or *nous* and use the verb by itself. With -*er* verbs, take the final -*s* off the *tu* form of the verb.

(See **Les verbes**, section **12**, for all the regular and irregular forms).

10.6 The perfect tense

The perfect tense is used to describe what happened in the past, an action which is completed and is not happening now.

It is made up of two parts: an auxiliary (helping) verb (either *avoir* or *être*) and a past participle.

J'ai chanté dans un concert.	I sang in a concert.
Ils sont allés à Paris.	They went to Paris.

Regular verbs form the past participle as follows:

-*er* verbs change to -*é*, e.g. *travailler* becomes *travaillé*

-*re* verbs change to -*u*, e.g. *attendre* becomes *attendu*

-*ir* verbs change to -*i*, e.g. *finir* becomes *fini*.

Many verbs have irregular past participles. These are listed in **Les verbes**, section **12**.

10.7 *avoir* as the auxiliary verb

Most verbs form the perfect tense with *avoir*. With *avoir*, the past participle doesn't change to agree with the subject (the person doing the action). (See section **12.5** for the present tense of *avoir*.)

10.8 *être* as the auxiliary verb

About 13 verbs, mostly verbs of movement like *aller* and *partir*, form the perfect tense with *être* as their auxiliary.

Some compounds of these verbs (e.g. *revenir* and *rentrer*) and all reflexive verbs also form the perfect tense with *être*. (See section **12.5** for the present tense of *être*.)

Here are three ways to help you remember which verbs use *être*:

1. Learn them in pairs of opposites according to their meaning.

    Here are 12 of them in pairs:

    aller to go (*je suis allé*)

    venir to come (*je suis venu*)

    entrer to go in (*je suis entré*)

    sortir to go out (*je suis sorti*)

    arriver to arrive (*je suis arrivé*)

    partir to leave, to depart (*je suis parti*)

    descendre to go down (*je suis descendu*)

    monter to go up (*je suis monté*)

    rester to stay, to remain (*je suis resté*)

    tomber to fall (*je suis tombé*)

    naître to be born (*il est né*)

    mourir to die (*il est mort*)

    and one odd one: *retourner* to return (*je suis retourné*) *

    * *revenir* (like *venir*) and *rentrer* (like *entrer*) can often be used instead of this verb.

2. Each letter in the phrase 'Mrs van de Tramp' stands for a different verb. Can you work them out?

3. If you have a visual memory, this picture may help you:

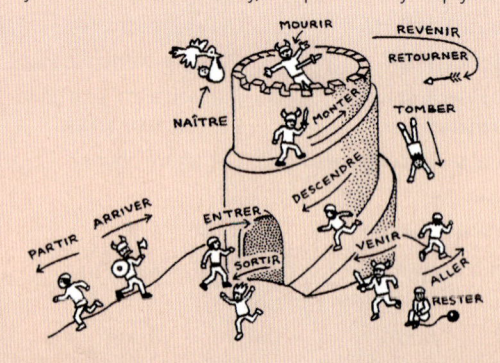

When you form the perfect tense with *être*, the past participle agrees with the subject of the verb (the person doing the action). This means that you need to add an extra -*e* if the subject is feminine, and to add an extra -*s*, if the subject is plural (more than one). Often the past participle doesn't actually sound any different when you hear it or say it.

je suis allé(e)	*nous sommes allé(e)s*
tu es allé(e)	*vous êtes allé(e)(s)*
il est allé	*ils sont allés*
elle est allée	*elles sont allées*
on est allé(e)(s)	

160   cent-soixante

Grammaire

11 Verbs – some special uses

11.1 Verb + infinitive

Some verbs are nearly always used with the infinitive of another verb, e.g. **pouvoir**, **vouloir** and **savoir**.

Est-ce que je peux vous aider?	Can I help you?
Voulez-vous jouer au tennis?	Do you want to play tennis?

11.2 *aller* + infinitive

You can use the present tense of the verb **aller** followed by an infinitive to talk about the future and describe what you are going to do.

Qu'est-ce que vous allez faire ce weekend?	What are you going to do this weekend?
Je vais passer le weekend à Paris.	I'm going to spend the weekend in Paris

11.3 Uses of *avoir*

In French, **avoir** is used for certain expressions where the verb 'to be' is used in English:

J'ai quatorze ans.	I'm fourteen.
Tu as quel âge?	How old are you?
Il a froid.	He's cold.
Elle a chaud.	She's hot.
Nous avons faim.	We're hungry.
Vous avez soif?	Are you thirsty?
Ils ont mal aux dents.	They've got toothache.
Elles ont peur.	They're afraid.

11.4 Uses of *faire*

The verb **faire** is used with weather phrases.

Il fait beau.	The weather's fine.
Il fait mauvais.	The weather's bad.
Il fait froid.	It's cold.

It is also used to describe some activities and sports.

faire des courses	to go shopping
faire du vélo	to go cycling
faire de l'équitation	to go horse-riding

12 Les verbes

12.1 Regular *-er* verbs

infinitive imperative!	present	perfect
jouer	je joue	j'ai joué
to play	tu joues	tu as joué
	il/elle/on joue	il/elle/on a joué
joue!	nous jouons	nous avons joué
jouons!	vous jouez	vous avez joué
jouez!	ils/elles jouent	ils/elles ont joué

Some verbs are only slightly different, e.g. **acheter** and **préférer** (be careful with the accents!):

infinitive imperative!	present	perfect
acheter	j'achète	j'ai acheté
to buy	tu achètes.	etc.
	il/elle/on achète	
achète!	nous achetons	
achetons!	vous achetez	
achetez!	ils/elles achètent	

infinitive imperative!	present	perfect
préférer	je préfère	j'ai préféré
to prefer	tu préfères	etc.
	il/elle/on préfère	
préfère!	nous préférons	
préférons!	vous préférez	
préférez!	ils/elles préfèrent	

Verbs like **manger**, **ranger** and **partager** have an extra *-e* in the **nous** form of the present tense:

manger	je mange	j'ai mangé
to eat	tu manges	etc.
	il/elle/on mange	
mange!	nous mangeons	
mangeons!	vous mangez	
mangez!	ils/elles mangent	

12.2 Regular *-re* verbs

vendre	je vends	j'ai vendu
to sell	tu vends	tu as vendu
	il/elle/on vend	il/elle/on a vendu
vends!	nous vendons	nous avons vendu
vendons!	vous vendez	vous avez vendu
vendez!	ils/elles vendent	ils/elles ont vendu

12.3 Regular *-ir* verbs

finir	je finis	j'ai fini
to finish	tu finis	tu as fini
	il/elle/on finit	il/elle/on a fini
finis!	nous finissons	nous avons fini
finissons!	vous finissez	vous avez fini
finissez!	ils/elles finissent	ils/elles ont fini

12.4 Reflexive verbs

se laver	je me lave	je me suis lavé(e)
to wash (oneself)	tu te laves	tu t'es lavé(e)
	il se lave	il s'est lavé
	elle se lave	elle s'est lavée
	on se lave	on s'est lavé(e)(s)
	nous nous lavons	nous nous sommes lavés(e)s
lave-toi!	vous vous lavez	vous vous êtes lavé(e)(s)
lavons-nous!	ils se lavent	ils se sont lavés
lavez-vous!	elles se lavent	elles se sont lavées

12.5 Irregular verbs

In the following verbs the **il** form is used. The **elle** and **on** forms follow the same pattern unless shown separately. The same applies to **ils** and **elles**.

aller	je vais	je suis allé(e)
to go	tu vas	tu es allé(e)
	il va	il est allé
		elle est allée
	nous allons	nous sommes allé(e)s
va!	vous allez	vous êtes allé(e)(s)
allons!	ils vont	ils sont allés
allez!	elles vont	elles sont allées

cent-soixante-et-un 161

Grammaire

apprendre see **prendre**
to learn

infinitive imperative!	present	perfect
avoir to have	j'ai	j'ai eu
	tu as	tu as eu
	il a	il a eu
aie!	nous avons	nous avons eu
ayons!	vous avez	vous avez eu
ayez!	ils ont	ils ont eu
boire to drink	je bois	j'ai bu
	tu bois	tu as bu
	il boit	il a bu
bois!	nous buvons	nous avons bu
buvons!	vous buvez	vous avez bu
buvez!	ils boivent	ils ont bu

comprendre see **prendre**
to understand

infinitive imperative!	present	perfect
devoir to have to, 'must'	je dois	j'ai dû
	tu dois	tu as dû
	il doit	il a dû
	nous devons	nous avons dû
	vous devez	vous avez dû
	ils doivent	ils ont dû
dire to say	je dis	j'ai dit
	tu dis	tu as dit
	il dit	il a dit
dis!	nous disons	nous avons dit
disons!	vous dites	vous avez dit
dites!	ils disent	ils ont dit
dormir to sleep	je dors	j'ai dormi
	tu dors	tu as dormi
	il dort	il a dormi
dors!	nous dormons	nous avons dormi
dormons!	vous dormez	vous avez dormi
dormez!	ils dorment	ils ont dormi
écrire to write	j'écris	j'ai écrit
	tu écris	tu as écrit
	il écrit	il a écrit
écris!	nous écrivons	nous avons écrit
écrivons!	vous écrivez	vous avez écrit
écrivez!	ils écrivent	ils ont écrit
être to be	je suis	j'ai été
	tu es	tu as été
	il est	il a été
sois!	nous sommes	nous avons été
soyons!	vous êtes	vous avez été
soyez!	ils sont	ils ont été
faire to do, make	je fais	j'ai fait
	tu fais	tu as fait
	il fait	il a fait
fais!	nous faisons	nous avons fait
faisons!	vous faites	vous avez fait
faites!	ils font	ils ont fait
lire to read	je lis	j'ai lu
	tu lis	tu as lu
	il lit	il a lu
lis!	nous lisons	nous avons lu
lisons!	vous lisez	vous avez lu
lisez!	ils lisent	ils ont lu

infinitive imperative!	present	perfect
mettre to put (on)	je mets	j'ai mis
	tu mets	tu as mis
	il met	il a mis
mets!	nous mettons	nous avons mis
mettons!	vous mettez	vous avez mis
mettez!	ils mettent	ils ont mis
ouvrir to open	j'ouvre	j'ai ouvert
	tu ouvres	tu as ouvert
	il ouvre	il a ouvert
ouvre!	nous ouvrons	nous avons ouvert
ouvrons!	vous ouvrez	vous avez ouvert
ouvrez!	ils ouvrent	ils ont ouvert
partir to leave	je pars	je suis parti(e)
	tu pars	tu es parti(e)
	il part	il est parti
	elle part	elle est partie
	nous partons	nous sommes parti(e)s
pars!	vous partez	vous êtes parti(e)(s)
partons!	ils partent	ils sont partis
partez!	elles partent	elles sont parties
pouvoir to be able, 'can'	je peux	j'ai pu
	tu peux	tu as pu
	il peut	il a pu
	nous pouvons	nous avons pu
	vous pouvez	vous avez pu
	ils peuvent	ils ont pu
prendre to take	je prends	j'ai pris
	tu prends	tu as pris
	il prend	il il a pris
prends!	nous prenons	nous avons pris
prenons!	vous prenez	vous avez pris
prenez!	ils prennent	ils ont pris
recevoir to receive	je reçois	j'ai reçu
	tu reçois	tu as reçu
	il reçoit	il a reçu
	nous recevons	nous avons reçu
	vous recevez	vous avez reçu
	ils reçoivent	ils ont reçu

sortir see **partir**
to go out

infinitive imperative!	present	perfect
venir to come	je viens	je suis venu(e)
	tu viens	tu es venu(e)
	il vient	il est venu
	elle vient	elle est venue
	nous venons	nous sommes venu(e)s
viens!	vous venez	vous êtes venu(e)(s)
venons!	ils viennent	ils sont venus
venez!	elles viennent	elles sont venues
voir to see	je vois	j'ai vu
	tu vois	tu as vu
	il voit	il a vu
vois!	nous voyons	nous avons vu
voyons!	vous voyez	vous avez vu
voyez!	ils voient	ils ont vu
vouloir to want, wish	je veux	j'ai voulu
	tu veux	tu as voulu
	il veut	il a voulu
	nous voulons	nous avons voulu
	vous voulez	vous avez voulu
	ils veulent	ils ont voulu

Preparing for tests

Titles, tasks and instructions

The title and any pictures may give you a clue to the subject matter. Note any names of people or places. Listening and reading are usually tested by a range of different tasks, e.g. questions in French or in English, completing a grid, choosing the correct visual or word, etc.

Read the instructions and questions carefully. They will tell you how to give your answer, e.g.

Coche la case.	Tick the box.
Écoute et écris.	Listen and write.
Lis le message.	Read the message.
Pour chaque phrase, écris 'vrai' ou 'faux'.	For each sentence, write 'true' or 'false'.
Réponds aux questions.	Reply to the questions.
Trouve les paires.	Find the pairs.

The question word may indicate what to look for, e.g. **Combien?** (look for a number); **Où?** (look for a place); **Qui?** (look for a person).

Mark scheme

Look at the mark scheme. This will help you work out how much information to give. If there are two marks, you usually need to give two details. When you have finished, check that the answers correspond to the instructions. Make sure you have ticked the correct number of boxes. If you left a blank, make a reasonable guess.

Coping with unknown vocabulary

Both in tests and in real life you will sometimes come across words which you don't know, but don't panic.

- Use your knowledge of English. Many French words are the same or similar and have the same meaning, e.g. *l'électricité, le gaz*. These are called cognates.
- There are a few **faux amis** (false friends). These are words which look the same as an English word but have a different meaning, e.g. **le car** (coach), **le pain** (bread), **la veste** (jacket).
- Use the words that you already know to help you guess the meaning, e.g. if you know **vendre** (to sell), you could guess **un vendeur** or **une vendeuse** (sales assistant).
- Look out for prefixes and suffixes (see page 29).
- Use your knowledge of grammar.
- Spot the nouns: look out for **un**, **une**, **des**, **le**, **la**, **l'**, **les** in front of the word. Is the word singular or plural? Does it end in **-s** or **-x**? Can you see **les**, **des**, **mes**, etc.?
- Find the verbs and look out for the endings. Are they in the present or perfect tense?
- Look out for negatives, e.g. **ne … pas** (not); **ne … plus** (no more, no longer).

Listening

In a test you will usually listen to the passage twice. The first time, listen to get the gist. Note the tone of voice to get an idea of the mood. You could jot down a few points, e.g. a number or a date, but be careful not to miss the next point.

When you do make notes, you may find it easier to jot down the French, particularly of numbers and then work out the exact meaning later. Use abbreviations or symbols so long as you can understand them later. Remember that some words look the same in French and in English, but they are pronounced differently, e.g. accident, ticket, portion, instrument, fruit.

Reading

It is useful to skim through the whole text first to get a general idea of the main points. Sometimes you need to find out key information. You do not need to read through the whole passage. Look quickly through the text until you spot what you need.

Speaking

- Before the test, practise reading aloud and trying to sound French. You often get extra marks for good pronunciation. You could record yourself and listen to the recording.
- Prepare as much material in advance of a test as you can, e.g. a description of yourself, interests, family, home, town.
- Speak clearly so your listener can hear you easily.
- If appropriate, try to use two or more tenses (present, past, future) and time marker words, e.g. **hier** (yesterday); **samedi dernier** (last Saturday); **demain** (tomorrow).

Conversation

Listen carefully to the person asking questions and try to give detailed answers. Try to do most of the talking in a test – always expand on **Oui/Non** answers.

– *Qu'est-ce que tu as fait le weekend dernier?*
– *J'ai vu «Le seigneur des anneaux». J'ai beaucoup aimé le film. C'était vraiment excellent.*

Try to stick to what you know. Avoid getting into complicated explanations. But do try to vary your sentences and use connecting words like **mais** (but) and **parce que** (because), e.g. *Je suis enfant unique mais j'ai trois cousins. Je vois mes cousins assez souvent parce qu'ils habitent à Londres aussi.*

- For role play tasks, read the notes carefully and do all the tasks required.
- Be polite. Use **bonjour**, **au revoir**, **s'il vous plaît** and **merci**, when appropriate.
- Remember to use the correct form of address: **tu** or **vous**.

Writing

- Read the instructions and notes carefully. You may be able to adapt some of the language used in your answer.
- If you do use any text from the question, double-check that you have spelt it correctly.
- Make sure that you answer any questions required, e.g. *Comment est ta ville?* Give a full description of your town.
- For most questions, accuracy and spelling is important, so pay careful attention to these.
- Use some longer sentences with connecting words (see page 159).

Checking your work

Allow time at the end to check what you have written. It's a good idea to have a set procedure for this and to check for one thing at a time, e.g.

- Check that you have answered all the questions and that your answers are neat and clear.
- Check verb endings.
- With the perfect tense, check that you have used the correct auxiliary verb (**avoir** or **être**); check the past participles, especially irregular ones. With verbs taking **être**, check that the past participle agrees (has an extra **-e** or **-s**) with feminine or plural subjects.
- Check that adjectives agree with the words described. Check that any plural words have a final **-s** or **-x**, if needed.

cent-soixante-trois

Glossaire Français–anglais

@ + (À plus tard) CU (used in email)
à (au, à la, à l', aux) in, at, to
l' abbaye (f) abbey
abolir to abolish
un(e) abonné(e) subscriber
d' abord first, at first
absolument absolutely
d' accord okay, all right
un abricot apricot
abriter to shelter
accepter to accept
l' accès (m) access
un accessoire accessory
acheter to buy
une activité activity
l' addition (f) bill
adorer to love
une adresse address
une adresse e-mail email address
un(e) adulte adult
un aéroport airport
les affaires (f pl) things, belongings
une affiche notice, poster
affronter to face
l' Afrique (f) Africa
âgé old
agréable pleasant
j' ai I have
j'ai … ans I am … years old
aider to help
une aile wing
aimer to like
aîné older, oldest
un aire de jeu play area
ajouter to add
alcoolisé alcoholic
l' Allemagne (f) Germany
allemand German
aller to go
aller à la pêche to go fishing
allergique allergic
un aller simple single ticket
un aller-retour return ticket
s' allonger to lie down
allons-y let's go
alors so
les Alpes (f pl) the Alps
une alouette lark
une amande almond
amener to take
américain American
l' Amérique (f) du Nord/du Sud North/South America
un(e) ami(e) friend
amical friendly
un match amical friendly (game)
amitiés (at end of letter) best wishes
amusant enjoyable
s' amuser to enjoy yourself, to have a good time
un ananas pineapple
anglais English
l' Angleterre (f) England
un animal (pl animaux) animal
un anneau (pl anneaux) ring
une année year
un anniversaire birthday
l' Antarctique (m) Antarctic
août August
à l' appareil on the phone
un appareil photo camera
un appartement flat, apartment
appeler to call
s' appeler to be called
je m'appelle … my name is …
bon appétit! enjoy your meal
apporter to bring
apprendre to learn
s' approcher de to approach
après after
après-demain the day after tomorrow
un après-midi afternoon
un aquarium aquarium
arabe Arab
un arbitre referee
un arbre tree
une arène arena
l' argent (m) money

une armoire wardrobe
un arrêt (d'autobus) (bus) stop
s' arrêter to stop
l' arrivée (f) arrival
arriver to arrive
un arobase @ ('at' sign)
l' art (m) art
un article article
un ascenseur lift
l' Asie (f) Asia
des asperges (f pl) asparagus
un aspirateur vacuum cleaner
l' aspirine (f) aspirin
s' asseoir to sit down
assez quite
assis sitting (down)
une assiette plate
assiette de charcuterie plate of cold meats
assuré guaranteed
asthmatique asthmatic
un(e) astronaute astronaut
l' athlétisme (m) athletics
atroce awful, atrocious
attendre to wait (for)
atterrir to land
attraper to catch
aujourd'hui today
au revoir goodbye
aussi also, as well
l' Australie (f) Australia
un auteur author
l' automne (m) autumn
en automne in autumn
une autoroute motorway
autre other
autrement otherwise
l' Autriche (f) Austria
en avance in advance
avant before
un avantage advantage
avant-hier the day before yesterday
avec with
avez-vous …? do you have …? (from avoir)
l' avenir (m) future
une aventure adventure
un avion plane
un avis opinion
à mon avis in my opinion
avoir to have
avril April

le bac(alauréat) school leaving certificate for university entrance
le badminton badminton
les bagages (m pl) luggage
bagages à main hand luggage
une baguette French loaf
se baigner to go swimming, to bathe
baisser to lower
un bal dance
une balade ride, walk
une baleine whale
une balle (small) ball
un ballon ball
une banane banana
un banc bench, seat
une bande dessinée (BD) cartoon strip, comic (book)
une banque bank
la barbe à papa candyfloss
une barquette punnet, pack
bas (basse) low
à voix basse speaking quietly
le basket basketball
les baskets (f pl) trainers
un bassin pool, pond
une bataille battle
un bateau boat
en bateau by boat
un bâtiment building
un bâtonnet (ice) lolly
une BD (bande dessinée) cartoon strip, comic (book)
beau (bel, belle, beaux, belles) beautiful
beaucoup a lot, many
beaucoup de … a lot of …

un beau-frère brother-in-law
un beau-père father-in-law
un bébé baby
le bec beak
belge Belgian
la Belgique Belgium
une belle-mère stepmother; mother-in-law
une belle-sœur sister-in-law
un berger shepherd
beurk! yuck!
le beurre butter
la bibliothèque library
bien fine, well
bien sûr of course
bientôt soon
à bientôt see you soon
une bière beer
une bille marble
un billet ticket, banknote
la biologie biology
un biscuit plain biscuit
blanc (blanche) white
blessé hurt, injured
bleu blue
bleu marine (inv. does not change form) navy blue
un blog (m) blog
boire to drink
une boisson drink
une boîte tin, box/disco, club
une boîte aux lettres letterbox
un bol bowl
bon (bonne) good
bon appétit enjoy your meal
bon voyage have a good journey
un bonbon sweet
bondir to leap
un bonhomme de neige snowman
bonjour hello, good morning
de bonne heure early
à bord on board
au bord de la mer at the seaside
des bottes (f pl) boots
la bouche mouth
une boucherie butcher's shop
la boue mud
bouger to move
la bouillabaisse fish stew (from Provence)
un(e) boulanger (boulangère) baker
une boulangerie baker's
une boule de glace a scoop of ice cream
une boum party
une bouteille bottle
un bouton button
le bouton Aide help button (on website)
une branche branch
brancher to plug (in)
le bras arm
bras dessus, bras dessous arm in arm
en bras de chemise in shirt sleeves
le Brésil Brazil
une brique de a carton of
le brouillard fog
brouiller to blur
un bruit noise
brun brown
Bruxelles Brussels
le buffet buffet
une bulle speech bubble
un bureau office
un bureau des renseignements information office
un bureau de tabac tobacconist's
un but goal
marquer un but to score a goal

ça that
ça dépend it depends
ça ne fait rien it doesn't matter
ça va? all right?
une cabane cabin
cacher to hide
un cadeau gift, present
un café café; coffee
un café crème white coffee
un cahier exercise book
la caisse cash desk

164 cent-soixante-quatre

Glossaire

un(e) **caissier (caissière)** cashier
le **calcul** calculation
cambrioler to burgle
la **campagne** country
  à la campagne in the country
un **camping** campsite
  faire du camping to go camping
le **Canada** Canada
canadien (canadienne) Canadian
un **canard** duck
une **cantine** canteen, dining hall
la **capitale** capital city
car because
un **car** coach
un **carnaval** carnival
un **carnet** notebook
une **carotte** carrot
carré square-shaped
une **carte** card
  une **carte postale** postcard
un **carton jaune/rouge** yellow/red card
une **cascade** waterfall
une **case** box (in diagram)
  la case Rechercher search box
un **casque** helmet
une **casquette** baseball hat, cap
casser to break
une **casserole** saucepan
au cassis blackcurrant flavoured
le **cassoulet** stew with meat and haricot beans
une **catégorie** category
une **cathédrale** cathedral
une **caverne** cave
un **CD** CD, compact disc
le **CDI (centre de documentation et d'information)** information and resource centre
ce (cet, cette, ces) this, that
une **ceinture** belt
célèbre famous
un **cent/centime** cent
le **centenaire** centenary
le **centre** centre
un **centre sportif** sports centre
le **centre-ville** town centre
des **céréales (f pl)** cereal
une **cerise** cherry
cesser de to stop
c'était … it was …
une **chaise** chair
une **chambre** bedroom
un **champignon** mushroom
le **championnat** championship
le **chant** singing
un **chapeau (pl chapeaux)** hat
la **chapelle** chapel
chaque each, every
une **charcuterie** pork butcher's, delicatessen
charger (mon portable) to charge (my phone)
un **chariot** trolley
la **chasse** hunting; hunt, search
un **chat** cat
châtain (chestnut) brown
un **château** castle
  un **château gonflable** bouncy castle
chaud warm, hot
  avoir chaud to be hot
  j'ai chaud I'm hot
  il fait chaud it's hot
chatter to chat (on website)
des **chaussettes (f pl)** socks
des **chaussures (f pl)** shoes
une **chauve-souris** bat
une **chemise** shirt
cher (chère) dear, expensive
chercher to look for
un **cheval (pl chevaux)** horse
les **cheveux (m pl)** hair
chez at, to (someone's house)
chic (inv. does not change form) smart
un **chien** dog
un **chiffre** number, figure
la **chimie** chemistry
la **Chine** China
chinois Chinese
des **chips** crisps
le **chocolat** chocolate

un **chocolat chaud** hot chocolate
choisir to choose
un **choix** choice, selection
une **chorale** choir
une **chose** thing
un **chou (pl choux)** cabbage
chouette! great!
un **chou-fleur** cauliflower
le **cidre** cider
un **cinéma** cinema
cinq five
cinquante fifty
un **circuit** tour
un **citron** lemon
  au citron lemon flavoured
  un **citron pressé** fresh lemon drink
  un **citron vert** lime
un **clavier** keyboard
une **clé** key
une **clé USB** memory stick
un(e) **client(e)** customer
une **clinique** clinic
cliquer to click
un **club** club
un **coca** cola
un **cœur** heart
J'ai mal au cœur I feel sick
un **coffre** case, safe deposit box
un(e) **coiffeur (coiffeuse)** hairdresser
le **Colisée** Colisseum (Rome)
un **collège** school for students aged 11–14 or 15
un **collier** collar, necklace
combien (de) how much, how many
  c'est combien? how much is it?
une **comédie romantique** romantic comedy
comique comic, funny
commander to order
commencer to begin
comment how, what, pardon
communiquer to communicate
une **compagnie pétrolière** oil company
composter to validate/date-stamp a ticket
comprendre to understand
y compris including
se concentrer to concentrate
un **concombre** cucumber
un **concours** competition
la **confiance** confidence
la **confiture** jam
le **confort** comfort
confortable comfortable
le **congé** time off
  un **jour de congé** a day off
la **connaissance** acquaintance
  faire la connaissance de to get to know
connaître to know (a person or place)
connecter to connect
la **consigne** left luggage
une **console** games console
contacter to contact, get in touch with
content happy, pleased
continuer to continue
contre against
  par contre however
un **contrôle** test
une **conversation** conversation
convertir to convert
un(e) **copain (copine)** friend
une **corbeille** basket
le **coq au vin** chicken cooked in wine
le **corps (humain)** human body
une **correspondance** connection
un(e) **correspondant(e)** penfriend
correspondre avec to write to
corriger to correct
la **côte** coast
une **côte de porc** pork chop
à côté de beside
le **cou** neck
se coucher to go to bed
le **coude** elbow
une **couleur** colour
un **couloir** corridor
un **coup** hit, blow
  un **coup de téléphone** telephone call

une **coupe** cup
  la **Coupe du monde** World Cup
la **cour** school yard, playground
un(e) **coureur (coureuse)** racing cyclist (in Tour de France)
courir to run
couronner to crown
un **cours** lesson
une **course** race
des **courses: faire des courses** to go shopping
court short
un **court de tennis** tennis court
un(e) **cousin(e)** cousin
coûter to cost
couvert de covered in/with
une **cravate** tie
un **crayon** pencil
créer to create
la **crème** cream
  la **crème anglaise** custard
  la **crème Chantilly** whipped cream
une **crémerie** dairy
une **crêpe** pancake
les **crevettes (f pl)** prawns
crier to shout
un **crocodile** crocodile
croire to think
un **croissant** croissant
un **croque-monsieur** toasted ham and cheese sandwich
des **crudités (m pl)** raw vegetables chopped up
la **cuisine** kitchen; cooking
un(e) **cuisinier (cuisinière)** cook
curieux (curieuse) curious
le **cyclisme** cycling

D

d'abord first, at first
d'accord okay, all right
une **dame** lady
le **Danemark** Denmark
dangereux (dangereuse) dangerous
dans in
la **danse** dance, dancing
de of, from
un **dé** dice
un **débat** debate, discussion
décontracté casual
se décontracter to relax
le **décor** décor
décorer to decorate
décrire to describe
un **défilé** procession
dégagé cleared
le **déjeuner** lunch
délicieux (délicieuse) delicious
demain tomorrow
  à demain see you tomorrow
demander to ask for
demi half
  faire demi-tour to turn around, to do a U-turn
un **demi-frère** half-/stepbrother
un **demi-pensionnaire** pupil who has lunch at school
une **demi-sœur** half-/stepsister
démolir to demolish
une **dent** tooth
le **dentifrice** toothpaste
le **départ** departure
se dépêcher to hurry
se déplacer to travel, to go
depuis since
  depuis deux ans for two years
dernier (dernière) latest, last
derrière behind
un **désastre** disaster
descendre to go down; to get off
désirer to want
  vous désirez? what would you like?
désolé very sorry
un **dessert** sweet, dessert
le **dessin** drawing; design; art (subject)
un **dessin** drawing
  un **dessin animé** cartoon
dessous underneath
  au-dessous de below

Glossaire — Français–anglais

dessus on top
au-dessus de above
une destination destination
un détail detail
un(e) détective detective
détendre to relax
détester to hate
deux two
deuxième second
devant in front of
devoir to have to
deviner to guess
les devoirs (m pl) homework
un dictionnaire dictionary
différent different
difficile difficult
dimanche Sunday
le dimanche on Sundays
la dinde turkey
le dîner dinner
dîner to have dinner
un dinosaure dinosaur
dire to say
directement directly
une discothèque disco(theque)
une discussion discussion
discuter to talk about, to discuss
disparaître to disappear
distinguer to distinguish, to make out
dix ten
un doigt finger
un doigt de pied toe
donc so, therefore
donner to give
donnez-moi … give me …
dont of which, whose
dormir to sleep
il dort he is sleeping, he sleeps
un dossier file
doucement gently
un drapeau flag
(à) droite (on the) right
dur hard
durer to last

E

l' eau (f) water
l'eau minérale mineral water
s' échapper to escape
une écharpe scarf
les échecs (m pl) chess
jouer aux échecs to play chess
un éclair eclair (type of cake)
une école school
l' Écosse (f) Scotland
écouter to listen to
écrire to write
un écrivain writer
l' éducation physique (f) physical education
effacer to erase, to delete
un effet optique visual effect
l' effet de serre (m) greenhouse effect
effrayant frightening
élégant elegant, smart
un éléphant elephant
un(e) élève pupil, student
un e-mail email
une émission emission, radio/TV programme
un emploi du temps timetable
en in
en ville in town
encore more, again
s' endormir to fall asleep, to go to sleep
l' énergie (f) energy
un enfant child
enlever to take away, to remove
un(e) ennemi(e) enemy
s' ennuyer to get bored
ennuyeux (ennuyeuse) boring
enrouler to wind around
ensemble together
ensuite next
entendre to hear
entier (entière) entire, whole
l' entraînement (m) training
entre between
une entrée (f) entrance (ticket)
entrer to entre

environ about
envoyer to send
une épaule shoulder
une épicerie grocer's shop
un(e) épicier (épicière) grocer
l' EPS (éducation physique et sportive) (f) PE
une équipe team
(bien) équipé (well) equipped
une erreur mistake
par erreur by mistake
un escalier staircase
un escalier roulant escalator
des escargots (m pl) snails
l' espace (m) space
l' Espagne (f) Spain
espagnol Spanish
un essai trial, a try
essayer to try
essentiel (essentielle) essential
l' est (m) east
il/elle est he/she is
est-ce que …? question form
est-ce qu'il y a …? is/are there …?
à l' estragon with tarragon
et and
un étage storey, floor
une étape stage
les États-Unis (m pl) United States
l' été (m) summer
en été in summer
étrange strange
à l' étranger abroad
être to be
un(e) étudiant(e) student
un euro euro
l' Europe (f) Europe
en Europe in Europe
européen (européenne) European
un événement event
évidemment obviously
un examen exam(ination)
excité excited
une excursion excursion
par exemple for example
un exercice exercise
exploser to explode
une exposition exhibition
un extrait extract
extraordinaire extraordinary

F

fabriquer to make, to manufacture
en face (de) opposite
fâché angry
facile easy
une façon way
avoir faim to be hungry
j'ai faim I'm hungry
faire to do
faire demi-tour to go back
faire le lit to make the bed
faire de l'équitation to go (horse) riding
faire du kayak to go canoeing
faire du patin/patinage to go skating
faire de la plongée to go diving
faire une promenade to go for a walk
faire du roller to go rollerskating
faire la vaisselle to wash up
faire de la voile to go sailing
faire du VTT to go mountain biking
faire un signe de la tête to nod
il fait beau the weather is good
il fait du brouillard it's foggy
il fait chaud it's hot
il fait froid it's cold
il fait mauvais the weather is bad
il fait nuit it's dark
il fait du vent it's windy
une famille family
un fan fan
fantaisie fancy, fun
fantastique fantastic
un fantôme ghost
farci stuffed
fatigant tiring
fatigué tired
il faut you must
faux (fausse) false, wrong
favori favourite

une fée fairy
une femme woman, wife
une fenêtre window
une ferme farm
fermé closed
fermer to close
une fête saint's day, festival, party
une fête foraine fair
un feu d'artifice firework, firework display
une feuille leaf; page
la fièvre fever
avoir de la fièvre to have a (high) temperature
le filet de poisson fish fillet
une fille girl, daughter
un film film
un fils son
la fin end
finalement finally
finir to finish
une fleur flower
une flûte à bec recorder
une fois once, time
une fois par semaine once a week
trois fois three times
foncé dark
au fond at the back
le football football
un(e) footballeur (footballeuse) footballer
une forêt forest
la forme shape, fitness
formidable terrific
fort strong
un four oven
un four à micro-ondes microwave (oven)
frais (fraîche) fresh
une fraise strawberry
une framboise raspberry
français French
la France France
francophone French-speaking
un frère brother
un frigo fridge
les frites (f pl) chips
froid cold
avoir froid to be cold
j'ai froid I'm cold
il fait froid it's cold
le fromage cheese
un plateau de fromage cheese board
un fruit fruit
des fruits de la passion passion fruit
des fruits de mer (m pl) sea food
des fruits de saison seasonal fruit
fumer to smoke
furieux (furieuse) furious

G

gagner to win
des gants (m pl) gloves
un garage garage
un garçon boy, waiter
un garçon de café waiter
garder to keep, to look after
un(e) gardien(ne) de but goalkeeper
une gare station
une gare routière bus station
garer (la voiture) to park (the car)
garni garnished (with vegetable or salad)
un gâteau (pl gâteaux) cake
un gâteau maison home-made cake
gauche left
à gauche (on the) left
gazeux (gazeuse) fizzy
un gendarme policeman
général general
Genève Geneva
génial brilliant
un genou (pl genoux) knee
les gens (m pl) people
gentil(le) kind
la géographie geography
une girafe giraffe
une glace ice cream
le golf golf
la gorge throat
le goûter snack (in late afternoon)
un gramme gram(me)
grand big, tall
pas grand-chose not much

166 cent-soixante-six

Glossaire

H

une **grand-mère** grandmother
les **grands-parents (m pl)** grandparents
un **grand-père** grandfather
gratuit free
grec (grecque) Greek
la **Grèce** Greece
une **grille** grid, grill
grimper to climb
gris grey
gros(se) big, fat
grossir to get fat, to put on weight
un **groupe** group
un **guichet** ticket office
un **guide** guide book
une **guitare** guitar
un **gymnase** gym(nasium)
la **gymnastique** gymnastics

s' **habiller** to get dressed
habiter to live in or at
d' **habitude** usually
hâché minced
le **hand(ball)** handball
handicapé handicapped, disabled
hanté haunted
les **haricots blancs (m pl)** haricot beans
les **haricots verts (m pl)** green beans
un **haut** top
haut high, tall
à voix **haute** speaking loudly
de **haut** en bas from top to bottom
haut les mains hands up
la **hauteur** height
un **hectare** hectare
un **hélicoptère** helicopter
un **hérisson** hedgehog
une **heure** time, hour
à l'**heure** on time
de bonne **heure** early
heureusement fortunately
hier yesterday
un **hippopotame** hippopotamus
l' **histoire (f)** history
une **histoire** story
l' **hiver (m)** winter
en **hiver** in winter
le **hockey** hockey
un **hôpital** hospital
un **horaire** timetable
une **horloge** clock
quelle **horreur** how awful
un **hors-d'œuvre** first course, hors-d'œuvre
l' **hospitalité (f)** hospitality
un **hot-dog** hot dog
un **hôtel** hotel
des **huîtres (f pl)** oysters
humain human

I

ici here
idéal ideal
une **idée** idea
identifier to identify
identique identical
il y a there is, there are
une **île** island
une **image** picture
immédiatement immediately
avec **impatience** impatiently
un **imper(méable)** raincoat
important important
impossible impossible
une **imprimante** printer
imprimer to print
un **inconvénient** disadvantage
une **indice** clue
indisponible unavailable
un(e) **infirmier (infirmière)** nurse
l' **informatique (f)** computing, information technology
un **inhalateur** inhaler
les **ingrédients (m pl)** ingredients
s' **inquiéter** to be worried
s' **inscrire (dans)** to register, to enrol (in)
s' **installer** to settle
l' **instruction civique (f)** citizenship
l' **instruction religieuse (f)** religious education
un **instrument (de musique)** musical instrument
intéressant interesting
s' **intéresser à** to be interested in
à l'**intérieur** inside
un **internat** boarding school
l' **Internet (m)** internet
une **interview** interview
l' **intrus (m)** intruder
chasse à l'**intrus** find the odd one out
un **inventeur** inventor
une **invention** invention
une **invitation** invitation
un(e) **invité(e)** guest
irlandais Irish
l' **Irlande (du Nord) (f)** Ireland (Northern)
l' **Italie (f)** Italy
italien (italienne) Italian
une **itinéraire** itinerary

J

ne ... **jamais** never
une **jambe** leg
le **jambon** ham
un **jardin** garden
le **jardin botanique** botanical garden
jaune yellow
un **jean** pair of jeans
jetable disposable
jeter to throw
un **jeu (pl jeux)** game
un **jeu vidéo** computer game
jeudi Thursday
le **jeudi** on Thursdays
jeune young
un **jogging** jogging trousers, tracksuit
joli pretty
jouer to play
un(e) **joueur (joueuse)** player
un **jour** day
jour de fête fun day, festival
jour férié public holiday
un **journal (pl journaux)** newspaper
une **journée** day
le **judo** judo
juillet July
juin June
des **jumeaux (jumelles)** twins
des **jumelles (f pl)** binoculars
un **jungle** jungle
une **jupe** skirt
un **jus de fruit** fruit juice
jusqu'à until, as far as

K

un **kayak** canoe
le **ketchup** tomato ketchup
un **kilo** kilo(gram)
un **kiosque** kiosk
un **kiwi** kiwi fruit
klaxonner to sound the horn

L

là-bas over there
un **laboratoire** laboratory
un **lac** lake
laisser to leave
laisser tomber to drop
le **lait** milk
une **langue** language, tongue
les **langues vivantes** modern languages
un **lapin** rabbit
le **latin** Latin
laver to wash
faire du **lèche-vitrines** to go window shopping
un **lecteur (MP3/DVD)** (MP3/DVD) player
la **lecture** reading
un **légume** vegetable
lentement slowly
une **lettre** letter
se **lever** to get up
une **librairie** bookshop
libre free
un **lien** link
un **lieu** place
avoir **lieu** to take place
la **limonade** lemonade
un **lion** lion
lire to read
une **liseuse** an e-reader
un **lit** bed
un **litre** litre
un **livre** book
une **livre** pound (sterling), pound (weight)

M

la **location** hiring
loger to stay/live with
la **logique** logic
un **logo** logo
loin a long way, far
long (longue) long
longtemps (for) a long time
la **loterie** lottery
la **loupe** magnifying glass
lourd heavy
la **lumière** light
lundi Monday
le **lundi** on Mondays
les **lunettes (f pl)** glasses
les **lunettes de soleil** sunglasses
un **lycée** high school (for study up to university entrance)

les **macaronis (m pl)** macaroni
une **machine** machine
madame Mrs, madam
maigrir to lose weight
un **magasin** shop
un **magazine** magazine
un **magazine d'informatique** computer magazine
magnifique magnificent
un **maillot** jersey, shirt
maillot de bain swimming costume
maintenant now
mais but
une **maison** house
à la **maison** at home
(pâté/gâteau) maison made on the premises
une **maison des jeunes** youth centre
un **maître** master
mal badly
j'ai mal à la gorge I have a sore throat
j'ai mal au ventre I have stomach ache
il a mal au dos he has backache
malade ill
le **malheur** misfortune
malheureusement unfortunately
malin (maligne) clever, crafty
Malte Malta
Mamie Granny, Grandma
un **mammifère** mammal
la **Manche** the English Channel
un **manège à pédales** merry-go-round
manger to eat
manquer to miss, to be missing
un **manteau** coat
un(e) **marchand(e)** shopkeeper, seller
un(e) **marchand(e) de légumes** greengrocer
un(e) **marchand(e) de glaces** ice cream seller
une **marche** step
un **marché** market
marcher to walk, to work (of machine, etc.)
mardi Tuesday
le **mardi** on Tuesdays
le **mari** husband
marié married
le **Maroc** Morocco
une **marque** brand, make
marron (inv. does not change form) brown
la **Martinique** Martinique
un **match** match
un **match nul** a draw
les **mathématiques (f pl)** mathematics
les **maths (f pl)** maths
une **matière** school subject
un **matin** morning
le **matin** in the morning(s)
une **matinée** morning
mauvais bad
un **médecin** doctor
un **médicament** medicine
la **médina** medina, market
meilleur better
mélanger to mix
un **melon** melon
même same
la **mémoire** memory
la **menthe** mint
une **menthe à l'eau** peppermint-

cent-soixante-sept **167**

Glossaire Français–anglais

    flavoured drink
le **menu** menu
la **mer** sea
    au bord de la mer at the seaside
    merci thank you
    mercredi Wednesday
une **mère** mother
une **merveille** marvel, wonder
    merveilleux (merveilleuse) marvellous, wonderful
un **message** a (text) message
    mesurer to measure
la **météo** weather (forecast)
un **mètre** metre
le **métro** the underground
    mettre to put
    mettre la table to lay the table
    miam-miam! yum-yum!
    midi (at) midday
    mieux better
    mignon(ne) sweet
un **mille-pattes** centipede, millipede
des **milliers de …** thousands of …
    mi-long (mi-longue) mid-length
    mince slim, thin
    minuit (at) midnight
la **mi-temps** half-time (match)
à **mi-temps (m)** part-time (job)
    mixte mixed
une **mobylette** scooter, moped
la **mode** fashion
    à la mode fashionable, in fashion
un **mode de transport** means of transport
    moderne modern
    moi-même myself
    moins less
un **mois** month
le **monde** world
    dans le monde entier all over the world
    tout le monde everyone
la **monnaie** currency, small change
    monsieur Mr, sir
un **monstre** monster
une **montagne** mountain
    monter to climb up, to go up
une **montre** watch
un **monument** monument, sight
un **morceau** piece
une **mosquée** mosque
la **mort** death
un **mot** word
    un mot de passe password
un **moteur** engine
une **moto** motorbike
    à/en moto by motorbike
des **moules (f pl)** mussels
    mourir to die
    il est mort he is dead
la **mousse au chocolat** chocolate mousse
un **moustique** mosquito
un **mouton** sheep
    moyen (moyenne) medium
un **moyen (de transport)** means (of transport)
en **moyenne** on average
    municipal managed by town
un **mur** wall
un **mur d'escalade** climbing wall
un **musée** museum
la **musique** music

N

    naître to be born
la **natation** swimming
la **nature** nature
    nature (on restaurant menu) plain, without garnish
    naturellement naturally
une **navette** shuttle
    naviguer to navigate, to find one's way around
    né born
    ne … jamais never
    ne … pas not
    ne … plus no more, no longer
    ne … rien nothing, not anything
    nécessaire necessary
    néerlandais Dutch
    négatif (négative) negative

il **neige** it's snowing
la **neige** snow
le **nez** nose
    Noël Christmas
    noir black
à la **noisette** with nuts
le **nom** name
    non no
le **nord** north
    normalement normally
    norvégien(ne) Norwegian
la **nourriture** food
    nouveau (nouvel, nouvelle, nouveaux, nouvelles) new
une **nouveauté** novelty
une **nuit** night
    nul (nulle) rubbish, useless
le **numéro de portable** mobile phone number

O

    obéir to obey
    obligatoire compulsory
    occupé occupied, taken
s' **occuper de** to be concerned/busy with
un **œil (pl yeux)** eye
un **œuf** egg
    un œuf à la coque boiled egg
    des œufs brouillés scrambled eggs
un **oignon** onion
un **oiseau (pl oiseaux)** bird
une **olive** olive
une **omelette** omelette
un **oncle** uncle
une **orange** orange
un **Orangina** Orangina
un **ordi(nateur)** computer
une **ordonnance** prescription
l' **ordre (m)** order
une **oreille** ear
    organiser to organise
    osciller to sway
    ou or
    où where
    oublier to forget
l' **ouest (m)** west
    oui yes
    ouvert open
    ouvrir to open

P

une **page** page
    la page Accueil home page (on website)
le **pain** bread
    un pain au chocolat pastry with chocolate inside
une **paire de …** a pair of …
    pâlir to go pale
un **panier** basket
en **panne** out of order, not working
un **panneau** sign
un **panorama** view
un **pantalon** pair of trousers
le **papier** paper
    les papiers d'identité identity papers
    Pâques Easter
un **paquet** packet
    par by
le **paradis** paradise
un **parc (national)** national park
un **parc d'attractions** theme park
les **parents (m pl)** parents
le **parfum** flavour; perfume
une **parfumerie** perfume shop
un **pari** bet
un **parking** car park
le **Parlement européen** European parliament
    parler to talk, to speak
une **part** part
    de ma part from me
    partager to share
un(e) **partenaire** partner
une **partie** part
    partir to leave
    partout everywhere
ne … **pas** not
le **passé** the past
    passer to pass
    passer l'aspirateur to vacuum
le **pâté** pâté, meat paste
le **pâté maison** pâté (made on the premises)
les **pâtes (f pl)** pasta
le **patinage** skating
une **patinoire** ice rink
une **pâtisserie** cake shop
une **patte** paw
une **pause(-déjeuner)** (lunch) break
    pauvre poor
un **pays** country
les **Pays-Bas** Holland, the Netherlands
le **pays de Galles** Wales
une **pêche** peach
    la pêche Melba peach served with vanilla ice cream, raspberry sauce and whipped cream
la **pêche** fishing
    aller à la pêche to go fishing
    peindre to paint
une **peluche** soft toy
    pendant during, for
des **pépites de chocolat** chocolate chip
    perdre to lose
un **père** father
    permettre to allow, to permit
la **permission** permission
un **perroquet** parrot
un **personnage** personality, figure
une **personne** person
    peser to weigh
    petit small
le **petit déjeuner** breakfast
les **petits pois (m pl)** peas
un **peu** a little
avoir **peur** to be frightened
    peut-être perhaps
la **pharmacie** chemist's
un(e) **pharmacien(ne)** chemist
une **photo** photo
une **phrase** phrase
la **physique** physics
un **piano** piano
une **pièce** coin
un **pied** foot
    à pied on foot
    un coup de pied kick
un **pilier** pillar
un **pilote** pilot
un **pique-nique** picnic
une **piscine** swimming pool
une **pistache** pistachio nut
une **piste** track
    une piste de ski artificielle artificial ski slope
une **pizza** pizza
un **placard** cupboard
la **place** space
    il y a de la place there's (enough) space
une **place** (town) square
une **plage** beach
un **plan** plan, map
la **planche à voile** windsurfing
la **planète** planet
le **plastique** plastic
un **plat** dish
    le plat du jour dish of the day
    le plat principal main course
    plein full
    en plein air in the open air
    pleurer to cry
    pleuvoir to rain
    il pleut it's raining
    plonger to dive
    plus more
    en plus on top of that
ne … **plus** no more, no longer
    plusieurs several
une **poche** pocket
le **poids** weight
un **point** dot, full stop
une **poire** pear
un **poisson** fish
une **poissonnerie** fishmonger's
le **poivre** pepper
    poli polite
un **polo** polo shirt
la **Pologne** Poland
une **pomme** apple
une **pomme de terre** potato
un **pont** bridge
    populaire popular

Glossaire

la population population
le porc pork
un port port
un portable mobile phone, laptop
une porte door, gate (at airport)
un porte-clés key ring
un porte-monnaie purse
porter to wear
une portion portion
le Portugal Portugal
poser une question to ask a question
un pot jar
le potage soup
le poulet chicken
pour for
pourpre purple
pousser to push
  pousser un cri to shout
pouvoir to be able to
pratique practical, convenient
pratiquer to practise
par précaution as a precaution
précis exact
  à 7h00 précises at exactly 7 am
préféré favourite
préférer to prefer
premier (première) first
  le Premier ministre Prime Minister
prendre to take
préparer to prepare
près de near
le présent the present
présenter to introduce
presque almost, nearly
prêter to lend
le printemps spring
  au printemps in spring
un prix price
  un prix net inclusive price
prochain next
un prof teacher
un professeur teacher
un projet plan
une promenade walk
se promener to go for a walk
propre own, clean
protéger to protect
des provisions (f pl) provisions, groceries
un pseudo screen name, nickname (on website)
la publicité advertising
publier to publish
puis then, next
un pull sweater, pullover
la purée de pommes de terre mashed potatoes
un pyjama pair of pyjamas

Q

un quai platform
quand when
quarante forty
quatre four
quatre-vingts eighty
quatre-vingt-un eighty-one
quatre-vingt-onze ninety-one
quel (quelle, quels, quelles) what, which
quelque chose something
quelquefois sometimes
qu'est-ce que c'est? what is it?
qu'est-ce qu'il y a? what is there? what's the matter?
une queue queue, tail
  faire la queue to queue
  en queue de cheval in a ponytail
une quiche quiche
quinze fifteen
quitter to leave

R

raconter to relate
une radio radio
un radis radish
réfléchir to think
rafraîchissant refreshing
raide stiff
  les cheveux raides straight hair
avoir raison to be right, correct
ramasser to pick up, to gather
une randonnée hike, long walk
ranger to tidy up
rapide fast, rapid

une raquette racket
rarement not often, rarely
la ratatouille vegetable dish with courgettes, peppers, onions, tomatoes in olive oil
une rayure stripe
une recette recipe
recevoir to receive
rechercher to search for, to research
les recherches (f pl) research
reconnaître to recognise
la récré(ation) break (at school)
reculer to move back
réduit reduced
un réfrigérateur refrigerator
regarder to watch, to look at
une région region
une règle ruler
je regrette I'm sorry
régulièrement regularly
une reine queen
relâcher to let go, to relax
relever to raise
relier to link, connect
relire to read again
remercier to thank
remplir to fill
rencontrer to meet
un rendez-vous meeting, appointment
rendre to give back
se rendre à to go to
les renseignements (m pl) information
rentrer to return, to go home
un repas meal
répondre to reply
une réponse reply, answer
un reportage report
se reposer to rest
le RER high speed train/underground system in Paris and suburbs
une réservation reservation, reserved seat
une réserve reserve
un restaurant restaurant
le reste de … the rest of …
rester to stay, to remain
  rester à la maison to stay at home
les résultats (m pl) results
un résumé summary
en retard late
le retour return (journey)
retourner to return
retrouver to meet up with
réussi successful
réussir to succeed
se réveiller to wake up
un revolver revolver
riche rich
risquer de to risk
une rivière river
une robe dress
un robot robot
le roi king
romain Roman
rond round
rose pink
rôti roast
une roue wheel
rouge red
rougir to blush
rouler to run (travel)
une route road
roux (rousse) red (of hair), red-haired
le Royaume-Uni United Kingdom
une rue street
le rugby rugby

S

le sable sand
un sac bag
un sac à dos rucksack
un sachet packet
la Saint-Sylvestre New Year's Eve
saisir to seize
une saison season
  fruits de saison fresh fruit in season
une salade salad
  la salade niçoise mixed salad with tomatoes, potatoes, hard-boiled eggs, olives and anchovies
une salle room
une salle d'attente waiting room

une salle de bains bathroom
une salle de classe classroom
une salle à manger dining room
une salle de séjour living room
une salle de technologie computing room
un salon lounge, sitting room
  un salon de discussion chat room (on website)
salut hello, hi
samedi Saturday
  le samedi on Saturdays
les sandales (f pl) sandals
un sandwich sandwich
sans without
sans doute doubtless
la santé health
une sardine sardine
une saucisse sausage
un saucisson continental spicy sausage
  le saucisson sec salami
sauf except
le saumon salmon
  du saumon fumé smoked salmon
sauter to jump
un sautoir jumping pit
sauvegarder to save (computer file)
sauver to save
la savane savannah, grassland
un saxophone saxophone
la science-fiction science fiction
les sciences (f pl) science
scolaire (to do with) school
la scolarité schooling
le scooter scooter
la sculpture sculpture
sec (sèche) dry
un seigneur lord
un séjour stay
le sel salt
une sélection selection
selon according to
une semaine week
le Sénégal Senegal
séparer to separate
sept seven
une série series
sérieux (sérieuse) serious
un serpent snake
une serveuse waitress
une serviette towel
servir to serve
seul alone
sévère strict
le shopping shopping
un short pair of shorts
si if
un siècle century
le sirop fruit cordial, squash
un site web website
situé situated
un skate skateboard
le ski skiing
un(e) skieur (skieuse) skier
un snack snack (bar)
une sœur sister
avoir soif to be thirsty
  j'ai soif I'm thirsty
un soir evening
  le soir in the evening(s)
soixante-dix seventy
soixante-et-onze seventy-one
le soleil sun
avoir sommeil to be sleepy
le sommet top (of a mountain, etc.)
un son sound
un sondage survey, opinion poll
sonner to ring
la sorcellerie sorcery
un sorcier sorcerer
une sortie exit, outing
sortir to go out
soudain suddenly
souligner to underline
le souper supper
une souris mouse
sous under
sous-marin underwater, submarine
un sous-sol basement
souterrain underground

cent-soixante-neuf 169

Glossaire Français–anglais

       la ville souterraine underground city
un **souvenir** souvenir
souvent often
les **spaghettis (m pl)** spaghetti
une **spécialité** speciality
un **spectacle** show
le **sport** sport
sportif (sportive) fond of sports, sporty
une **squelette** skeleton
un **stade** stadium
un **stage** course
une **statue** statue
le **steak** steak
       le steak tartare raw steak served with herbs
stupide stupid
un **stylo** pen
une **sucette** lollipop
le **sucre** sugar
sucré sweet
le **sud** south
la **Suède** Sweden
suisse Swiss
la **Suisse** Switzerland
super great
superbe great, superb
un **supermarché** supermarket
un **supplément** extra charge
       en supplément extra
un **surnom** nickname
une **surprise** surprise
sur on
sûr sure, certain
surfer (sur le Net) to surf (the net)
surligner to highlight
un **surligneur** highlighter
surtout above all, especially
surveiller to supervise
les **SVT (sciences de la vie et de la terre)** life sciences and geology
sympa nice
sympathique nice

T

un **tabac** tobacconist's
une **table** table
un **tableau** board; printed table
le **tableau des horaires** timetable/departure board
la **taille** size
       de taille moyenne of medium height
tant pis too bad
une **tante** aunt
taper to type
un **tapis** carpet; mousemat
tard late
       plus tard later
une **tarentule** tarantula (spider)
le **tarif** charge; price list
une **tarte** tart
une **tartine** piece of bread and butter and/or jam
un **taxi** taxi
la **technologie** technology
un **tee-shirt** T-shirt
la **télé** TV
       à la télé on TV
       la télé-réalité reality TV
un **téléphone (portable)** (mobile) phone
un **télescope** telescope
tellement so
le **temps** time
       avoir le temps to have time
       de temps en temps now and again
le **tennis** tennis
le **tennis de table** table tennis
une **tenue** outfit
un **terminus** terminus
un **terrain** ground, pitch
la **terre** earth; ground
       par terre on the ground
la **tête** head
       de la tête aux pieds from head to foot
le **TGV (train à grande vitesse)** high-speed train
le **thé** tea
un **théâtre** theatre
une **théorie** theory

le **thon** tuna
un **tigre** tiger
un **timbre** stamp
le **titre (m)** title
le **toast** toast
un **toboggan** sled, sledge
les **toilettes (f pl)** toilets
une **tomate** tomato
tomber to fall
un **tome** volume (of a book)
avoir **tort** to be wrong
une **tortue** tortoise
tôt early
toujours always, still
une **tour** tower
à **tour de rôle** in turn
un(e) **touriste** tourist
touristique tourist
un **tournoi** tournament
tous les jours every day
tout everything
       en tout in all
       c'est tout that's all
       à tout à l'heure see you later
       toute l'année all year round
       tout de suite at once, immediately
       tout le monde everyone
       toutes sortes de … all kinds of …
traduire to translate
un **train** train
       trains au départ departure board
un **trajet** a journey
en **tram/tramway (m)** by tram
une **trampoline** trampoline
une **tranche** slice
transférer to transfer
les **transports (m pl)** transport
       les transports en commun public transport
le **travail** work
travailler to work
traverser to cross
trente thirty
très very
une **tribune** stage
une **trilogie** trilogy
triste sad, unhappy
trois three
troisième third
un **trombone** trombone; paper clip
une **trompette** trumpet
un **troupeau** herd
trouver to find
se **trouver** to be (located)
la **truite** trout
tutoyer to call someone 'tu'

U

un(e) a, one
un **uniforme** uniform
uniquement only
une **usine** factory
utile useful
utiliser to use

V

il/elle **va** he/she/it goes (from **aller**)
       ça va? how are you?
les **vacances (f pl)** holidays
       en vacances on holiday
je **vais** I go (from **aller**)
le **Val de Loire** Loire valley
une **valise** suitcase
un(e) **vampire** vampire
à la **vanille** vanilla flavoured
une **variété** variety
un(e) **végétarien(ne)** vegetarian
la **veille** evening/night before
un **vélo** bicycle
un **vélo tout terrain (VTT)** mountain bike
un(e) **vendeur (vendeuse)** sales assistant
vendre to sell
vendredi Friday
       le vendredi on Fridays
venir to come
le **vent** wind
une **vente** sale
le **ventre** stomach

un **ver** worm
un **verger** orchard
vérifier to check
un **verre** glass
vers towards
vert green
une **veste** jacket
les **vêtements (m pl)** clothes
je **veux** (from **vouloir**) I want
la **viande** meat
la **vie** life
       la vie scolaire school life
vieux (vieil, vieille, vieux, vieilles) old
vif (vive) bright
un **village** village
une **ville** town
       en ville in(to) town
le **vin** wine
vingt twenty
un **violon** violin
un **violoncelle** cello
un **visage** face
visiter to visit
vite quickly
la **vitesse** speed
vivre to live
une **voie** track, platform
le **voilà** there it is
la **voile** sailing
       faire de la voile to go sailing
voir to see
un(e) **voisin(e)** neighbour
une **voiture** car
une **voix** voice, vote
un **vol** flight
       le vol libre hang-gliding
un(e) **voleur (voleuse)** thief, crook
le **volley** volleyball
ils/elles **vont** they go (from **aller**)
je **voudrais** I'd like (from **vouloir**)
vouloir to want
un **voyage** journey
voyager to travel
vrai true
vraiment really
la **vue** view

W

un **weekend** weekend
       le weekend at the weekend(s)
le **wifi (gratuit)** (free) Wi-Fi

X

Z

un **yaourt** yoghurt
les **yeux (m pl)** eyes
un **zèbre** zebra
un **zoo** zoo
zut! blast!

Anglais–français — Glossaire

A

a un, une
to be able pouvoir
about environ, vers
above au-dessus de, sur
above all surtout
abroad à l'étranger
activity une activité
to adore adorer
to add ajouter
address une adresse
advantage un avantage
to advise conseiller
aeroplane un avion
Africa l'Afrique (f)
after après
afternoon l'après-midi (m)
again encore
against contre
age l'âge (m)
agreed d'accord
airport un aéroport
all tout (toute, tous, toutes)
that's all c'est tout
allergic allergique
all right d'accord
are you all right? ça va?
almost presque
alone seul
already déjà
also aussi
altogether en tout
always toujours
I am je suis (from être)
America l'Amérique (f)
North America l'Amérique du Nord
South America l'Amérique du Sud
amusing, enjoyable, fun amusant
an un, une
and et
animal un animal, des animaux
ankle une cheville
anorak un anorak
another … encore un(e) …
answer une réponse, une solution
to answer répondre
anxious inquiet (inquiète)
anything else? et avec ça?
apple une pomme
appointment un rendez-vous
approximately à peu près
apricot un abricot
April avril
there are il y a
they are ils/elles sont (from être)
area une région
armchair un fauteuil
to arrive arriver
art, drawing le dessin
article un article (m)
as comme
as tall as aussi grand(e) que
Asia l'Asie (f)
to ask demander
to ask a question poser une question
asthmatic asthmatique
@ ('at' sign) un arobase
athletics l'athlétisme (m)
August août
aunt une tante
Austria l'Autriche (f)
autumn l'automne (m)
in autumn en automne
average moyen(ne)
to avoid éviter
awful affreux (affreuse)

B

baby un bébé
back (of person, animal) le dos
to have backache avoir mal au dos
bad mauvais
the weather's bad il fait mauvais
badly mal
badminton le badminton
bag un sac
baker un boulanger, une boulangère
baker's shop une boulangerie
balcony un balcon
ball (football, large ball) un ballon
ball (tennis) une balle
banana une banane
bank une banque
banknote un billet de banque
bank holiday un jour férié
baseball cap une casquette
basketball le basket
bathroom la salle de bains
to be être
beach une plage
green beans des haricots verts (m pl)
beard une barbe
beautiful beau (bel, belle, beaux, belles)
because parce que
to become devenir
bed un lit
to go to bed se coucher, aller au lit
bedroom une chambre
beef du bœuf
beer la bière
before avant (de)
to begin commencer
beginning le début
behind derrière
Belgian belge
Belgium la Belgique
bench un banc
beside à côté de
besides d'ailleurs
best meilleur
best wishes (at end of letter) Amitiés
are you better? ça va mieux?
between entre
bicycle, bike un vélo
by bike à vélo
big grand; (for animals) gros(se)
to go biking faire du vélo
bill l'addition (f)
biology la biologie
bird un oiseau
birthday un anniversaire
happy birthday! bon anniversaire!
biscuit un biscuit
a bit un peu
black noir
blackcurrant le cassis
blanket une couverture
blog un blog (m)
blonde blond
blouse un chemisier, une chemise
blue bleu
boarder un(e) interne
boarding school un internat
boat un bateau
body le corps (human) (humain)
book un livre
to book a table réserver une table
bookshop une librairie
boots des bottes (f pl)
border une frontière
to be bored s'ennuyer
boring ennuyeux
to be born naître
I was born je suis né(e)
bottle une bouteille
bowl un bol
box une boîte
boy un garçon
bread le pain
bread and butter une tartine
break (time) la récréation (la récré), la pause
breakfast le petit déjeuner
bridge un pont
brilliant! génial!
British britannique
brochure une brochure
brother un frère
browser un navigateur
budgerigar une perruche
buffet le buffet
building un bâtiment
bus un bus
bus station la gare routière
to be busy with s'occuper de
but mais
butcher's shop une boucherie
butter le beurre
to buy acheter

C

cabbage le chou, les choux
café un café
cage une cage
cake un gateau
cake shop une pâtisserie
calculator une calculatrice
to be called s'appeler
I am called je m'appelle
camera un appareil (photo)
campsite un camping
I can je peux (from pouvoir)
can we go (to the cinema)? on peut aller (au cinéma)?
Canada le Canada
canteen la cantine
car une voiture
car park un parking
card une carte
to play cards jouer aux cartes
careful! attention!
carpet un tapis
carrot une carotte
to carry porter
carton une brique
cartoon un dessin animé
cartoon strip une bande dessinée (BD)
casual décontracté
cassette une cassette
castle un château
cat un chat, une chatte
cathedral une cathédrale
cauliflower le chou-fleur
CD un CD
CDT TME (le travail manuel éducatif)
to celebrate fêter
cello un violoncelle
cent un cent/centime
centre le centre
cereal des céréales (f pl)
chair une chaise
championship le championnat
to change changer
to chat (online) discuter (chatter)
to check vérifier
cheese le fromage
chemist's une pharmacie
chemistry la chimie
cherry une cerise
to play chess jouer aux échecs
chicken le poulet
child un(e) enfant
I am an only child je suis fils/fille unique
chips les frites
chocolate le chocolat
choice un choix
to choose choisir
Christmas Noël
church une église
cinema un cinéma
citizenship l'instruction civique (f)
class la classe
classroom la salle de classe
to clear the table débarrasser la table
to click cliquer
clock une horloge
to close fermer
clothes les vêtements (m pl)
club un club
coach un car
coast la côte
coat un manteau
cola un coca
coffee le café
coin une pièce
cold froid
the weather's cold il fait froid
to be cold avoir froid
I feel cold j'ai froid
cold cooked meat la charcuterie
colour une couleur
to come venir
to come back, return revenir
comic strip une bande dessinée (BD)

cent-soixante-et-onze 171

Glossaire Anglais–français

compartment un compartiment
complicated compliqué
compulsory obligatoire
computer un ordi(nateur)
computer game(s) un jeu vidéo (des jeux vidéo)
concert un concert
congratulations! bravo! félicitations!
to **count** compter
to **cook** faire la cuisine
cooker une cuisinière
cool frais (fraîche)
to **cope** se débrouiller
corner le coin
corridor le couloir
to **cost** coûter
countryside la campagne
  in the countryside à la campagne
of **course** bien sûr
cousin un(e) cousin(e)
cream la crème
credit card une carte de crédit
cricket le cricket
crisps des chips (m pl)
to **cross** traverser
crossroads un carrefour
cucumber un concombre
cupboard un placard
cursor le curseur
curly hair les cheveux frisés
customer un(e) client(e)
cycling le cyclisme

D

to **dance** danser
dangerous dangereux (dangereuse)
dark (green) (vert) foncé
date la date
daughter une fille
day un jour
  all day toute la journée
dear cher (chère)
dead mort(e)
December décembre
delayed en retard
to **delete** effacer
delicatessen une charcuterie
delicious délicieux (délicieuse)
Denmark le Danemark
dentist un(e) dentiste
department store un grand magasin
desert un désert
design and technology le TME (travail manuel éducatif)
desk un pupitre, un bureau
dictionary un dictionnaire
to **die** mourir
difficult difficile
dining room la salle à manger
dinner (evening meal) le dîner
dirty sale
disadvantage un inconvénient
disco une discothèque
dish of the day le plat du jour
divorced divorcé
to **do** faire
doctor un médecin
he **does like** il aime
she **doesn't understand** elle ne comprend pas
dog un chien
doll une poupée
I **don't like** je n'aime pas
don't you understand? tu ne comprends pas?
door une porte
dot un point
to do **drama** faire du théâtre
a **draw** un match nul
to **draw** dessiner
drawing le dessin
dress une robe
to get **dressed** s'habiller
drink une boisson
to **drink** boire
drums la batterie
during pendant

E

early de bonne heure, tôt
east l'est (m)
Easter Pâques
easy facile
to **eat** manger
egg un œuf
  boiled egg un œuf à la coque
elbow le coude
email un e-mail, un message (électronique), un mail
  to look at my email regarder mes messages
email address une adresse e-mail
end la fin
to **end** finir
England l'Angleterre (f)
English anglais
English Channel la Manche
to **enjoy oneself** s'amuser
enough assez
entertainment une distraction
entrance (ticket) une entrée
especially surtout
even même
evening le soir
evening meal le dîner
every day tous les jours
for **example** par exemple
except sauf
exciting passionnant
exercise un exercice
exercise book un cahier
exhibition une exposition
exit la sortie
expensive cher
to **explain** expliquer
eye un œil (les yeux)

F

face le visage
fair hair les cheveux blonds (m pl)
to **fall** tomber
false faux
family la famille
famous célèbre
far (away) loin
farm une ferme
fashion la mode
fast rapide, vite
fat gros(se)
father le père
  Father Christmas le père Noël
favourite préféré, favori(te)
February février
felt-tip pen un feutre
festival une fête
file (computer) un fichier; **(ring binder)** un classeur
to **fill** remplir
film un film; **(for camera)** une pellicule
it's **fine weather** il fait beau
to **finish** finir
fire un feu, un incendie
firework display un feu d'artifice
first premier (première)
  at first d'abord
on the **(first) floor** au (premier) étage
fish le poisson
  goldfish un poisson rouge
to go **fishing** aller à la pêche
fizzy gazeux (gazeuse)
flag un drapeau
flat un appartement
flight un vol
floor le plancher
flower une fleur
flute la flûte
it's **foggy** il y a du brouillard
food la nourriture
general **food shop** une alimentation générale
football le football, le foot
football match un match de football
for pour
it is **forbidden to …** il est interdit de …
to **forget** oublier
form une fiche
fortnight quinze jours
fortunately heureusement
France la France
free (not occupied) libre
free (of charge) gratuit
French français
fresh frais (fraîche)
Friday vendredi
fridge un frigo
friend un(e) ami(e), un copain/une copine
from de
in **front of** devant
fruit un fruit
fruit juice un jus de fruit
full stop un point
(it's) **fun** (c'est) amusant

G

game un jeu
garage un garage
garden un jardin
to do some **gardening** faire du jardinage
geography la géographie
German allemand
Germany l'Allemagne (f)
to **get off (a bus/train)** descendre de
to **get on with** s'entendre avec
to **get up** se lever
gift un cadeau
ginger (hair) (les cheveux) roux
girl une fille
to **give** donner
to **give back** rendre
glass un verre
glasses des lunettes (f pl)
glove un gant
to **go** aller
to **go out** sortir
to **go up** monter
goalkeeper un(e) gardien(ne) de but
good bon(ne)
he's **good at French** il est fort en français
goodbye au revoir
grandfather le grand-père
grandmother la grand-mère
grandparents les grands-parents
grape un raisin
Greece la Grèce
green vert
grey gris
grocer un épicier, une épicière
grocer's une épicerie
on the **ground** par terre
on the **ground floor** au rez-de-chaussée
to **guess** deviner
guinea pig un cochon d'Inde
guitar une guitare
gymnasium un gymnase
gymnastics la gymnastique

H

hair les cheveux (m pl)
half demi
half-brother un demi-frère
half-sister une demi-sœur
half-time la mi-temps
ham le jambon
hamster un hamster
hand la main
happy content, heureux (heureuse)
hard dur
hat un chapeau
to **hate** détester
to **have** avoir
to **have to** devoir
head la tête
to have a **headache** avoir mal à la tête
to **hear** entendre
heart le cœur
health la santé
heavy lourd
hello bonjour
helmet un casque
to **help** aider
her son, sa, ses
here ici
here are voici
here is voici
hi! salut!
high haut
to **highlight** surligner
highlighter un surligneur
his son, sa, ses
history l'histoire (f)
hobby un passe-temps
hockey le hockey
holidays les vacances (f pl)
  on holiday en vacances

Anglais–français Glossaire

Holland les Pays-Bas
at home à la maison
to go home rentrer
homework les devoirs (m pl)
to hoover passer l'aspirateur
to hope espérer
horse un cheval (pl des chevaux)
to go horse-riding faire de l'équitation
hospital un hôpital
hot chaud
    it's hot il fait chaud
    to be hot avoir chaud
hotel un hôtel
hour une heure
house une maison
    at my house chez moi
to do the housework faire le ménage
how comment
    how are you? (comment) ça va?
    how old are you? quel âge as-tu?
    how much? how many? combien (de)?
to be hungry avoir faim
to hurry se dépêcher
it hurts ça fait mal
husband un mari

I

I je
ice cream une glace
ICT l'informatique (f)
idea une idée
if si
ill malade
in dans
information des renseignements (f pl)
information office le bureau des renseignements
inhaler un inhalateur
to be interested in s'intéresser à
interesting intéressant
iPod un iPod
Ireland l'Irlande (f)
    Northern Ireland l'Irlande du Nord
Irish irlandais
he/she/it is il/elle est (from être)
there is il y a
island une île
it is c'est
it isn't ce n'est pas
Italy l'Italie (f)
its son, sa, ses

J

jacket une veste
jam la confiture
January janvier
jeans un jean
jogging trousers un jogging
journey un voyage
judo le judo
July juillet
jumper un pull, un tricot
June juin

K

key (on keyboard) une touche;
    (for lock) une clef, une clé
key ring un porte-clés
keyboard un clavier
kilo un kilo
kilometre un kilomètre (1km)
kind gentil(le)
kitchen la cuisine
kiwi fruit un kiwi
knee le genou, les genoux
knife un couteau
I know je sais
    I don't know je ne sais pas

L

lab un laboratoire
lake un lac
language une langue
large grand
last dernier (dernière)
last week la semaine dernière
at last enfin
to last durer
late tard
later plus tard
Latin le latin
leaflet un dépliant, une brochure
to learn apprendre

to leave partir
to leave the house quitter la maison
on the left à gauche
left luggage office la consigne
leg une jambe
lemon un citron
lemonade la limonade
less moins
lesson un cours
letter une lettre
lettuce la salade
library une bibliothèque
lift un ascenseur
to like aimer
    I would like je voudrais
line une ligne
list une liste
to listen to écouter
little petit
a little un peu
to live habiter
    where do you live? où habites-tu?
    I live in London j'habite à Londres
living room la salle de séjour
to log off déconnecter
to log on connecter
logo un logo
London Londres
long long(ue)
to look at regarder
to look for chercher
to lose perdre
a lot beaucoup
lounge le salon
to love adorer
luggage des bagages (m pl)
lunch le déjeuner
to have lunch déjeuner

M

magazine un magazine, une revue
main course le plat principal
to make faire
man un homme
many beaucoup (de)
map une carte
map (town) un plan de la ville
March mars
market le marché
marmalade la confiture d'oranges
maths les maths (f pl)
it doesn't matter ça ne fait rien
May mai
maybe peut-être
me moi
meal un repas
meat la viande
medicine un médicament
medium moyen(ne)
of medium height de taille moyenne
to meet rencontrer
meeting un rendez-vous
melon le melon
memory stick une clé USB
menu (computer) le menu
menu (restaurant) la carte
midday midi
midnight minuit
milk le lait
minus moins
to miss manquer
mistake une erreur, une faute
mobile phone un portable
    mobile phone number le numéro de portable
modern moderne
modern languages les langues vivantes
at the moment pour l'instant
Monday lundi
money l'argent (m)
month le mois
more encore, plus
more expensive plus cher
morning le matin
Morocco le Maroc
mother la mère
motorbike une moto
motorway une autoroute
mountain une montagne
mountain bike un VTT (vélo tout terrain)
to go mountain biking faire du VTT

mouse une souris
mouse mat un tapis d'ordinateur
mouth la bouche
MP3/4 player un lecteur MP3/4
Mr ... Monsieur (M.) ...
Mrs ... Madame (Mme) ...
museum un musée
mushroom un champignon
music la musique
musical instrument un instrument de musique
mustard la moutarde
my mon, ma, mes

N

name un nom
    my name is je m'appelle
narrow étroit
naughty méchant
navy blue bleu marine
near (to) près (de)
nearby tout près
neck le cou
to need avoir besoin de
the Netherlands les Pays-Bas (m pl)
never (ne ...) jamais
new nouveau (nouvel, nouvelle, nouveaux, nouvelles)
New Year's Day le jour de l'An
newspaper le journal
next puis, ensuite
the next (train) le prochain (train)
next to (beside) à côté de
next week la semaine prochaine
nice sympa
    the weather's nice il fait beau
night la nuit
last night hier soir
no non
no longer ne ... plus
no more ne ... plus
noise un bruit
north le nord
nose le nez
not ne ... pas; pas
not at all pas du tout
nothing (ne ...) rien
not much pas grand-chose
November novembre
now maintenant
    now and again de temps en temps
number le numéro, le nombre

O

to obey obéir
October octobre
of de
office le bureau
often souvent
oil l'huile (f)
OK d'accord, ok
old vieux (vieil, vieille, vieux, vieilles)
    how old are you? quel âge as-tu?
omelette une omelette
on sur
onion un oignon
online en ligne
only seulement
only child enfant unique
open ouvert
to open ouvrir
in my opinion à mon avis
or ou
orange une orange
Orangina un Orangina
orchestra un orchestre
to order commander
in order to (see) pour (voir)
other autre
our notre, nos
outfit (clothing) une tenue
outing une sortie
over there là-bas

P

to pack a suitcase faire sa valise
packet (of) un paquet (de)
page la page
to do painting faire de la peinture
pancake une crêpe
paper clip un trombone
parent un parent

cent-soixante-treize 173

Glossaire Anglais–français

park un parc
to park stationner, garer
parrot un perroquet
partner un(e) partenaire
party une fête, une boum
passport un passeport
pasta les pâtes (f pl)
pâté le pâté
patio une terrasse
pavement le trottoir
to pay payer
peach une pêche
pear une poire
peas des petits pois (m pl)
pen un stylo
pencil un crayon
pencil case une trousse
pencil sharpener un taille-crayon
penfriend un(e) correspondant(e)
people des gens (m pl)
pepper le poivre
pepper (vegetable) un poivron
percussion la batterie
perfect parfait
perhaps peut-être
person une personne
pet un animal (domestique)
   have you any pets? as-tu des animaux à la maison?
petrol l'essence (f)
phone call un coup de téléphone
photography la photographie
to take photos faire/prendre des photos
physical education l'éducation physique (l'EPS) (f)
physics la physique
piano le piano
to have a picnic faire un piquenique
picture une image, un dessin
a piece (of) un morceau (de)
pineapple un ananas
pink rose
place un endroit, un lieu
platform le quai
to play jouer (à + games, de + instruments)
player un joueur (une joueuse)
playground la cour
please s'il vous plaît, s'il te plait
to plug (in) brancher
pocket money l'argent (m) de poche
policeman un agent de police
poor pauvre
portion une portion
Portugal le Portugal
post office la poste
postcard une carte postale
poster une affiche, un poster
potato une pomme de terre
pound (sterling/weight) une livre
prawn une crevette
to prefer préférer
to prepare préparer
prescription une ordonnance
present un cadeau
to press appuyer
pretty joli
price le prix
to print imprimer
printer une imprimante
procession un défilé
public holiday un jour férié
pudding un dessert
pullover un pull, un tricot (knitted jumper or top)
pupil un(e) élève
purse un porte-monnaie
to put (on) mettre
pyjamas un pyjama

Q

quarter un quart
question une question
queue une queue
quickly vite
quiet tranquille
quite assez

R

rabbit un lapin
racket une raquette
radio une radio
radish un radis
railway le chemin de fer
raincoat un imperméable
it's raining il pleut (from pleuvoir)
raspberry une framboise
to read lire
reading la lecture
ready prêt
receipt un reçu
recipie une recette
recorder une flûte (à bec)
red rouge
red-haired roux (rousse)
reduced réduit
religious education l'instruction religieuse (f)
to remain rester
to reply répondre
to rest se reposer
restaurant un restaurant
to return (home) rentrer
to return (e.g. from holiday) retourner
rice le riz
rich riche
on the right à droite
ring binder un classeur
road (street) la rue; (main road) la route
roast rôti
rocket une fusée
to roller skate/blade faire du roller
roller blades des patins en ligne (m pl)
roof le toit
room (in house) une pièce; (in school) une salle
roughly à peu près
roundabout un rond-point
rubber une gomme
rucksack un sac à dos
rugby le rugby
ruler une règle

S

sad triste
to go sailing faire de la voile
salad une salade
salami le saucisson (sec)
salmon le saumon
salt le sel
sandals des sandales (f pl)
sandwich un sandwich
Saturday samedi
sausage une saucisse
to save (file) sauvegarder
to say dire
school (primary) une école (primaire); (secondary) un collège, un lycée
school bag un cartable
science les sciences (f pl)
scissors des ciseaux (m pl)
Scotland l'Écosse (f)
Scottish écossais
screen un écran
sea la mer
seafood des fruits de mer
season une saison
seat une place
second deuxième
to see voir
to sell vendre
to send envoyer
sentence une phrase
September septembre
to set the table mettre la table
several plusieurs
shampoo le shampooing
to share partager
she elle
sheet of paper une feuille
shirt une chemise
shoe une chaussure
shop un magasin
shop assistant un vendeur (une vendeuse)
to go shopping faire des courses
shopping centre un centre commercial
short court
shorts un short
shoulder l'épaule (f)
(to have a) shower (prendre) une douche
Shrove Tuesday Mardi gras
to shut fermer
sick malade
sign un panneau
to sing chanter
singer un chanteur (une chanteuse)
single ticket un aller simple
sister une sœur
sit down assieds-toi/asseyez-vous (from s'asseoir)
situated situé
(what) size? (quelle) taille?
to skate faire du patin
skateboard une planche à roulettes
skating rink une patinoire
ski resort une station de ski
artificial ski slope une piste de ski artificielle
to go skiing faire du ski
skirt une jupe
sky le ciel
to sleep dormir
slice une tranche
slim mince
slowly lentement
small petit
smart chic (inv)
snack bar un buffet
snake un serpent
snow la neige
it's snowing il neige
so alors, donc
soap le savon
sock une chaussette
sofa un canapé
soft toy une peluche
something quelque chose
sometimes quelquefois
son un fils
song une chanson
soon bientôt
   see you soon! à bientôt!
(I'm) sorry (je suis) désolé(e)
soup le potage, la soupe
south le sud
space l'espace (m)
Spain l'Espagne (f)
Spanish espagnol
to speak parler
to spend (time) passer
to spend (money) dépenser
spoon une cuillère
sport le sport
sports centre un centre/complexe sportif
sports ground un terrain de jeux/sport
sporty sportif (sportive)
spring le printemps
   in spring au printemps
(town) square une place
square carré
staffroom la salle des profs
staircase l'escalier (m)
stamp un timbre
to start commencer
starter (meal) un hors-d'œuvre
(train) station la gare
(bus) station la gare routière
stationer's une papeterie
to stay (at home) rester (à la maison)
step une marche
stepbrother un demi-frère
stepfather un beau-père
stepmother une belle-mère
stepsister une demi-sœur
still encore, toujours
stomach le ventre, l'estomac (m)
   I've a stomach ache j'ai mal au ventre
story une histoire
straight ahead tout droit
strawberry une fraise
street une rue
striped rayé
strong fort
student un(e) étudiant(e)

Anglais–français Glossaire

school	**subject** une matière
	suburb une banlieue
to	**succeed (in)** réussir (à)
	suddenly soudain
	sugar le sucre
	suitcase une valise
	summer l'été (m)
	in summer en été
	summer holidays les grandes vacances (f pl)
	sun le soleil
	sun cream la crème solaire
it's	**sunny** il y a du soleil
	Sunday dimanche
	sunglasses des lunettes de soleil (f pl)
	supermarket un supermarché
to	**surf the net** surfer sur le Net
	surname le nom de famille
	survey un sondage
	sweatshirt un sweat(-shirt)
	sweet (adj) mignon(ne)
	sweet (noun) un bonbon
	sweet shop une confiserie
to	**swim** nager
(to go)	**swimming** (faire de) la natation
	swimming costume un maillot de bain
	swimming pool une piscine
to	**switch on** allumer
	Swiss suisse
	Switzerland la Suisse

T

	table une table
	table tennis le tennis de table, le ping-pong
to	**take** prendre
to	**talk** parler
	tall grand
to	**taste** goûter
	taxi un taxi
	tea (drink) le thé; **(meal)** le goûter
	teacher un professeur
	team une équipe
	technology la technologie
	teenager un(e) adolescent(e), un(e) ado
to	**telephone** téléphoner
	television la télévision (la télé); **(set)** un téléviseur
to	**tell** dire, raconter
to have a	**temperature** avoir de la fièvre
	tennis le tennis
school	**term** un trimestre
	terrible affreux
	test un contrôle, une épreuve
to	**thank** remercier
	thank you merci
	that ça
	theatre un théâtre
	then alors, puis
	there là
	there is, there are il y a; voilà
	there it is le/la voilà
	therefore donc
	these ces
	they ils/elles
	thief un voleur, une voleuse
	thin maigre
	thing une chose
	things (possessions) les affaires (f pl)
to	**think** penser
	third troisième
to be	**thirsty** avoir soif
	this ce (cet, cette, ces)
	this is c'est
	this way par ici
	throat la gorge
	Thursday jeudi
	ticket un billet
return	**ticket** un aller-retour
single	**ticket** un aller simple
	ticket office le guichet
	ticket machine une billetterie
to	**tidy up** ranger
	tie une cravate
pair of	**tights** un collant
	till la caisse
what	**time is it?** quelle heure est-il?
from	**time to time** de temps en temps
	timetable l'horaire (m)
	school timetable un emploi du temps
	tin une boîte
	tired fatigué
	tiring fatigant
	title le titre
	toast le toast
	tobacconist's un bureau de tabac
	today aujourd'hui
	together ensemble
	toilets les toilettes (f pl)
	tomato une tomate
	too (much) trop
	toothbrush une brosse à dents
	toothpaste le dentifrice
	top (clothing) un haut
	torch une lampe de poche
	tortoise une tortue
	tourist un(e) touriste
	tourist office un office de tourisme
	towards vers
	towel une serviette
	tower une tour
	town une ville
	in town en ville
	town centre le centre-ville
	town hall l'hôtel (m) de ville
	toy un jouet
	train un train
	trainers des baskets (f pl)
by	**tram** en tram/tramway (m)
to	**travel** voyager
	tree un arbre
	trolley un chariot
	trousers un pantalon
	true vrai
	trumpet une trompette
	trunks (swimming) un maillot de bain
to	**try** essayer de
	T-shirt un tee-shirt
	Tuesday mardi
	tuna le thon
	tunnel un tunnel
to	**turn** tourner
to	**turn on (TV, computer, etc.)** allumer (la télé)
	twin un jumeau/une jumelle
to	**type** taper

U

	umbrella un parapluie
	uncle un oncle
	under sous
	underground (railway) le métro
to	**understand** comprendre
	I (don't) understand je (ne) comprends (pas)
	uniform un uniforme
	United Kingdom le Royaume-Uni
	United States les États-Unis
	until jusqu'à
	us nous
	useful utile
	useless nul
	usual normal
	usually normalement, d'habitude

V

	vacant libre
to	**vacuum** passer l'aspirateur
to	**validate (date-stamp) ticket** composter
	van une camionnette
	vanilla (flavoured) à la vanille
	vegetable un légume
	vegetarian végétarien(ne)
	very très
	very much beaucoup
	village un village
	violin un violon
to	**visit** visiter
	volleyball le volley

W

to	**wait (for)** attendre
	waiter un garçon
	waiting room une salle d'attente
	waitress une serveuse
to	**wake up** se réveiller
	Wales le pays de Galles
to go for a	**walk** faire une promenade
to	**want** vouloir
I	**want** je veux (from vouloir)
you	**want** tu veux, vous voulez (from vouloir)
	wardrobe une armoire
it's	**warm** il fait chaud
to	**wash the car** laver la voiture
to	**wash up** faire la vaisselle
	washbasin un lavabo
to get	**washed** se laver
	watch une montre
to	**watch** regarder
	watch out! attention!
	water l'eau (f)
	water sports des sports nautiques (m pl)
	we nous
	weak faible
to	**wear** porter
what's the	**weather like?** quel temps fait-il?
the	**weather is bad** il fait mauvais
	weather forecast la météo
	web page/site une page web/un site web
	Wednesday mercredi
	week une semaine
	weekend le weekend
to	**weigh** peser
to lose	**weight** maigrir
to gain	**weight** grossir
	welcome! bienvenue!
	well bien
	Welsh gallois
	west l'ouest (m)
	what? (pardon?) comment?
	what colour is it? de quelle couleur est-il?
	what is it? qu'est-ce que c'est?
	what's the date? quelle est la date aujourd'hui? quel jour sommes-nous?
	what's the matter? qu'est-ce qu'il y a?
	what time is it? quelle heure est-il?
	when quand
	where où
	which quel (quelle, quels, quelles)
	white blanc(he)
	who qui
	whole entier (entière)
	why pourquoi
	wide large
	wife une femme
to	**win** gagner
	window une fenêtre
to go	**windsurfing** faire de la planche à voile
it's	**windy** il y a du vent
	wine le vin
	winter l'hiver (m)
	in winter en hiver
	with avec
	without sans
	woman une femme
	word un mot
to	**work** travailler
	world le monde
I	**would like** je voudrais
to	**write** écrire
it's	**wrong** c'est faux

Y

	year un an, une année
	yellow jaune
	yes oui
	yesterday hier
	yesterday morning hier matin
	yoghurt un yaourt
	you tu, toi, vous
	young jeune
	your ton, ta, tes; votre, vos
	youth club un club des jeunes
	youth hostel une auberge de jeunesse

Z

	zoo un zoo

Acknowledgements

The authors and publisher would like to thank the following for permission to reproduce material:
Illustration: Q2A Media Services

Photographs courtesy of:
Martyn F. Chillmaid
pp12, 18, 19, 32, 35, 40, 41, 44, 54, 56, 57, 58, 67, 72, 73, 74, 75, 81, 88, 94, 97, 114, 120, 130

p8a: Carole Castelli/Shutterstock; **p8b:** Pete Sprio/Shutterstock; **p8c:** Julian Elliott/Alamy; **p8d:** Brian Jannsen / Alamy; **p8e:** Walter Pietsch/Alamy; **p8f:** Megapress / Alamy; **p10:** Doin Oakenhelm/Shutterstock; **p12:** travellight/Shutterstock; **p16:** Scenics & Science / Alamy; **p17:** iStockphoto; **p23:** Nick_Nick/Shutterstock; **p24:** Fotolia/Stephen Karg; **p24:** iStockphoto; **p25:** Michael Spencer/Heather Mascie-Taylor; **p28:** Art Konovalov/Shutterstock; **p28:** Lukas Rebec/Shutterstock; **p28:** Steve Mann/Shutterstock; **p28:** Sergey Dzyuba/Shutterstock; **p28:** PerseoMedusa/Shutterstock; **p28:** WillG80FR/Shutterstock; **p28:** Leonid Andronov/Shutterstock; **p28:** Spooh/iStock; **p28:** mladn61/iStock; **p28:** ostill/Shutterstock; **p28:** Jack Frog/Shutterstock; **p28:** Radu Razvan/Shutterstock; **p28:** Ekaterina Pokrovsky/Shutterstock; **p32:** iStockphoto; **p32:** iStockphoto; **p34:** Quebec Government Office; **p34:** iStockphoto; **p34:** OUP; **p34:** OUP; **p36:** Radu Razvan/Shutterstock; **p36:** OUP; **p39:** Christopher Meder; **p134:** Hemis/Alamy; **p134:** Viacheslav Lopatin/Shutterstock; **p41:** Goodluz/Shutterstock; **p41:** Nelson Thornes Ltd/OUP; **p44:** Emma Shervington/Corbis; **p45:** clubfoto/iStock; **p47:** Corbis; **p50:** John Parker Lee/Alamy; **p59:** Rex Features; **p64:** jocic/Shutterstock; **p64:** Olga Popova/Shutterstock; **p64:** Serg64/Shutterstock; **p64:** readyimage/Shutterstock; **p64:** Chris Howes/Wild Places Photography/Alamy; **p64:** Brian A Jackson/Shutterstock; **p64:** A-R-T/Shutterstock; **p64:** Pixomar/Shutterstock; **p64:** pukach/Shutterstock; **p64:** StockPhotosArt/Shutterstock; **p70:** Corbis; **p70:** iStockphoto; **p70:** Getty Images; **p138:** Sally and Richard Greenhill/Alamy; **p72:** Directphoto Collection/Alamy; **p74:** Samuel Acosta/Shutterstock; **p77:** Mike Spencer; **p88:** Getty Images; **p89:** OUP; **p89:** Sébastien Baussais/Alamy; **p89:** OUP; **p89:** Andrea Matone/Alamy; **p91:** OUP; **p98:** Alamy; **p100:** Little Stocker/Shutterstock; **p100:** Eugenie Photography/Shutterstock; **p100:** Katarzyna Mazurowska; **p100:** hipproductions/Shutterstock; **p142:** Alamy; **p143:** Alamy; **p111:** OUP; **p116:** Mary Evans Picture Library; **p120:** Alamy; **p120:** Heather Mascie-Taylor; **p121:** Fotolia; **p121:** Alamy; **p121:** Nîmes Olympique Football Club; **p123:** OUP; **p124:** John Warner/Shutterstock; **p124:** Elena Elisseeva/Shutterstock; **p124:** David Hoare/Alamy; **p126:** Nimes Olympique; **p126:** Robert Pratta/Reuters; **p126:** Dennis Grombkowski/Getty; **p126:** Stuart MacFarlane/Getty; **p126:** Jeff J Mitchell/Getty; **p128:** Elena Elisseeva/Shutterstock; **p130:** Martyn F. Chillmaid; **p144:** Science Photo Library/Alamy; **p144:** Sergieiev/Shutterstock; **p144:** Smart-foto/Shutterstock; **p144:** christovao/Shutterstock; **p144:** Valua Vitaly/Shutterstock; **p144:** moomsabuy/Shutterstock; **p144:** ntstudio/Shutterstock; **p144:** kurhan/Shuttersotck; **p147:** OUP;

Special thanks to the following for their advice during the development of the course: Mrs S. Hotham of Wakefield Girls' High School; Ruth Smith of Royal Grammar School, High Wycombe; Hilary Attlee of Pates Grammar School, Cheltenham; Bethany Honnor; Julie Prince; Kate Scappaticci and Vee Harris; Jackie Coe; Elizabeth Counsell of Manchester High School for Girls; Sylvia Gibson of Stockport Grammar School; Michel, Brigitte, Cecile and Sophie Denise; Claude, Wendy and Charlotte Ribeyrol.